나는 ──────
여자도 아니고
남자도 아니다
모든 ─ 것이다

나는
여자도 아니고
남자도 아니다
모든 — 것이다

여성 선지식의
삶을
통해 배우는
깨달음의
본질과
마음공부법

임순희 지음

불광출판사

오늘날 불교를 비롯한 수많은 종교에서 여성은 중추적인 역할을 하고 있다. 수많은 여성이 종교 단체에 보시를 하고, 종교의 가르침을 배우며 현실 생활 속에서 그 가르침을 실천하려고 노력하고 있다. 그럼에도 대다수 여성은 인간 본연의 모습을 깨닫는 일에 선뜻 마음을 내지 못하고 있다. 오랜 세월 뿌리 깊어진 여성에 대한 편견과 차별 의식이 여성의 깨달음을 방해하고 있기 때문이다.

이 책은 석가모니 이래 붓다의 가르침을 받고 몸소 깨달은 여성들의 이야기를 소개하고 있다. 석가모니 당시 깨달은 여성들의 삶과 깨달음의 노래, 중국 당송 대 조사선의 가르침을 통해 깨달은 여성 도인들의 안목, 그리고 우리나라에 불교가 소개된 이래 몸소 자성에 눈을 뜬 여성들의 삶을 담았다.

인류 역사 이래 오랜 세월 동안 여성은 모든 면에서 고달픈 삶을 살았다. 신분을 떠나 남성의 아래에 놓여 있었으며, 가정·사회·정치·경제의 영역에서 홀대받았다. 여성이라는 이유로 강요받았던 차별과 인간이기에 겪어야 하는 괴로움을 동시에 짊어지고 살았다. 이런 어려움 속에서도 많은 여성이 깨달음으로 다시 태어났다. 이들 여성 선지식들이 몸소 깨달아 들어간 경지를 통해 정신적 방황에 사로잡힌 현대인의 삶을 비추어 보았다. 더불어 마음공부하는 여성들의 체험 사례와 공부 여정을 통해 마음공부의 길이 결코 특별한 사람만 가는 길이 아님을 알리고자 했다.

참된 자신은 여성도 아니고 남성도 아니다. 남녀가 나뉘기 이전, 어떠한 차별이나 괴로움도 미치지 못하는 곳이 본래 우리 자신이다. 여기에서 사람이 되고, 여자와 남자가 되며, 이 세상 모든 것이 나타난다. 삶과 죽음이 미치지 못하는 그곳은 아이러니하게도 우리가 늘 살고 있는 '여기'이다. 수많은 여성 도인이 살아온 삶과 깨어난 사례, 그들의 안목을 보면서 우리도 그들과 다르지 않다는 것을 느낄 수 있다. 이 책을 통해 삶의 구속에서 벗어나고 죽음의 그림자에서 자유로워지는 대자유의 길을 함께하길 바란다.

20년 가까이 변함없는 등불이 되어 준 무심선원 김태완 선생님, 세간과 출세간의 동반자 심성일, 시모이자 도반인 김순자 님께 무한한 사랑을 드린다. 이 길을 함께 가며 나를 일깨워 주고 용기를 북돋아 준 도반들에게 두 손 모아 감사드린다.

2020년 12월
금정산 고당봉 아래에서
임순희 합장

차례

머리말   4

1장.   본성은 성별에 매이지 않는다
      최초의 비구니 마하빠자빠띠 고따미   13
      분별망상을 갈아 없애는 쇠 맷돌 유철마   22
      남자도 아니고 여자도 아니라네 말산요연   26
      남편의 가리킴에 깨어난 감지부인   33

2장.   세상 어디에도 의지할 데가 없다
      아들을 향한 애착에서 눈 뜬 꾸마라 까싸빠의 어머니   45
      죽은 아들을 살리려 했던 끼사 고따미   51
      열 명의 아들딸에게 버림받은 소나   58
      붓다마저 버리고 본성을 깨달은 계씨 부인   65

3장.   **몸을 사랑한 만큼 구속받으리**

빼어난 외모에 자만했던 케마 왕비   75

아난다를 사랑한 천민의 딸 프라크르티   82

애욕을 깨달음의 불꽃으로 바꾼 광덕의 아내   90

4장.   **모든 추구가 끝나는 곳에 행복이 있다**

기구한 운명을 해탈의 도약대로 삼은 웁빨라완나   105

난봉꾼의 마음을 돌려놓은 수바   112

연꽃은 진흙에서 핀다 명실도인   118

5장.   **삶과 죽음이라는 환영**

천 조각을 걸치고 걷는 여자 빠따짜라   127

사람은 어디에서 와 어디로 가는가 무착묘총   135

스승을 그리며 노래하다 무제혜조와 초종   141

6장. 분별을 떠나는 것이 참된 출가

돈으로는 살 수 없는 여자 앗다까시   149

향락의 장소를 깨달음의 성지로 바꾼 암바빨리   157

졸음을 쫓으려 손바닥을 꿰고 염불한 여종 욱면   164

입을 열어서 무엇을 할 수 있겠는가 정십삼낭   170

7장. 깨달음은 일상 속에 있다

사형수와 사랑에 빠진 꾼달라께시   181

덕산 선사의 말문을 닫아 버린 떡 파는 할머니   187

말없이 두 손을 펼쳐 보인 최련사   194

마음도 부처도 물건도 아니라네 적수도인   200

8장. 수행은 짓는 것이 아니라 깨어나는 것

당신이 타고 있는 소를 따라가라 평전수   209

법의 즐거움마저 놓아 버린 향산불통   217

한 물건도 없는데 무엇을 씻는단 말인가 공실도인   225

현묘함도 눈 속의 모래이네 각암도인   235

9장. 선(禪)에는 남녀노소가 따로 없다

도 깨친 가족의 걸림 없는 삶 방 거사 가족　　　　　245
곡소리로 선사들과 솜씨를 겨룬 능씨 할머니　　　　253
오대산에 가려거든 곧장 가라 오대산 할머니　　　　263
애야 너를 아끼어 이것을 주려 한다 유씨 할머니　　271

10장. 깨달음의 씨앗을 뿌린 여성들

황벽 선사를 일깨운 이를 모를 할머니　　　　　　285
열일곱 스님을 꾸짖은 대장부 묘신　　　　　　　291
산승은 아무것도 알 수 없노라 혜광정지　　　　　298
여성이 여성에게 법을 전하다 나암혜온　　　　　302
수많은 엉터리 장로보다 낫다 묘도　　　　　　　310
불도로 억압의 시대를 뚫어낸 이여순　　　　　　320

PART

1

본 성 은
성 별 에
매 이 지
않 는 다

우리 안에서
갈등이 시작되는 곳은
곧 갈등이
끝날 수 있는 곳이다.

-

제프 포스터

최초의
비구니

마하빠자빠띠
고따미

마하빠자빠띠 고따미(Mahāpajāpatī Gotamī)는 석가모니 붓다의 이모이자 양어머니이다. 고따미는 고따마족[석가족]의 여인이란 뜻으로, 그녀는 붓다가 창시한 불교 교단의 첫 출가 비구니 스님이 되었다.

기원전 5~6세기경 붓다가 살던 인도 사회에서 여성은 남성의 소유나 다름없었다. 여성은 남성과 동물의 중간 지점에 놓인 존재로 인식되었다. 당시 인도는 가부장 제도와 사성(四姓) 제도가 사회에 깊이 뿌리 내려 있었다. 예를 들어 망자를 방치하면 살아 있는 자에게 해를 끼친다는 의식이 강해서 사람이 죽으면 반드시 장사를 치렀는데, 아들이 제사의 장이 되었다. 딸은 제사에 참여할 수조차 없었다. 딸은 그저 큰 근심거리였다. 딸을 결혼시키려면 엄청난 결혼식 비용을 지불해야 했고, 결혼을 못 하면 부모의 망신이었다. 당시 여성은 탄생과 함께 환영받지 못하는 존재가 되었다. 남성의 소유물이자 가정생활을 유지하는 데 필요한 도구로만 여겨졌다. 그런 여성이 인정받을 때는 어머니라는 존재가 되었을 때이다.

아들을 낳은 어머니는 존경받았다. 여성 자체는 열등하지만 자식을 낳고 기르는 어머니는 중요했다. 어머니는 가부장제를 유지하는 중요한 역할 수행자이기 때문이다.

이 시기 여성사적으로 혁명적인 사건이 일어났다. 붓다가 마하빠자빠띠 고따미와 500명의 석가족 여인의 출가를 허락한 것이다. 붓다는 깨달음을 얻은 후 5년 만에 아버지 숫도다나왕이 위중하다는 소식을 듣고 고향 까삘라왓투를 방문했다. 붓다는 왕궁에 머물지 않고 교외의 큰 숲인 니그로다 승원에 머물렀는데, 그곳에 머문 지 얼마 되지 않아 숫도다나왕은 세상을 떠났다. 장례를 치르고 붓다가 다시 니그로다 승원으로 돌아왔을 때, 남편을 잃은 마하빠자빠띠가 고운 가사를 손수 만들어 붓다를 찾아왔다. 그러나 붓다는 가사를 받지 않았다. 자기보다 승가 대중에게 기증하는 게 낫겠다며 그녀가 가지고 온 가사를 대중에게 넘겨주었다. 상심한 마하빠자빠띠는 붓다를 찾아온 진짜 이유를 말했다. 지금껏 선왕의 그늘에 의지해 살아왔는데, 이제 그 그늘이 사라졌으니 자신을 비롯해 왕궁에 남은 많은 여인이 붓다의 그늘에 의지해 살 수 있도록 해달라는 것이었다.

당시 인도 사회에서 여성은 태어나 아버지에 의지해 살다가, 결혼하면 남편에 의지해서 살고, 남편이 세상을 떠나면 아들에 의지해서 살았다. 마하빠자빠띠는 선왕인 남편이 세상을 떠났고 친아들 난다와 손자 라훌라[석가모니 붓다의 아들]까지 출가한 상황이었다. 의지할 데가 없어지자, 그녀는 붓다에게 출가를 허락해 달라고 요청했다. 붓다는 거절했다. 그녀는 눈물을 흘리며 세 번이나 거듭 간청했지만 받아들여지지 않았다. 붓다는 석가족과 꼴리야족 남자 500명을 비구로 받아들이고는 바이샬리로 거처를 옮겼다.

하지만 마하빠자빠띠는 포기하지 않았다. 스스로 삭발을 하고 거친 베옷을 입은 채 500명의 석가족 여인들과 길을 나섰다. 까삘라왓투에서 40여 킬로미터 떨어진 바이샬리까지 맨발로 걸식하며 붓다와 아들을 찾아갔다. 한때 왕비였던 여인의 발은 부어터지고, 온몸은 상처와 먼지투성이가 되었다. 그들은 붓다가 머물고 있는 대림정사 중각강당 밖에 도착해 눈물을 흘리며 출가를 허락해 줄 것을 애원했다. 그 모습을 붓다의 시자 아난다(Ānanda)가 안타깝게 지켜보았다. 아난다가 붓다에게 간청했지만 붓다는 허락하지 않았다. 아난다는 다른 방식으로 말해야겠다고 생각했다.

아난다는 다시 이렇게 여쭈었다.
"부처님, 만일 여성이 부처님의 계율과 가르침에 따라 출가한다면 그들도 수다원과[須陀洹果, 불도 수행에 확신이 생긴 상태. 예류과(預流果)라고도 한다], 사다함과[斯陀含果, 대부분의 욕망이 사라지고 미세한 욕망만이 남아서 인간과 천상에 각각 한 번씩 태어난 뒤에 열반에 들어가는 상태], 아나함과[阿那含果, 거의 모든 번뇌를 끊어서 이번 생이 끝나면 다시는 윤회의 세계로 돌아오지 않는 상태], 아라한과[阿羅漢果, 윤회에서 해탈해 열반에 들어가는 상태. 무학위(無學位)라고도 한다]를 성취할 수 있습니까?"

"아난다여, 그들도 성취할 수 있느니라."

"부처님, 만일 그들이 수다원과·사다함과·아나함과·아라한과를 성취할 수 있다면 마하빠자빠띠 고따미는 부처님의 이모요, 양모요, 양육자로서 부처님의 친모가 돌아가셨을 때 부처님께 젖을 먹여 길렀습니다. 그러니 부처님, 여성도 부처님의 계율과 가르침에 따라 출가할 수 있도록 허락해 주시면 좋겠습니다."

부처님은 어쩔 수 없이 여성의 출가를 허락했다.

—《율장》〈쭐라왁까〉 10편

불교는 열반을 성취하는 종교이다. 출가는 모든 분별이 사라진 마음자리를 깨닫는 데 궁극적인 목표가 있다. 이런 출가의 기회가 불교 교단이 형성된 초기에는 남성에게만 있었다. 아난다는 여성도 열반을 성취할 수 있는지 물었고, 붓다는 당연히 여성에게도 불성이 있기 때문에 성취할 수 있다고 말했다. 그렇다면 여성의 출가를 불허하는 것이 옳지 않다. 불성에 남녀가 없는데 불성을 깨닫는 기회를 남성에게만 준다는 것이 불법의 뜻에 맞지 않기 때문이다. 결국 붓다는 여성의 출가를 허락했고, 이후 마하빠자빠띠는 아라한과를 이루었다.

저는 모든 괴로움 널리 살펴 끊고, 그 괴로움의 원인인 망령된 집착을 떨쳐 내고, 여덟 개의 존귀한 길[팔정도]을 실천하여 허망한 집착의 끊어짐을 체득했습니다. 금생이야말로 마지막 몸을 받은 것으로서, 저는 거듭 태어나는 윤회를 완전히 멸했습니다.
이제 다시 헛된 삶을 계속하는 일은 없습니다.

— 《장로니게》 게송 158, 160

마하빠자빠띠는 75세의 나이에 출가했다. 늦은 나이였지만 아라
한과를 증득했다. 그녀가 얼마나 간절히 깨달음을 발원하며 공부
했는지 짐작할 수 있다. 이후 수많은 여성이 불교에 귀의해 깨달음
을 성취했다. 당시 여성들은 붓다의 가르침 가운데 사성제(四聖諦)
에 큰 감명을 받았다. 사성제의 가르침은 현실의 삶이 고통이라고
선언하면서 출발하는데, 삶이 족쇄이자 고통 자체였던 여성들에게
이는 피부로 와 닿는 가르침이었던 까닭이다. 그 시기 여성들은 존
재 자체로 존중받지 못했다. 태어나면서부터 환영받지 못했고, 자
라는 동안 부모로부터 차별적인 대우를 받아야 했으며, 자유가 없
었다. 뿐만 아니라 인간이면 누구나 겪을 수밖에 없는 생로병사의
고통까지 겪어야 했다. 이중고에 놓인 여성들은 붓다가 말한 사성
제가 자신의 삶을 있는 그대로 말하고 있음을 알았다. 나아가 거기
에서 벗어나는 길까지 안내하고 있으니, 그야말로 새 삶의 길이 열
린 것이나 다름없었다.

　　오늘날 여성들의 삶도 그때와 크게 다르지 않다. 많은 부분이
개선되었지만, 여전히 과거 여성들이 여성이라는 이유로 겪어야
했던 괴로움의 잔재가 남아 있다. 특히나 아들 선호 사상이 두드러
진 분위기에서 성장하고, 결혼해서 남편 집안의 문화와 가치를 비

판 없이 받아들여야 했던 중장년 여성들의 삶이 그러하다. 사찰이나 선방에서 마음공부하는 사람 중 70~80%가 여성이라는 현실이 그들의 해소되지 못한 괴로움을 증명한다. 그들은 수행을 통해 괴로움에서 벗어나고자 염불을 하고, 절 수행을 하고, 좌선명상이나 화두참선에 몰두한다.

마하빠자빠띠 또한 고통의 한가운데를 살아온 여성이다. 남편은 죽고, 자신이 키운 아이는 출가했으며, 고향 나라는 이웃 나라의 침략을 받아 멸망해 버렸다. 한순간에 왕비에서 맨발의 수행자가 된 그녀는 노쇠한 몸을 이끌고 자신에게 의지하는 500명의 여성을 보살펴야 했다. 그리고 마침내 붓다의 전 부인인 야소다라, 이복동생 난다의 아내 자나빠다깔랴니, 난다의 여동생 순다리난다 등 살 곳을 잃은 석가족 여성들과 함께 출가했다. 이를 계기로 여성 출가자 수가 급속히 늘어났으며 비교적 형태를 갖춘 초기 비구니 승단이 성립되었다.

붓다는 이들 출가한 여성들에게 비구니로서 지켜야 할 팔중법(八重法, 혹은 팔경법)이라는 특별 계율을 주었다. 팔중법은 계율보다 위에 있다는 의미에서 중(重) 자가 붙었다. 특별히 비구니에게 무거운 계율을 내린 데는 여성이 남성보다 세속에 대한 집착이 강하다는 당대 인식과 여성을 바라보는 남성의 차별 의식이 한몫했다. 비록 여성 출가자에게 보다 무거운 계율을 내렸지만, 법을 펴는 데는 남녀의 차별을 두지 않았다. 실제로 비구니 승단이 생겨나기 이전부터 위사카, 쿳줏따라 등 수많은 여성이 재가불자로서 붓다의 가르침을 받았다. 이는 여성과 남성이 본질적으로 다르지 않음을 깨달았기에 가능했던 일이다. 여성의 출가가 정법(正法)이 지속되는 기간을 500년 단축할 것이라고 했던 붓다의 말 역시, 여성 출가를 반대하는 사회적 분위기와 비구들의 비판을 잠재우기 위한 방편이었다고 할 수 있다.

또한 붓다 당시 불교는 갓 일어난 신흥 종교였다. 교세를 확장해 가는 과정에서 수없이 많은 외도의 위협을 받았고, 완전히 정착하기까지 통치자들을 의식하지 않을 수 없었다. 한꺼번에 너무 많은 사람이 출가하면 가정과 사회가 붕괴될 것이 불 보듯 뻔한 상황에서, 가정을 유지하고 자녀의 출산 및 양육을 담당하는 여성의 출가를 허락하는 것은 지배 계급이 불교를 공격하는 빌미가 될 게 뻔했다.

이 외에도 출가수행 생활이 여성에게 녹록지 않았던 점 역시 붓다가 여성 출가자에게 무거운 계율을 내린 이유 중 하나라고 할 수 있다. 출가 수행자는 일정한 거처 없이 걸식을 하며 숲이나 공터에서 밤을 보내야 하는데, 상대적으로 여성이 위험에 노출될 가능성이 컸기 때문이다. 일례로 웁빨라완나라는 여인이 숲에서 혼자 수행을 하다가 한밤중 남성에게 불미스러운 일을 당해 죽음을 맞은 일이 있었다. 이런 현실적인 문제들로 인해 여성의 출가는 제약받을 수밖에 없었고, 그들에게 보다 엄격한 계율이 주어질 수밖에 없었던 것이다.

한편 마하빠자빠띠의 출가는 나중에 비구들 사이에서 논쟁거리가 되기도 했다. 비구들은 마하빠자빠띠가 스스로 머리를 깎아 비구니가 되었으니 은사와 계사가 없다며, 승단의 중요 문제를 결정할 때나 여러 행사 때마다 그녀를 배제했다. 그 사실을 안 붓다가 제자들을 모아 놓고 그녀의 계사와 은사는 바로 자신이니 아라한을 이룬 그녀를 의심하지 말라고 훈계하기도 했다.

> 그녀는 몸으로나 언어로나 마음으로
> 일체 악을 행하지 아니한다.
> 이 같은 세 가지를 잘 다스리는
> 그런 사람을 나는 브라흐마나라 부른다.
>
> —《법구경》게송 391

내가 누구인지 모르고 살아간다는 것, 그것이 삶의 큰 고통이다. 한 나라의 왕비로서 남부럽지 않게 부와 명예를 누렸던 마하빠자빠띠이지만, 왕비로서 그녀의 삶은 결코 행복하지 않았다. 매 순간 일어나는 생각에 흔들리고, 감정에 구속받으며, 늙어 죽어가는 몸을 보며 불안해했다. 그러다 마침내 그 고통을 여의고자 깨달음의 길로 들어섰다.

어쩌면 이것은 마하빠자빠띠만의 이야기가 아니다. 오늘을 살아가는 우리 모두의 이야기이다. 누구든지, 어떤 삶이든지, 살고 죽는 문제를 해결하는 것보다 급한 일이 또 있을까. 붓다가 열반에 든지 2,500여 년이 지난 지금도 그렇다. 이 근원적인 문제를 해결하지 않으면 언제나 불만족과 불안이 그림자처럼 우리 삶에 따라붙는다. 남성이든 여성이든, 참된 나 자신을 밝히지 못한 삶은 덧없을 뿐이다.

"어릴 때부터 나는 내가 어디서 와서 어디로 가는지 궁금했어. 문득문득 궁금한 거야. 어느 날 손녀가 태어났는데, 신생아실에 누워 있는 손녀를 보고 물었지. '너는 알지? 네가 어디서 와서 어디로 가는지.' 이런 말이 저절로 나오더라니까. 그런 마음으로 법문을 듣다가 어느 날 집 앞 강변 산책길을 걷는데, 갑자기 '와락' 하고 와 닿는 거야. 그렇지. 여기서 와서 여기로 가지."

나와 함께 수행하는 도반 중에서 마하빠자빠띠처럼 70살이 넘어 마음공부를 시작한 노보살님의 경험담이다. 이분은 전에 달리 수행한 적이 없었다. 죽고 사는 문제가 궁금해서 열심히 법문을 들었지만, 배우지 못한 자신에게는 이생에서 깨달음을 얻을 인연이 오지 않으리라 여기며 지냈다. 그런데 나중에 모든 것을 놓아 버렸을 때, 이런 깨달음의 체험이 찾아온 것이다. 누구라도 각자의 삶 속에서 이 노보살님처럼 깨달음의 순간을 맞이할 수 있다. 그리고 그 깨달음을 통해 참된 나 자신을 깨달을 수 있다. 본래 나는 여성도 아니고 남성도 아님을, 모든 것이 나 자신임을 알게 되는 순간을 말이다. 깨달은 그곳에 참된 행복이 있다.

분별망상을
갈아 없애는
쇠 맷돌

유철마

중국 당나라 때 위앙종의 뿌리가 된 위산영우(潙山靈祐) 문하에서 크게 깨달은 비구니 선사가 나왔다. 바로 유철마(劉鐵磨) 스님이다. 성은 유 씨이고, 근성이 뛰어나 닥치는 대로 모든 분별망상을 갈아 없앤다고 해서 철마, '쇠 맷돌'이란 이름이 붙었다. 여성임에도 불구하고 《벽암록》에서 위산 선사와 안목을 겨루었고 《경덕전등록》, 《조당집》에서 당대 선승인 자호이종(子湖利蹤)과 선문답을 나눌 정도로 걸출한 선객이었다. 대위산(大潙山) 부근에 암자를 짓고 살았는데, 쇠 맷돌 같이 우람한 몸집에 기질이 강인하여 거칠 것이 없었다. 위산 선사는 유철마가 찾아오면 '늙은 암소 왔는가!' 하며 반가워했다.

선에서 소는 깨달음을 상징한다. 마음공부하는 사람을 목우자(牧牛子)라고 하여 소를 길들이는 사람이라고 표현하기도 한다. 깨달음의 내면적 여정을 표현한 십우도(十牛圖)를 보면, 동자가 소를 찾아 길들이고 소에게 모든 것을 내맡기다가 결국에는 소도 없고 소를 길들이는 사람도 없는 깨달음의 세계로 나아간다. 말하자면 유철마 스님은 십우도의 소에 비유할 수 있는데, 여성인 까닭에 위산 선사가 암소라고 부른 것이다.

어느 날 유철마 스님이 자호이종 선사를 방문했다. 자호 선사는 '무자(無字)' 화두로 유명한 조주종심 선사와 함께 남전보원 화상 밑에서 동문수학한 사람이다. 선종사서에 남겨진 그의 행적을 보면 분별망상을 깨부수는 데 인정사정을 봐주지 않았다는 것을 알 수 있다.

> 한 비구니가 도착하여 참례하니 선사가 말했다.
> "너는 듣건대 유철마가 아니냐?"
> 철마 스님이 대답했다.
> "외람되오나 그렇습니다."
> 선사가 대답했다.
> "왼쪽으로 도는가, 오른쪽으로 도는가?"
> "망상하지 마십시오."
> 이에 자호 스님이 문득 때렸다.
>
> ─《경덕전등록》 10권

자호 선사가 유철마 스님의 이름에 빗대어 선문답을 했다. 맷돌은 좌우로 돌려서 곡식의 껍질을 벗겨 내는 생활 도구이다. 그러한 쓰임 탓에 분별의 껍질을 까는 상징으로 활용되기도 하지만, 한편으로는 여성의 성(性)을 상징하는 비속어로 쓰이기도 한다. 당시 자호 선사가 어떤 의도로 이런 문답을 했는지는 추측하기 어렵지만, 아마도 맷돌의 특성에 빗대어 한 말이 아닐까 싶다. 혹은 선문답이라는 것이 상대방이 쉽게 분별에 떨어질 수 있는 말을 제시함으로써 그 사람의 법력을 확인하는 대화법인 만큼 여성인 유철마 스님의 가장 약한 부분을 건드리려는 의도였을 수도 있다.

"망상하지 마십시오." 결과적으로 유철마 스님은 자호 선사가 던진 말의 그물에 걸려들었다. 어쩌면 얼굴을 붉히며 서둘러 대답했을 수도 있고, '왼쪽, 오른쪽으로 돌린다'라는 말 자체가 망상이라는 대꾸였을 수도 있다. 이에 자호 선사는 유철마 스님을 일깨우듯 한 대 때렸다. 본래 마음은 성적인 것을 넘어서며 좌우에도 해당하지 않는다. 이에 관해《조론》을 지은 승조 스님이 말했다. "하늘과 땅을 굴리는 것이 어찌 하늘과 땅에 굴림을 당하리오."

여성의 성은 그 자체로 존중받지 못했다. 여성은 남성의 상대이자 남성의 대를 이을 2세를 잉태하는 공간이었다. 여성은 자신의 성에 알게 모르게 수치심을 느껴야 했다. 여성성은 여성에게 자유롭지 못한 경계이며 약한 고리이다. 가부장제 사회가 주입하고, 가부장제를 받아들인 여성이 다시 여성에게 여성다움을 교육함으로써 생겨난 뿌리 깊은 관념이다. 그래서 흔히 말끝마다 '여자가 어디서 그러느냐?' 소리를 곧잘 한다. 이런 분위기 속에서 살아야 했던 여성은 스스로 여성임을 항상 의식해야 했다. 이러한 여성 의식은 뿌리가 깊어 이 분별에서 벗어나기가 쉽지 않다. 훗날 자호 선사와 유철마 스님의 문답을 차용해 설두중현 스님은 이렇게 노래했다.

한 사람 두 사람 천만 사람, 모두 굴레 벗고 짐을 풀었네.

아직도 우왕좌왕 따라오는 놈은 자호가 유철마를 때리듯 맞아
야 하리라.

—《벽암록》17칙

남성이든 여성이든 스스로를 성별로 규정한다면 허망한 분별의식
에 사로잡혀 우왕좌왕 길을 잃는 꼴이다. 남녀는 물론 아무리 훌륭
하고 정의로운 일일지라도, 혹은 불평등하고 사악한 일일지라도,
모두가 이 마음에서 일어나고 사라지는 분별이다. 본래 한바탕의
일이어서 따로따로 있는 것들이 아니다. 모든 것이 하나이니 모든
것이 텅 비었다. 자호가 따로 없고 한 대 맞을 유철마가 따로 없다.

이후 유철마 스님은 위산 회상에서 더욱 공부가 깊어져 안목이
활짝 열렸다. 위산 선사는 그런 유철마 스님을 일컬어 모든 분별망상
을 갈아 없애는 쇠 맷돌이 아니라, 이제는 모든 것을 일깨워 망상도 진
실도 따로 없이 자재한 '노자우(老牸牛, 늙은 암소)'라고 불렀던 것이다.

본래의 '나'는 성별에 매이지 않는다. 외모와 신분을 넘어선 진
정한 평등이 우리의 본성이다. 이것은 성별 이전, 신분 이전에 이미
갖추어져 있다. 현상적인 평등도 물론 중요하다. 남녀의 모습은 억
지로 바꿀 수 없다. 그 모습 그대로 존중받아야 한다. 그러나 현상적
인 평등은 늘 불완전하다. 현상은 머물러 있지 않고 실체도 없다. 하
지만 무상한 현상의 텅 빈 바탕은 오고 감이 없다. 모든 불평등과 갈
등이 온전히 끝나는 지점은 갈등이 시작되는 바로 그 지점이다.

남자도 아니고
여자도
아니라네

말산요연

마음공부 모임을 연 지 7년째가 되어 간다. 그사이 수많은 사람이 〈몽지릴라선공부모임〉에 참여했고, 지금도 함께하는 사람이 많다. 처음에 많은 사람이 호기심을 보였다. 여성이 마음공부 회상을 연다는 것이 신기했을 것이다. 당시만 해도 결혼한 여성이 마음공부를 지도하는 사례가 거의 없었다. 오랫동안 절에 다니며 노장스님 밑에서 공부한 노보살들이나 세속을 떠나 조용한 곳에서 수행정진해 온 사람들은 세미나실이나 모임 공간 같은 데서 마음공부를 안내하는 여성을 낯설어하고 의심스러워했다.

한 중년 남성이 했던 말이 떠오른다. 맨 처음 유튜브를 통해 법문 영상을 접하게 되었는데, 의심이 생기더라는 것이다. '무슨 아줌마가 도를 말하나?' 하며 무시하고 넘어갔다고 한다. 그런데 자꾸 호기심이 생겨 다시 듣게 되었는데, 그러다 자기도 모르게 '한 손이 내는 소리를 들을 수 있어야 한다'라는 법문 끝에 문득 자성을 체험했다고 한다. 하지만 체험이 왔음에도 선뜻 물러 올 수 없

26

었다고 한다. 왠지 아줌마에게 도를 묻는 것이 낯설고, 자신의 공부 경험을 속속들이 꺼내 놓는 것이 내키지 않았다는 것이다. 지금은 공부 모임에 함께하며 꾸준히 법문을 듣고 있다.

　여성이 법문한다는 게 낯설고 받아들이기 어려운 것이 현실이다. 지금까지 이런 사례를 거의 찾아볼 수 없었기 때문이다. 《승만경》의 승만 부인, 《유마경》의 천녀처럼 경전에는 여성이 뭇 사람을 일깨우는 이야기가 있지만, 실제 현실에서 여성 도인을 만나기는 쉽지 않다. 특히나 대중 앞에서 법문하는 모습을 보기는 더욱 어렵다. 하지만 붓다는 '모든 중생은 불성을 가지고 있다[一切衆生悉有佛性]'라고 말했다. 여성도 예외가 아니다. 붓다가 세상에 나와 법을 설한 이래 수많은 여성 도인이 나타났다. 남성에 비해 그 숫자는 미미하지만, 시대를 넘고 지역을 넘어 흙 속의 보석처럼 자신의 존재를 빛냈던 여성 도인이 많다.

　중국 당나라 때 고안대우(高安大愚) 선사가 있었다. 대우 선사는 임제종의 종조인 임제의현이 깨닫는 데 큰 역할을 한 스님이다. 대우 선사는 마조도일-귀종지상의 법맥을 이었으며 황벽희운과는 사촌지간이다. 임제 스님이 황벽 선사에게 세 번을 얻어맞고도 깨달음을 얻지 못하자, 황벽 선사는 일가를 이루지 못해 홀로 지내는 대우 선사에게 임제 스님을 보냈다. 임제 스님은 대우 선사와 만나 대화를 하다가 곧바로 깨닫게 되었다. 대우 선사는 자신에게 와서 깨달음을 얻은 임제 스님을 곁에 둘 법도 했지만, 다시 황벽 선사에게 돌려보냈다.

법제자 없이 외롭게 지낸 대우 선사였지만 그에게 딱 한 명의 비구니 제자가 있었다. 그녀는 균주(筠州) 말산(末山)에 살아서 말산 요연(末山了然)이라 불렸다. 《경덕전등록》이나 여러 선어록에 법을 물으러 온 학인들을 일깨우는 법담을 다수 남긴 비구니이다. 남성성이 강하고, 남성 중심의 가문을 중요하게 여기는 선종에서 여성 신분으로 전등사서에 어록을 남겼다는 것은 놀라운 일이다. 그만큼 안목이 뛰어났다고 할 수 있다.

어느 날 요연 선사의 회상에 관계지한(灌谿志閑) 스님이 찾아왔다. 그는 안목에 맞게 얘기하지 않으면 이 회상을 뒤집어엎고 나오리라고 호기를 부렸다. 지한 스님이 법당에 들어서자 요연 선사가 무엇 하러 왔는가 하고 물었다. 그러자 지한 스님은 불법을 위해 왔다고 소리쳤다. 요연 선사가 물었다.

"어디서 왔는가?"
"노구(路口)에서 떠났소."
"어째서 덮어 버리지 않는가?"
지한 스님은 말문이 막혔다. 그제야 절을 하고 물었다.
"어떤 것이 말산(末山)입니까?"
"꼭대기를 드러내지 않는다."
"어떤 것이 말산의 주인입니까?"
"남자의 모습도 아니고 여자의 모습도 아니다."
지한 스님이 대뜸 할(喝)을 하고서 말했다.

"왜 변하지 않습니까?"

"신(神)도 아니고 도깨비도 아닌데 무엇을 변화라 하겠는가?"

지한 스님이 그때서야 굴복하고서 3년 동안 원두(園頭)를 맡았다.

— 《경덕전등록》 12권

지한 스님은 요연 선사를 만나기 전 임제 선사로부터 깨달은 바가 있었다. 그러니 자신감이 있었을 것이다. 더욱이 여성이 도를 안다는 것이 하찮게 여겨졌을 것이다.

당나라 때 여성의 지위는 전대에 비해서 다소 향상되었다. 주변 소수 민족의 영향을 받아 개방적이었고 재산을 상속받을 수도 있었다. 일부 여성은 다양한 분야의 교육을 받을 수 있었으며, 봉건 사회에서 남성이 독점하던 정치 영역에도 들어갈 수 있었다. 중국 왕조의 최초 여황제인 측천무후가 나온 시기도 이때였다. 나라를 좌지우지했던 양귀비도 이 시대 여성이다. 그렇다고 하더라도 당대는 어쨌건 가부장제 사회였다. 여성은 어려서 아버지를 따르고, 결혼해서 남편을 따라야 했으며, 남편과 사별한 후에는 아들을 따라야 했다. 남성 아래서 보호받아야 하고, 남성에 의지해서 살아야 하는 나약한 존재로 인식됐다. 지한 스님 역시 그런 고정관념을 가지고 요연 선사를 만났을 것이다.

지한 스님은 요연 선사에게 법을 물으러 간 것이 아니라 그녀를 점검하러 간 것이다. 하지만 요연 선사와 문답을 하면서 오히려 자신의 공부가 부족하다고 느꼈다. 결국 요연 선사 밑에서 3년 동안 공부를 했다. 공부에 대한 열망이 없었다면 지한 스님 역시 이런 결단을 내리지 못했을 것이다. 법은 남녀를 초월한다. 그런 법을 깨닫는 데 스승의 외모나 성별이 어떠한가는 중요하지 않다. 모양을 벗어난 것은 모양에 있지 않다. 비록 여성의 몸을 하고 있더라도 가르침을 받을 수 있어야 참된 공부인이다. 이런 발심만이 진정 몸의 장애, 성별의 장애, 존재의 장애를 초월한 자성을 깨닫게 한다.

"어디에서 왔는가?" 이 물음에 지한 스님은 자신이 떠나온 '노구(路口)'를 얘기했다. 노구는 지명이기도 하지만 길 어귀라는 뜻도 있다. 길은 시작이 있고 끝이 있다. 긴 여정이 있고 끊임없는 흐름이 있다. 길의 어귀란 온갖 것이 들어오고 나가는 통로이다. 지한 스님의 대답에 요연 선사는 '왜 덮어 버리지 않는가?'라고 말했다. '왜 길 어귀를 그냥 놔두어서 온갖 분별망상이 들락거리게 하느냐. 왜 그것을 끊어 버리지 못하느냐?'라는 것이다. 그때서야 지한 스님은 요연 선사의 안목이 만만치 않음을 알고 예를 갖추었다.

"어떤 것이 말산(末山)입니까?" 곧 어떤 것이 스님의 진면목이냐는 물음에 요연 선사는 '꼭대기를 드러내지 않는다'라고 답한다. 보려야 볼 수 없고 말을 하려야 할 수 없다. 진정한 말산, 본래 자성은 모양도 아니고 언어도 아니기 때문이다. 그러자 지한 스님은 조금 더 직접적으로 '어떤 것이 말산의 주인이냐? 스님의 정체가 무엇이냐?'라고 단도직입적으로 묻는다. 그 물음에 요연 선사는 남자의 모습도 아니고 여자의 모습도 아니라고 말한다. 남녀를 떠났다는 것이다. 요연 선사는 묻는 족족 지한 스님의 고정관념을 부숴 버렸다. 그런 요연 선사의 응대에 지한 스님이 옳거니 하고 '할'이라고 크게 소리친다. 모든 것을 끊어 모습이 없는 곳에 빠져 있다고 지적한 것이다. 어째서 자유자재하지 않느냐고 물은 것이다. 그러나 요연 선사는 물러서지 않았다. "신(神)도 아니고 도깨비도 아닌데 무엇을 변화라 하겠는가?" 요연 선사의 안목이 철저하다. '깨어 있는 이것이다', '변화 작용하는 이것이다' 하는 것 모두 분별임을 지적한 것이다. 어떠한 물건이 아니므로 변화하고 작용한다는 고정관념을 세울 수 없다는 가르침이다. 이로써 법에 대해 지한 스님이 가지고 있던 마지막 한 생각을 부수었다.

살면서 축적된 고정관념을 버리기가 쉽지 않다. '이것이다, 저것이다' 하며 분별하고, 그런 생각에 집착해 살아온 우리는 모든 생각이 환상과 같다는 사실을 확실히 깨닫기가 어렵다. 문득 본래 마음을 체험했더라도 아무런 분별없이 그것이 적나라하게 드러나기 쉽지 않다. 그래서 선 스승들은 '아무것도 없다', '걸림 없는 성품이다', '바로 지금 깨어 있는 성품이다', '활용자재하게 작용하고 있다' 등 다양한 말로써 이 법을 안내한다. 그런데 이런 말을 듣다 보면 자기도 모르게 '법은 이런 것이다' 하고 마음에 담아 두게 된다. 그러나 진정으로 깨달았다면 그런 말조차 남아 있지 않게 된다. 깨달음이란 것이 따로 있는 게 아니라 모든 분별망상이 다하면 그 모든 분별망상이 완전한 불성이 된다. 이미 완전하여 부족함 없이 누리고 있지만, 우리는 고정관념 때문에 그 사실을 자각하지 못하고 있다.

지한 스님은 요연 선사와의 문답을 통해 느낀 바가 있었다. 그래서 고개를 숙이고 가르침을 청한 것이다. 나중에 지한 스님은 회상에서 대중에게 이렇게 말했다.

> 내가 임제에게 있었을 때 반 국자를 얻고, 말산에 가서 나머지 반 국자를 얻어 한 국자를 가득 마신 것이 지금까지 배가 불러 허기를 잊게 하였다.
>
> —《지월록》

이 일을 계기로 많은 선객이 요연 선사를 찾아와 법을 물었다. 그때마다 요연 선사는 그들의 분별망상을 거침없이 깨부수고, 아무것도 미치지 못하는 곳에서 자유로운 삶으로 다시 태어나도록 이끌었다. 요연 선사는 자신의 안목을 이렇게 노래했다.

> 오온(五蘊)의 망상 무더기가 그대로 고불당(古佛堂)인데,
> 비로자나 부처님이 주야로 백호광명[毫光]을 놓고 있네.
> 만약 여기에서 같거나 다르지 않은 이치를 안다면
> 곧 이 화엄장엄이 시방세계에 두루 하리라.
>
> —《남명천화상송증도가사실》2권

남편의
가리킴에
깨어난 감지
부인

깨어난 사람들의 기록을 보면 대부분 출가한 비구나 비구니인 경우가 많다. 하지만 출가하지 않고 재가에서 마음공부를 해서 성품을 밝힌 사람도 있다. 대표적인 사람이 당나라 때 방온 거사이다. 그는 마조도일 선사의 제자로 깨달음을 얻은 뒤 이를 혼자만 알지 않고 가족 모두를 깨달음으로 이끈 사람이다. 방 거사 이후 수많은 재가 수행자가 안목을 밝혔다. 육긍대부, 왕경상시, 배상국, 진조상서, 최군, 이고, 두홍점, 이발, 우적, 양대년, 이부마 등이 도를 참구해 참된 경지를 밟았다.

　당나라 중기 때 감지도인(甘贄道人) 역시 그중 한 사람이다. 그는 안휘성의 지주(池州)에 살았는데, 생몰연대는 자세히 알 수 없다. 감지도인을 감지 행자(行者)라고 불렀다. '행자'라는 호칭은 일반적으로 계를 받기 이전의 출가자를 뜻하는데, 여기서는 도를 행하는 재가의 남성을 뜻한다고 볼 수 있다. 도안(道眼)이 밝아 일상 속에서 도를 행하는 중년 이상의 여성을 '행파(行婆)'라고 하듯이, 재가에서

도를 깨쳐 세속의 삶에서 도를 행하는 남성을 행자라고 부른다.

감지 행자가 출가했다는 기록은 보이지 않는다. 대신 그가 부인을 둔 가장이며 절에 재물을 시주했다는 기록이 《경덕전등록》, 《진각어록》 등에 남아 있다. 그는 부인과 함께 마음공부를 했는데, 그의 선문답에 부인이 등장한다. 부부가 함께 선 공부를 했다는 귀한 기록이다. 선종사서에 방온 거사와 그의 부인 방 행파, 감지 행자와 그의 부인이 부부로서 함께 마음공부한 가족으로 나온다. 다른 가족도 있을 수 있지만 기록에서 찾아보기 어렵다. 대부분의 선종사서가 선사의 계보를 따라 기록되어 있어서 출가하지 않은 부부가 선 공부를 한 사례는 기록으로 남기 어려웠을 것이다. 그러나 재가자 가운데 한 사람이 불교 공부를 하면 가족도 영향을 받을 가능성이 크다. 알려지지 않았지만 부모 자식 사이, 혹은 부부 사이에 서로 뜻이 맞아 공부를 한 사례가 많았으리라 짐작된다.

나도 감지 행자 부부와 비슷한 사례이다. 남편이 20대 때부터 선 공부에 관심을 가졌다. 결혼 후에는 이론 공부를 넘어 실참 공부에 매진했다. 주말만 되면 절에 가고, 단기출가 수련회에 참가하곤 했다. 나는 자식을 낳고도 자꾸 밖으로만 나도는 남편이 못마땅하고 실망스러웠다. 사람이 결혼하는 이유 중 하나가 외로움을 극복하기 위해서이다. 혼자 살다가 둘이 되어 가정을 이루고, 자녀를 키우면서 서로 의지해 남은 인생을 살아갈 수 있다는 기대가 있기에 여러 어려움을 감수하면서 결혼하는 것이다. 그런 기대를 남편은 보란 듯이 저버렸다. 나는 틈만 나면 밖으로 나도는 남편이 어느 날 말없이 출가해 버릴까 봐 두려웠다. 무책임하다는 생각이 불쑥불쑥 들었지만, 어린아이 때문에 속내를 드러내 다툴 수 없었다. 부부 싸움 끝에 정말로 출가해 버리면 어쩌나 하는 두려움이 더 컸다.

선 수행이 도덕적으로 비난받을 일은 아니다. 신앙생활 역시 이상할 게 없다. 그러나 현실을 돌보지 않고 자기만을 위해 밖으로 나도는 것이 불만스러운 것은 어쩔 수 없었다. 남편이 불교 공부를 해보라고 권하기도 했지만, 누군가가 권해서 종교를 믿는 것이 성미에 맞지 않았다. 더군다나 당시 나는 종교를 맹목적인 믿음과 기복이라고 생각했다. 종교보다는 문학을 통해 삶의 문제를 해결하려고 했다. 실제로 소설을 써 여러 신문사에 투고한 끝에 모 신문사 신춘문예에 당선되었다. 그러나 막상 당선되고 나니 기쁘지 않았다. 내가 기대했던 삶의 문제가 하나도 해결되지 않았기 때문이다. 이런 식으로는 삶이 무엇인지, 인생이 어떤 것인지 모른 채 덧없이 살다가 갈 것 같은 불안감이 엄습했다. 그 불안함을 남편에게 내비치니 선 공부가 문제를 해결해 줄 것이라고 했다. 그때서야 나는 선 공부에 마음을 내게 되었다.

밖으로 나도는 남편, 육아에서 오는 힘듦, 그리고 한 사람과 결혼했을 뿐인데 덩달아 가족이 되어 버린 시댁 식구와의 껄끄러운 상황이 없었다면 마음공부에 매진하지 못했을 것이다. 현실의 삶이 불만족스러웠고, 다른 방법으로는 이 문제를 영원히 해결하지 못할 것이라는 예감이 들었다. 붓다가 말한 '삶은 고통이다'라는 말이 절실하게 다가왔다. 선 공부를 하기로 마음먹고서 나는 매일 아침 아이를 유치원에 보낸 후에 누구보다 열심히 법회에 참석하고 스승님께 법을 물었다. 돌이켜 보면 온몸의 촉수가 선 공부에 빨려 들어간 것 같은 시간이었다. 덕분에 어떤 경계에도 물들지 않는 마음자리를 체험할 수 있었고, 그것을 놓치지 않고 따라가다 보니 법이 확연해지는 변화가 찾아왔다. 붓다를 비롯한 세상 모든 인연—나를 낳고 길러 준 부모, 형제자매, 남편, 아이, 시댁 식구 등—에 감사한 마음이 샘솟았다. 두 손 모아 온 우주에 '감사합니다'라고 말하게 되었다. 아이러니하게도 나를 철저히 외롭게 했던, 그래서 내가 불법에 귀의할 수밖에 없도록 만든 남편에게도 감사하게 되었다.

> 어떤 암자의 주지가 필요한 집기를 얻기 위해 시주를 구하니, 감지 행자가 말했다.
> "내 물음에 답한다면 즉시 시주를 하겠소."
> 그러고는 마음 심(心) 자를 써 놓고 물었다.
> "이것이 무슨 글자요?"
> "마음 심 자입니다."
> 다시 자기의 아내를 불러서 물었다.
> "이것이 무슨 글자요?"
> "마음 심 자입니다."
> "내 마누라도 암자의 주지가 될 수 있겠군요."
> 그 스님은 말을 못 했고, 감지 행자도 시주를 하지 않았다.
>
> — 《경덕전등록》 10권

암자의 주지가 탁발을 나가 감지 행자의 집에 이르렀다. 마침 생활 용품이 필요했기에 시주해 줄 것을 권하자, 감지 행자가 마음 심(心) 자를 써서 무슨 글자인지 물었다. 감지 행자가 물은 것은 글자의 뜻이 아니다. 진정한 마음이 무엇인지 물은 것이다. 그런데 주지는 글자의 뜻을 말했다. 물론 글자 그대로의 뜻이 마음을 벗어난 것은 아니다. '마음 심' 자라고 한들 잘못이 아니다. 그러나 진정 주지가 마음 바탕을 깨달아 '마음 심' 자라고 대답한 것이라면, 계속해서 자신을 감별하려는 감지 행자를 가만 놔두지 않았을 것이다. 하지만 주지는 꿀 먹은 벙어리였다. 이에 감지 행자는 자신의 부인을 불러 같은 물음을 던졌고, 부인이 주지와 같은 대답을 하자 출가 사문이 속세의 여인과 다를 바가 없다며 주지를 꾸짖은 것이다.

감지 행자는 남전보원(南泉普願) 선사 아래서 도를 닦았는데, 일찍이 암두전활(巖頭全豁) 선사를 집으로 청해 함께 여름을 보낸 적이 있다. 하루는 암두 선사가 옷을 깁고 있었다. 감지 행자가 외출했다가 돌아와 선사 옆에 서자, 갑자기 선사가 바늘을 들어 올려 그를 찔렀다. 그 순간 감지 행자는 깨달았다. 그는 아무 말 없이 웃으면서 안채로 돌아와 옷을 갈아입고 감사 인사를 올렸다. 곁에서 그 모습을 지켜보던 부인이 물었다.

"왜 웃습니까?"
감지 행자가 말했다.
"그대는 묻지 마시오."

부인이 말했다.

"좋은 일이라면 같이 알 필요가 있습니다."

감지 행자가 들어 보이니, 부인이 문득 깨닫고는 말했다.

"30년 뒤에 한 번 물을 마심에 한 번 목이 메니, 제가 곁에서 이야기 듣는 것을 겨우 그만두게 되었습니다."

역시 문득 깨달았다.

— 《우바이지》

암두 선사는 덕산선감의 제자로 828년부터 887년까지 살았다. 그리고 남전 선사는 834년에 입적했는데, 암두 선사가 일곱 살 때 일이다. 따라서 남전 선사 생전에 가르침을 받았던 감지 행자가 암두 선사의 가르침으로 깨쳤다는 것은 납득하기 어렵다. 아마도 이 일화는 후대에 조금 각색된 것인 듯싶다. 그렇다고 감지 행자와 암두 선사 사이에 인연이 없었던 것은 아니다. 몇몇 어록에서 감지 행자가 암두 선사와 설봉의존 스님을 만나 그들을 교화했다는 기록이 있다. 시기적으로 보면 이 내용이 오히려 설득력 있다. 어쩌면 재가자가 출가자를 가르쳤다는 역사적 사실이 후대에 와서 반대로 편집된 게 아닐까 한다. 이 일화를 통해 눈여겨보아야 할 것은 역사적 사실이 아니라 깨달음이 어떻게 일어나는가 하는 것이다. 세속의 삶을 살아가는 평범한 부부이자 도반이 공부의 끈을 놓지 않고 지내다가 서로에게 깨달음의 인연이 되어 내면의 혁명을 일으키는 모습이 흥미롭다.

암두 선사는 감지 행자가 들어오자 바느질을 멈추고 옆에 선 그를 느닷없이 바늘로 찔렀다. 무방비 상태에서 바늘 맛을 본 감지 행자는 당황했을 것이다. 미처 의식이 상황을 이해하기도 전에 따가운 바늘 맛이 먼저 자각되었을 것이다. 그 순간 저절로 모든 것을 드러내는 자성을 체험하면서 어둠 속에서 깨어났다. 감지 행자는 암두 선사에게 인사도 드리지 못하고 안채로 돌아왔다. 말이 나오지 않았을 것이다. 나중에 주변을 둘러보고서야 자신을 일깨워 준 스승과 처음 법을 세상에 알린 붓다, 지금까지 법을 전한 스승과 자기 삶을 여기로 이끈 모든 인연에 감사 인사를 올렸다. 환희심에 차올라 자기도 모르게 이뤄진 인사였다. 곁에서 이를 지켜보던 부인이 남편의 심상치 않은 변화를 눈치채고 물었다.

"좋은 일이라면 같이 알 필요가 있습니다." 옳은 말이다. 혼자만 알아서는 안 된다. 모든 사람이 다 성품을 갖추고 있다. 그 사실을 분명히 깨달으면 묻지 않아도 어떻게든 깨닫게 해주고 싶은 마음이 든다. 그러니 곁에서 간절히 묻는 부인을 보고 그냥 넘어갈 수는 없는 노릇이다. 감지 행자는 암두 선사와 다르지 않게 들어 보였을 것이다. 그런데 부인이 금방 알아들었다. 인연이 무르익었음인지 어렵지 않게 깨달았다. 부인은 "30년 뒤에 한 번 물을 마심에 한 번 목이 메니, 제가 곁에서 이야기 듣는 것을 겨우 그만두게 되었습니다[三十年後 一回飲水一回噎, 女方從傍聽話纔畢]"라고 말한다. 여기서 30년이란 오랜 시간을 의미하는 관용 표현이다. 그런데 부인은 왜 무수한 세월 뒤의 일을 얘기하고, 또 깨달음의 물을 마셔서 속이 시원할 텐데도 목이 메는 심정이라고 말한 것일까. 문장 그대로 보면 모순이고 역설이다. 스스로 분별을 떠난 세계를 목도하면 이렇듯 자기도 모르게 틀을 벗어난 말을 하게 되는 경우가 있다. 이때 무수한 세월이란 바로 지금 이 순간이다. 지금 여기에서 과거와 현재와 미래, 시작도 끝도 없는 무수한 시간이 흘러나온다. 그리고 목이 멘다는 것은 지금까지 한 치의 오차도 없이, 티끌만 한 예외도 없이 이 순간을 위해 준비되었던 모든 인연에 대한 감사의 목멤이다.

깨어나는 체험은 모든 것에 감사하는 마음을 낳는다. 진실에 눈을 뜬다는 것은 행복도 불행도 퇴색시키면서 그 모두를 빛나게 한다. 세속적인 행복도 여기에서는 허망한 그림자와 다르지 않고, 그동안 겪어온 불행도 이 길로 이끌기 위한 훌륭한 인연이었다. 만약 삶의 고통과 불행이 없었다면 거기에 안주해 진실을 향한 마음을 내지 못했을 것이다. 지나온 삶이 다 눈 뜨게 하기 위한 거대한 계획이었다. 깨닫는 순간, 이제는 더 누군가의 이야기를 들을 필요가 없어진다. 모든 것이 자기의 일이라는 것이 분명해지기 때문이다. 모든 존재, 사건, 작용의 근본이 자기 자신이다. 밖에 있지 않다. 더 이상 방황하며 찾을 필요가 없다.

감지 부인은 남편과의 인연으로 진실에 눈 떴다. 이렇듯 가족과 함께 마음공부를 한다는 것은 큰 자극이 된다. 세속적인 삶의 상징이라고 할 수 있는 부부 관계가 깨달음으로 나아가는 인연이 되어 주는 것이다. 부부가 함께 진실한 곳을 바라보며 삶의 온갖 질곡을 넘어갈 때, 그곳이 선불도장이요 연화대이다. 불법은 세속을 떠나서 있지 않다. 삶의 모든 면면이 불성의 현현이다. 달리 붓다의 성품을 찾아 고요하고 깨끗한 곳을 찾아갈 필요가 없다. 연꽃은 진 흙투성이 연못에서 피어난다.

현실의 부부 관계란 참으로 미묘하다. 결혼해서 살다 보면 저 사람이 화성이나 금성에서 온 외계인처럼 느껴질 때가 많다. 도저히 이해가 가지 않고 설득이 되지 않는 순간을 마주하게 된다. 그럴 때 우리는 서로에게 인정받지 못하고, 서로를 공감할 수 없다는 사실에 더욱 외로워진다. 남이라면 모를까, 평생을 같이 살 배우자에게서 그런 느낌을 받을 때면 영혼이 다 쓸쓸해진다. 하지만 평행선을 달리는 듯한 강물도 언젠가는 바다에서 만난다. 그곳에서 빈틈없이 하나가 된다. 거기에는 외로움, 상처, 불만족, 불안이 없다. 어떤 것에도 물들지 않는 마음자리, 그곳에서 우리는 흔들리지 않는 평안을 얻을 수 있다.

PART

2

세   상
어 디 에 도
의 지 할
데 가 없 다

두려워 마라. 모두가 신 안에 거하리니.
오고 가는 형상은 춤추는 내 팔다리의
한순간 휘저음이다.
나를 아는데 무엇이 두려우랴?
-

시바, 파멸의 춤

아들을 향한　　　　꾸마라 까싸빠의
애착에서　　　　　 어머니
눈 뜬

어느 젊은 부인이 남편에게 집을 떠나 비구니가 되게 해달라고 간청했다. 간신히 남편에게 허락을 받은 그녀는 집을 나섰다. 막상 집을 나왔으나 바른 수행에 대한 이해가 없었고, 어디로 가야 할지 몰랐다. 그녀는 발길이 닿는 대로 가다가 데와닷따(Devadatta)를 따르는 비구니 교단에 들어가게 되었다. 데와닷따는 붓다의 제자였다가 훗날 배반하고 따로 교단을 세운 붓다의 가까운 친척이다.

　출가를 허락받고 수행하던 어느 날, 그녀는 자신이 임신을 했다는 사실을 알게 되었다. 시간이 지나면서 아기를 가진 것이 드러났다. 비구니들이 그녀를 스승인 데와닷따에게 데리고 갔다. 데와닷따는 그녀를 즉시 가정으로 돌려보내 해산하고 오라고 지시했다. 하지만 남편에게 애원해서 출가한 사람으로서 다시 남편에게 돌아갈 수는 없었다. 그래서 같이 생활하던 비구니들에게 제따와나의 석가모니 붓다에게 보내 달라고 간청했다. 그렇게 그녀는 붓다에게 오게 되었다. 붓다는 이 문제를 직접 다루지 않고 재가 신자

위사카와 우빨리 장로 등 주변 사람들에게 해결하도록 했다. 위사카가 여인을 커튼 안으로 데리고 들어가 임신 기간과 상황을 자세하게 검토했다. 비구니가 되기 전에 임신한 것이 틀림없었다. 이 사실을 우빨리에게 알리자, 우빨리 장로는 그녀가 계율을 어기지 않았다고 내외에 선포했다.

그녀는 열 달을 채우고 아들을 출산했다. 아들은 붓다의 요청에 따라 꼬살라국 빠세나디왕의 양자로 들어갔다. 이름은 꾸마라 까싸빠(Kumāra-Kassapa)였다. 꾸마라 까싸빠는 일곱 살이 되던 해 자신의 어머니가 비구니인 것을 알고 자기도 붓다에게 귀의하기로 했다. 그는 붓다를 찾아가 자기 뜻을 밝혔다. 붓다는 기쁜 마음으로 그에게 법문을 베풀고 수행을 이끌어 주었다. 부지런히 정진한 그는 마침내 아라한과를 성취했다. 가까운 곳에서 아들의 성장을 지켜본 어머니는 몹시도 뿌듯했다. 비록 출가한 몸이지만 자식에 대한 애정은 식지 않았다.

꾸마라 까싸빠는 아라한과를 성취한 뒤 숲속에 들어가 12년 동안 나오지 않았다. 아들을 볼 수 없게 된 어머니는 상심이 컸다. 자나 깨나 걱정하다가 어느 날 아들이 있는 제따와나 수도원으로 찾아갔다. 그곳에 도착해 아들을 만나자 기쁘고 반가운 마음에 울면서 아들의 이름을 불렀다. 꾸마라 까싸빠는 어머니가 자기에 대해 애착이 깊은 것을 느끼고 '만약 내가 반가운 표정을 지으며 상대해 드리면 어머니는 계속해서 나에게 집착할 것이고, 이로 인해 어머니의 삶은 가련하게 될 것'이라고 생각했다. 그는 어머니에게 '비구니로 수행하면서 아직까지 아들에 대한 애착 하나 끊지 못했느냐'라고 크게 호통을 쳤다. 아들의 냉혹한 반응에 어머니는 충격을 받았다.

'아, 나는 아들을 그리워하며 12년 동안 눈물로 살아왔는데 아들은 나를 이토록 차갑게 대하는구나. 이런 자식에게 애착한들 무슨 이익이 있겠는가? 자식이란 모름지기 의지할 바가 못 되는 줄 이제야 알겠다.' 이 일을 계기로 그녀는 자신을 돌아보게 되었다. 자식에 대한 애착을 부끄럽게 여기고 이제부터라도 진심으로 공부해 자식에 대한 모든 애착을 끊으리라 결심했다. 마침내 그녀는 아라한과를 성취하게 되었다.

혈육에 대한 집착을 내려놓기란 쉽지 않다. 특히나 깨달음의 길에서 낳고, 심지어 같은 길을 가게 된 아들은 어머니에게 무척 자랑스러운 자식이었을 것이다. 그와 어머니 사이에는 세간과 출세간에 걸쳐 숙명적인 끈이 이어져 있었다. 아들은 왕의 양자로 품위와 교양·지식을 겸비했으며, 출가해서는 붓다에게 공부를 인정받기까지 했다. 세상에 나가도 비길 데 없이 훌륭하지만, 영적인 세계에서도 공부가 깊었다. 이보다 더 훌륭한 아들이 어디 있겠는가. 그런 아들이 어머니는 자랑스러웠을 것이다. 세간과 출세간에 걸쳐 자랑스러운 아들이기에 죽을 때까지 마음을 의지할 수 있는 존재처럼 보였을 것이다.

하지만 아들은 그런 어머니를 냉혹하게 몰아쳤다. 출가자에게 애착은 금기어와 같으며, 참된 출가란 모든 집착에서 벗어나는 것임을 모르느냐면서 말이다. 그동안 자신이 믿고 의지했던, 자신의 전부와도 같았던 아들에게서 그런 말을 들은 어머니 심정은 그야 말로 하늘이 무너지는 것 같지 않았을까. 어쩌면 아들이 원망스럽기까지 했을 것이다. 내가 너를 얼마나 귀하게 여기고 애지중지했는데 나한테 이럴 수 있느냐며 말이다. 하지만 시간이 지나면서 어머니는 스스로가 그동안 환상에 젖어 있었음을 알게 되었다. 분별하고 집착하는 마음에서 벗어나고자 남편을 떠나 출가수행의 길에 들었으면서 정작 한 걸음도 내딛지 못했음을 깨달았다.

그녀는 사랑이라는 이름으로 아들에게 의지하는 자신의 마음을 정당화하고 있었다. 의지의 대상만 바뀌었을 뿐이지 출가 전과 다름없는 삶을 살았던 것이다. 삶의 물리적 공간과 관계 맺는 사람들을 바꾼다고 해서 출가가 아니다. 남편이든, 자녀든, 재물이든, 권력이든, 그 모든 무상한 것에 대한 분별과 집착을 내려놓는 것이 참된 출가자의 삶이다. 출가 전의 낡은 옷을 그대로 입고서 청정한 사문인 척 살아가던 어머니는 아들의 호통에 마침내 눈을 떴다. 비로소 참된 출가를 하게 된 것이다.

이 사례를 들어 비구들이 부처님에게 여쭈었다.

"부처님이시여, 만약 꾸마라 까싸빠의 어머니가 처음 들어갔던 데와닷따의 수도원에 계속 머물러 있었다면 비구니와 그 아들이 어떻게 아라한과를 성취할 수 있었겠습니까? 그랬다면 데와닷따는 그들을 잘못 인도하여 불행에 빠뜨렸을 것입니다. 그런데 부처님이시여, 부처님께서는 지금도 아라한과를 성취한 그들의 의지처가 되시는지요?"

이에 부처님이 말했다.

"비구들이여, 아라한과를 이루려는 사람은 결코 남을 의지할 수 없느니라. 자신을 위한 일은 오직 자신만이 할 수 있나니, 자기 스스로 열성적이고 진지하게 노력해 나가야 하느니라."

그러고는 노래로 말했다.

"진정 자기야말로 자기의 의지처
어떻게 남을 자기의 의지처로 삼으랴?
자기를 잘 단련시켜야만
자기를 의지처로 만들 수 있는 것.
이는 실로 성취하기 어렵다."

— 《법구경》 게송 160

부모에게 자식은 그 자체로 사랑이다. 부모는 자식을 자신의 일부처럼 느낀다. 자식의 행복이 곧 나의 행복이요, 자식의 불행이 곧 나의 불행이라고 여긴다. 그러나 이런 마음은 사랑이라기보다 집착인 경우가 많다. 우리는 애착과 참된 사랑을 잘 분간하지 못한다. 그래서 사랑이라는 이름 아래 자식에게 의지하거나 기대한다. 자식을 통해 자신의 삶을 보상받으려고 학습을 강요하기도 한다. 이런 조건이 깔린 사랑이라면 참된 사랑이라고 할 수 없다.

꾸마라 까싸빠의 어머니도 자신은 아무런 조건 없이 아들을 사랑한다고 여겼다. 그러나 내면을 들여다보면 사랑하는 자식에게 의지하려는 마음이 있었다. 나중에 나이가 들어 자식에게 기대고 싶은 마음이 없지 않았다. 무엇이 진정 자식을 위한 사랑인지 성찰하지 않고 분별하는 마음으로 사랑한 것이다.

조건 없는 사랑을 할 때 우리는 상대를 있는 그대로 볼 수 있다. 부모와 자식 관계도 마찬가지다. 아무런 조건 없는 사랑으로 관계 맺을 때, 부모는 자신들이 원하는 바가 아닌 자식들이 원하는 방식으로 삶을 살아가도록 응원하고 도울 수 있다. 만약 꾸마라 까싸빠의 어머니가 아들을 만나기 전 진정한 사랑을 깨닫고 있었다면, 아들의 말에 상처받는 대신 독립적인 사람으로 성장한 아들을 보며 안심하고 축복해 주었을 것이다. 하지만 그녀는 그러지 못했다. 그래서 예상치 못한 아들의 반응에 충격을 받았지만, 다행스럽게도 이를 계기로 한걸음 도약해 어디에도 의지하지 않는 삶으로 나아갔다. 인생의 모든 의미가 송두리째 부정당하는 위기의 순간에 밖이 아닌 자신의 마음을 들여다봄으로써 번뇌를 던져 버렸다. 그동안 자신의 출가 생활이 헛된 것만은 아니었음을 스스로 증명한 셈이다.

모름지기 수행자라면 자신의 내면에서 일어나는 일을 민감하게 돌아봐야 한다. 매사 자기 마음을 돌아보는 것이 진정으로 마음 공부하는 사람의 자세이다. 자기 마음에서 바깥 대상을 따로 보고 거기에 집착하고 있지 않은지 들여다볼 줄 알아야 한다. 이런 마음 자세라면 언제든, 좋고 나쁜 인연에 상관없이 깨어날 수 있는 기회를 갖게 된다.

죽은 아들을 살리려 했던 끼사 고따미

끼사 고따미(Kisa Gotamī)는 꼬살라국의 수도 사왓띠에 사는 재력가의 딸이었다. 그녀가 끼사 고따미라고 불리게 된 것은 몸이 가늘고 날씬했기[끼사] 때문이다. 그녀는 커서 젊은 자산가와 결혼해 아들 한 명을 낳았는데, 겨우 걸음마를 뗄 무렵 갑자기 아들이 죽고 말았다. 아들을 잃은 슬픔과 충격은 이루 말할 수 없었다. 그녀는 죽은 아들을 안고 사람들을 찾아다니며 아이를 살릴 약을 달라고 애원했다. 그러나 아무리 애원하고 많은 돈을 준다고 해도 도와주겠다는 사람이 없었다. 그러던 중 한 사람이 나타나 제따와나 수도원의 석가모니 붓다를 찾아가 보라고 말했다. 그녀는 부랴부랴 아들의 시신을 안고 붓다에게 갔다.

　고따미가 아들을 살려 달라고 말하자 붓다는 '사람이 죽은 적이 없는 집에 가서 겨자씨 한 줌을 얻어오면 살려 주겠다'라고 말했다. 그녀는 죽은 아들을 가슴에 안고 집집마다 문을 두드렸다. 먼저 겨자씨를 얻은 그녀는 이 집에 죽은 사람이 없는지 물었다. 그때마다 번번이 죽은 사람이 있다는 답이 돌아왔다. 많은 사람이 도움을 주려고 했지만, 죽은 사람이 없는 집은 단 한 집도 없었다. 그녀는 점점 몸과 마음이 지쳐갔다. 이내 죽은 아들을 가만히 내려놓고는 깊은 생각에 잠겼다. 자신만이 아니라 세상 모든 가정에 사랑하는 사람을 잃고 살아가는 사람들이 있었다. 심지어 죽은 사람의 수가 산 사람의 수보다 훨씬 많았다. 마침내 그녀는 붓다가 자기에게 겨자씨를 가져오라고 한 뜻을 깨달았다. 그 순간 죽은 아들에 대한 애착에서 벗어날 수 있었다. 그녀는 어린 자식을 숲속에 고이 묻어 주고 붓다에게 돌아갔다.

> 고따미여, 너는 너만 아들을 잃어 버린 것으로 생각했을 것이다. 그러나 네가 이제 깨닫게 된 것처럼 모든 생명에게는 반드시 죽음이 있느니라. 죽음은 중생이 자기 욕망을 다 채우기도 전에 그를 데려가 버리느니라.

— 《법구경》게송 114

끼사 고따미에 비길 수는 없지만 나도 비슷한 경험을 한 적이 있다. 아이가 어렸을 때 운동 삼아 아파트 앞 정원에 함께 나갔다가, 잠시 한눈을 파는 사이에 아이가 사라졌다. 큰 소리로 아이를 부르며 아이가 있을 만한 장소를 정신없이 둘러보았다. 그러나 흔적조차 보이지 않았다. 놀이터, 잔디밭, 산책길 아무리 둘러봐도 보이지 않았다. 순간 머리가 하얘졌다. 사람들이 정신 나간 사람 보듯 나를 쳐다봤지만, 그들이 눈에 들어오지 않았다. 주변에 물어봐도 아이를 봤다는 사람이 없었다. 하늘이 무너지는 것 같고 온갖 생각이 스쳐 지나갔다. 한눈 파는 사이에 누군가 아이를 꾀어 데려간 것 같았다. 그러지 않고서야 잠깐 사이에 아이가 사라질 수는 없었다. 경찰차가 사이렌 소리를 내며 아파트로 달려왔다. 자초지종을 설명하고 함께 아이를 찾기로 했다. 혹시나 집에 들어간 게 아닌가 해서 가 보았지만 집에는 아무도 없었다. 그 순간 행방불명된 자식을 찾아 수십 년 전국을 떠도는 부모들이 떠올랐다. 시내 가로수 길에 오래전 실종된 아이들을 찾는 현수막이 걸려 있던 게 떠올랐다. 가슴이 미어지고 찢어지는 듯했다. 이렇게는 오래 살지 못할 것 같았다. 이 세상 어딘가에서 아이가 핍박받으며 살아갈 것을 상상하면 미칠 것만 같았다. 그렇게 한참을 찾아 헤매다가 다시 집에 들어가 보니 아이가 집에 있었다. 새로 사준 옷이 마치 등산복 같아서 아파트 위 등산로를 올라가려다가 집으로 돌아왔다는 것이다. 나는 아이를 꼭 끌어안았다. 울음조차 나오지 않았다. 아주 짧은 시간이었지만 나는 '지옥'을 경험했다.

부모에게 자식은 이런 존재이다. 자식 없이 부모는 세상을 온전히 살아갈 수 없다. 그런 소중한 존재를 잃은 고따미의 심정이 과연 어떠했을까. 직접 경험해 보지 않더라도 그녀가 느꼈을 고통을 충분히 짐작할 수 있다.

사람들은 자녀에 대해 지극히 애착하나니

목장의 소들도 그와 같아라.

마음이 감각적 쾌락에 집착되어 있는 동안에

죽음은 그들을 순식간에 앗아간다.

마치 홍수가 잠자는 마을을 휩쓸어 가듯이.

— 《법구경》 게송 287

끼사 고따미는 붓다의 말을 듣고 모든 현상이 무상해 오래가지 못함을 깨달았다. 이렇듯 무상한 현상을 대상으로 삼아 자기 욕망을 성취하려는 어리석은 중생은 고통 속에서 살다가 불만 속에서 죽어 간다는 것, 사람을 비롯한 모든 존재에는 그것을 이끌어 가는 불멸하는 주체, 즉 나[我]가 없다는 것을 깨달아 수다원과를 성취했다.

어느 날 그녀는 기름 램프를 밝히고 있었다. 그때 램프 불이 펄럭이다가 꺼지는 듯 다시 살아나는 것을 보면서 일체중생이 죽었다가 다시 태어난다는 사실을 깨달았다. 붓다가 그녀를 위해 설법했다. "일체중생의 생명이 계속해서 변화하고 잠시도 멈추지 않아서 사라지면 다시 태어나고 태어나면 다시 사라지는데, 이 현상에 마음을 계속 집중하여 마침내 니르바나(열반)를 깨달아라." 붓다의 설법이 끝나자 고따미는 아라한과를 성취했다.

저는 묘지에서 아이의 시신이 먹히는 것도 보았습니다. 저는 가족을 잃고 남편도 죽고, 세상 모든 이들에게 조롱당하며 불사의 도를 체득했습니다. 저는 팔정도, 불사의 도를 닦았습니다. 저는

평안을 얻고 진리의 거울을 보았습니다. 이미 저는 번뇌의 화살
을 꺾고 무거운 짐을 내려놓고 할 일을 다 이루었습니다.

— 《장로니게》게송 221, 223

자식을 잃은 어머니는 세상을 온전히 살아갈 수 없다. 그 큰 슬픔과
고통을 안고서 웃으며 살 수 없다. 삶의 진실에 통하지 않고는 이
장애를 넘어서기가 어렵다. 나와 함께 공부하던 한 도반도 자식 둘
을 낳아 기르다가 불의의 사고로 둘째 아들을 잃었다. 너무도 큰 충
격에 빠져서 아무것도 보이지 않던 때, 괴로움에서 벗어나고자 그
녀는 불법에 귀의했다.

　인간의 육체는 영원하지 않고 태어나면 반드시 죽는다. 이것
이 모든 존재가 지니는 운명임을 겸허히 받아들이지 않으면, 자식
의 죽음 앞에서 부모는 자신을 심하게 자책하게 된다. 자신의 부주
의로 생때같은 아이를 죽인 것 같은 죄책감에 사로잡힌다. 그러나
우리는 우리 삶을 통제할 수 없다. 모든 일은 저절로 일어났다가 저
절로 사라진다. 내 의지대로 자식을 만난 것도, 나의 잘못된 선택과
행동 때문에 자식이 떠나간 것도 아니다. 인연이 되어 왔다가 인연
이 다해 떠나갔을 뿐이다. 나의 부주의조차 나의 의지가 아니다. 어
느 누가 자식을 잃는 일을 의도하겠는가? 이렇듯 아무런 의도 없이
인연 따라 일어나는 현상에 대해 우리는 나, 남, 나의 자식, 삶과 죽
음이라는 이름을 붙인다. 나의 의도와 상관없이 벌어지는 불가사
의한 일에 이름을 붙여 그것을 규정하고, 그렇게 분별한 대상에 집

착하면서 장애를 만든다.

> 내가 그의 이름을 불러주기 전에는
> 그는 다만
> 하나의 몸짓에 지나지 않았다.
> 내가 그의 이름을 불러주었을 때
> 그는 나에게로 와서
> 꽃이 되었다.

— 김춘수, 〈꽃〉

실체 없이 일어나는 현상 가운데 어떤 것을 선택해 의미를 두고 이름을 붙이면, 그것은 존재하는 '무엇'이 된다. 길을 걷다 보면 수많은 것을 마주치는데, 집에 돌아와 곰곰이 생각해 보면 기억에 남는 게 별로 없다. 스쳐 지나는 것들에게 우리 마음이 가닿지 않았기 때문이다. 적어도 그 순간 나에게 그것들은 존재하는 '무엇'이 아니었다. 어떤 것이 있다, 존재한다는 말은 이렇듯 우리 마음이 대상에 집착해서 만들어 낸 생각이나 관념이다. 그것을 존재로 인식하는 것이다. 따라서 어떠한 생각도 없는 사람에게는 특정한 무언가가 존재할 수 없다. 나아가 부재할 수도 없다. 존재와 부재란 모두 생각 안에 있다.

붓다는 무상한 현상의 질서를 깨닫지 못하고 자식의 죽음 앞에서 하염없이 눈물 흘리는 가엾은 한 여성을 깨달음의 길로 이끌었다. 탁월한 그 안내에 따라 그녀는 몸소 깨달음의 경지에 이르렀다. 끼사 고따미가 그랬던 것처럼 사람은 스스로 느끼고 깨달아야 변한다. 이것이 마음공부의 핵심이다. 아무리 훌륭한 법문을 듣더라도 스스로 느끼지 못하면 지식에 불과하다. 지식과 이해는 내면의 갈등과 번뇌를 치유하지 못한다.

죽음을 초월하는 길을 모르고
백 년을 사는 것보다는
단 하루라도 죽음을 초월하는
진리의 길을 알고 사는 것이 훨씬 낫다.

— 《법구경》 게송 287

열 명의
아들딸에게
버림받은

소나

인도 힌두교 신화 속 칼리 여신은 다면적인 이미지를 가지고 있다. 그녀는 피로 물든 얼굴을 한 검은 지모신(地母神)이다. 이를 드러내고 혀를 쑥 내밀었으며, 네 개의 손 가운데 왼쪽 두 손에는 피 묻은 칼과 사람의 잘린 머리가 들려 있다. 그런데 오른쪽 두 손은 두려워하지 말라는 듯 손바닥을 위아래로 자연스럽게 내밀어 은혜로운 모습을 보여 준다. 이렇듯 칼리 여신은 파멸과 자비를 동시에 상징한다. 신화 속에서 여성이 갖는 두 가지 이미지를 복합적으로 드러내고 있다.

신화에서 여성, 특히 어머니는 한없이 자애로운 존재이기도 하고 자식을 집어삼키는 존재이기도 하다. 어머니는 다산의 상징으로 대지가 모든 것을 낳듯 자식을 낳는다. 그러나 대지에서 모든 것이 사라지듯, 또한 어머니는 자식을 앗아가거나 성장을 가로막기도 한다. 자식은 자신을 낳아 주고 길러 주는 어머니에게 사랑을 갈구한다. 어머니의 표정과 말에서 자신에 대한 사랑을 확인하고 무의식적으로 어머니의 요구에 맞는 행동을 하려고 한다. 어머니는 한없이 아이를 사랑하면서도 아이가 자라는 것을 싫어해서 묶어 둘 수도 있다. 그렇게 억압된 정서가 성장해 표출될 때 어머니는 공격과 원망의 대상이 되기도 한다. 자식에게 어머니는 사랑과 자비의 존재이면서 동시에 자신의 성장을 가로막는 무자비한 존재이기도 한 것이다.

자비와 탐욕의 양극적인 상징이 전통적인 신화 속에서 나타나는 어머니상이다. 이런 모성에 대한 상징과 이미지는 동서양이 크게 다르지 않다. 그리스 신화에서 여신 데메테르는 풍요의 여신으로 곡물을 비롯한 대지의 모든 것을 소생하게 하지만, 겨울이 되면 모든 것을 거두어 버린다. 출산과 풍요, 다산의 상징이면서 지하세계의 여신이라는 어두운 면을 가지고 있다. 그녀가 좋아하는 동물이 돼지이며, 항상 뱀을 같이 데리고 다니는 데서도 그 양면성을 확인할 수 있다.

신화 속 영웅들의 이야기를 봐도 여신은 이중적인 이미지를 가지고 있다. 여신은 영웅을 도탄에 빠뜨리기도 하지만, 모험의 끝에 배필로 주어지는 완성과 성숙의 상징이기도 하다. 영웅들은 아름다운 여성의 유혹에 넘어가 고난을 겪지만, 그 모험이 끝날 때는 반드시 아름다운 여성을 얻는다. 여신과 합일하거나 가시덤불에 갇힌 성을 뚫고 들어가 잠자는 숲속의 공주를 만나 결혼한다. 영웅신화가 남성의 입장에서 만들어졌다는 점에서, 신화 속 여신의 이미지는 남성이 바라본 여성의 이미지가 양극적으로 묘사된 것이라고 이해할 수 있다.

　마음공부를 하다 보면 우리 본성이 이런 여성성을 많이 닮았다는 생각이 든다. 마음 하나에서 모든 것이 드러나고, 마음 하나에서 모든 것이 사라진다. 드넓은 대지에 의지해 풀과 나무가 자라고 곡식과 잡초가 자란다. 그 풀과 열매를 온갖 짐승과 사람이 먹고산다. 산하대지가 모두 대지 위에 서 있다. 우리 삶의 모든 것이 이렇듯 끝을 알 수 없고 넓이를 측정할 수 없는 허공과 같은 마음 하나에서 드러나고 사라진다. 이 마음은 어머니의 자궁처럼 모든 것을 출산하고 품어 안는다. 하지만 이 모든 것은, 결국 마음 자체로 아무것도 아닌 것이다. 끝을 알 수 없는 어머니의 품이면서 텅 빈 허공이다. 다산과 파멸의 이미지가 겹쳐 있다.

　석가모니 붓다 당시 사왓띠의 한 부부가 아들딸 열 명을 낳고 함께 살고 있었다. 그러다 아버지가 먼저 죽었는데, 어머니는 자식들에게 재산을 나누어 주지 않았다. 재산을 나누어 주면 자식들이 자신을 돌보지 않을 것이라고 생각했던 모양이다. 어머니의 마음을 읽은 자식들이 어머니를 졸랐다. "집에 재산이 아무리 많아도 저희는 아무런 재미가 없습니다. 저희가 어머니 한 분을 모시지 않을까 봐 재산을 물려주지 않으십니까?"

　자식들의 원성이 점점 커지자, 어머니는 그들이 자신을 잘 보살펴 주리라 믿고 자기 몫은 한 푼도 남기지 않은 채 모든 재산을 자식들에게 골고루 나누어 주었다. 그 후 '소나'라는 이름의 이 여인은 큰아들 집에 가서 살았다. 그런데 얼마 지나지 않아 며느리가 불평을 늘어놓기 시작했다. 자기들은 딱 받아야 할 만큼의 재산을 물려받았는데, 마치 두 몫을 나눠 준 것처럼 여기 와 있다는 둥 한없이 불평을 늘어놓았다. 결국 소나는 큰아들 집에서 나올 수밖에 없었다. 그녀는 둘째 아들 집을 찾아갔지만, 둘째 며느리 역시 첫째와 다를 바가 없었다. 나머지 아들 집에서도 똑같은 대접을 받았다. 갈 곳이 없어진 그녀는 딸들 집을 찾아갔지만, 그들 역시 어머니를 오래 모시려 하지 않았다. 나중에는 어머니가 문 앞에 나타나기만 해도 귀찮아하며 인사도 없이 박대했다.

소나는 마음에 큰 상처를 입었다. 재산을 나누어 주면 자식들이 자신을 잘 대접해 주리라 여겼는데 그러지 않았다. 돈도 없고 갈 곳도 없어진 그녀는 깊은 상처를 안은 채 출가할 수밖에 없었다. 비구니가 된 그녀는 자녀[뿟띠까]가 많았다[바후]는 뜻으로 바후뿟띠까 (Bahuputtika)라고 불리게 되었다. 바후뿟띠까는 늦은 나이에 비구니가 되었기에 시간을 낭비할 수 없었다. 자신의 여생을 수행정진에 몰두하겠다고 단단히 마음먹고, 밤을 꼬박 새우며 붓다가 가르쳐 준 수행법을 충실히 따랐다. 그녀의 지칠 줄 모르는 정진을 알게 된 붓다가 그녀를 '정진제일의 비구니'라고 칭찬했다.

저는 이 몸으로 열 명의 아이를 낳은 뒤로, 힘도 없어지고 나이도 들어 수도 중인 어떤 비구니 스님을 찾았습니다. 그 스님은 다섯 요소의 모임[五蘊], 여섯 가지 감각기관[六根]과 그 인식 대상[六境]을 합한 열두 영역, 이에 다시 여섯 가지 인식 작용[六識]

을 더한 열여덟 요소에 대한 가르침을 설해 주었습니다. 이를 듣고 저는 머리를 깎고 출가했습니다. 그랬던 제가 사미니였을 때, 지혜의 눈이 맑아졌습니다. 지나온 과거의 실상을 보았던 것입니다. 저는 힘써 마음을 모아 무상(無相)의 이치를 닦았습니다. 그리고 저는 해탈했습니다. 집착을 여의고 평안에 이른 것입니다. 개체를 구성하는 다섯 요소의 모임은, 그 실상을 잘 파악하여 뿌리를 끊어 냈습니다. 저는 잘 안정되어 동요하는 일이 없습니다. 이제 허망한 생을 되풀이하는 일은 없습니다.

—《장로니게》게송 102~106

우리는 부모와 자식이 피를 이은 관계이며 다른 어떤 조건보다 앞서는 본질적인 관계라고 여긴다. 그러나 막상 그 이면을 들여다보면 여러 가지 조건에 얽혀 있음을 부정할 수 없다. 부모의 자식 사랑은 무조건적이라지만 이면에는 장차 자식들에게 의지하고 싶은 마음이 있다. 자식은 어릴 때 자신을 보호하고 길러 준 부모를 어렵게 생각하고 존중하지만, 성인이 되면 생활력을 잃은 부모를 짐처럼 느낀다. 부모와 자식의 관계는 무조건이고 순수한 관계라기보다 서로가 서로에 의지하는 관계이다. 정신적인 위안이든 물질적인 지원이든, 서로에게 바라는 바가 없지 않은 것이다.

　　본질적으로 어떤 누구도 나를 위로해 주거나 보살펴 줄 수 없다. 개인이 개인에게 의지하는 일은 온전할 수 없다. 우리는 모두 정해진 무엇이 아니기 때문이다. 어머니더라도 언제나 한결같을 수 없다. 자식도 머물러 있지 않고 성장하며 수많은 변화의 과정을 거친다. 어떠한 것도 머물러 있지 않다. 생각도 변하고 감정도 변하고 계획도 변하고 몸도 변한다. 상황이나 시간에 따라 모든 것이 변하는 것이 세상의 이치이다.

　사람은 누구나 손해 보는 상황을 달가워하지 않는다. 소나의 자식들은 재산을 물려받으면 어머니를 더 잘 모실 수 있으리라 생각했지만, 막상 재산이 생기니 욕심이 생겼다. 어머니를 모시면서 경제적으로 비용이 많이 들고 심리적으로도 피곤해졌을 것이다. 그러다 보니 받은 것은 생각도 않고 자신들이 치르는 수고만을 힘겹게 여겼다. 손해 보지 않으려는 마음은 어머니 소나 역시 마찬가지였다. 자식들에게 재산을 나눠 주는 것이 자신에게 더 유익하리라는 판단이 없었다면 결코 재산을 물려주지 않았을 것이다. 문제는 재산을 나누어 주느냐 마느냐가 아니다. 어떤 행위를 통해서 남에게 기대하고 무언가 얻으려는 마음이 있다면, 그것은 괴로움으로 돌아온다. 의지하는 마음은 언제나 번뇌라는 부메랑으로 돌아온다. 세상에는 진정 우리가 의지할 만한 대상이라는 게 없기 때문이다. 모든 것이 변하여 머물러 있지 않은데, 어디에 의지한다는 말인가?

　무상한 허깨비와 같은 대상을 향한 집착을 멈추지 않는 한 소나 가족의 비극은 누구에게나 일어날 수 있다. 다행히 소나는 현실을 있는 그대로 보는 바른 가르침에 따라 '자식'이라는 환상에서 깨어났다. 모든 것은 지금 일어나는 감각과 생각과 느낌과 감정과 욕구의 어우러짐이라는 사실을 자각했다. 허망한 대상에 의지하려는 마음이 배신감과 삶의 비애를 자아낸다는 것을 알고서 자식을 탓하는 대신 자신을 돌아보았다. 한때는 돈이 많고 다복한 가정을 이루었지만, 이제는 모두 떠나가 버린 처지가 된 소나 비구니를 보고 붓다는 이렇게 말했다. "설사 백 년을 산다 해도 '여래의 가르침'에 의지해 수행하지 않는 사람의 삶은 아무런 의미가 없다."

생겨난 것은 언젠가 사라지는 것이 이 세상의 법칙이다. 나도, 내 가족도, 재산도 영원하지 않다. 세상 그 무엇도 영원한 것이 없으니 어디에도 의지할 곳이 없다. 우리가 철석같이 믿는 사람이라는 존재도 관념에 불과하다. 이처럼 모든 것이 존재가 아니라는 사실을 깨달을 때, 무언가 존재한다는 환상에서 깨어날 때, 비로소 모든 것이 하나라는 혜안이 열린다. 꿈결 같은 그 모든 것이 하나의 사랑임을 확인하게 된다. 자타가 없는 사랑이야말로 참된 사랑이며 무한한 자비임을 경험하게 된다.

붓다마저
버리고
본성을 깨달은

계씨 부인

'어머니!' 어머니는 따사로움이며, 사랑이다. 어머니는 슬픔이며, 애처로움이다. 어머니는 때로 자애로운 얼굴을 하고, 때론 아픈 마음을 감춘 채 아무 일 없다는 듯 무심히 자식을 바라본다. 자식은 언제나 어머니의 사랑을 갈구한다. 힘들 때 뒤돌아서 어머니에게 한없이 달려가고 싶지만 주저 없이 어머니 품에 안기기 어렵다.

당송 시대 여성은 이전 시대보다 많은 교육을 받았다. 부덕(婦德) 교육을 비롯해 문학, 예술, 체육, 화장술 등을 배웠다. 이후 송나라가 건국되면서 당나라 시대 여성관이 그대로 이어졌으나 여성의 정치 참여는 철저히 배제되었다. 측천무후와 양귀비로 인해 나라가 혼란에 빠졌다고 판단한 송나라 권력자들이 여성을 정치 영역에서 철저히 배제했기 때문이다. 그리고 점차 유교가 사회의 지배 이념으로 자리 잡으면서 여성의 지위는 날로 하락했다. 남성은 바깥일을 하고 여성은 가정 살림을 담당하는 사람으로 역할이 규정되면서, '암탉이 울면 나라가 망하고 집안이 망한다'라는 속설까지 생겨났다.

성리학이 지배 이념이 된 후로는 여성에게 엄격히 수절을 요구했고, 가정 내에서의 부덕 교육을 여성이 해야 할 가장 중요한 역할로 여겼다. 곧 이 시대의 여성은 부모에게 순종하는 유순한 딸, 남편에게 복종하고 수절하는 열녀, 자식에게 봉건주의 이념을 교육하는 교육자로서 역할을 담당했다. 여성이기 전에 한 사람으로서 자기 삶에서 존재 의미를 찾거나 자신이 가진 능력을 펼쳐 보일 기회가 없었다. 현모양처를 양성하는 것이 여성 교육의 목표였던 봉건 사회에서 가장 존중받는 여성상은 바로 어머니였다. 아들을 낳은 어머니, 특히 세상에 나가 관료가 되고 재상이 된 아들을 둔 어머니는 이루 말할 수 없는 칭송을 들었다.

한 어머니가 있었다. 성은 계(計) 씨이고, 법명은 법진(法眞)이다. 중국 송나라 때 사천 사람으로 태사(太師) 장공(張公)의 부인이며 두 아들을 두고 있었다. 맏아들의 이름은 소원인데 지금의 도지사에 해당하는 자사를 역임했다. 둘째 아들 덕원은 정승의 자리인 승상에 올랐다. 계씨 부인은 30세 즈음 안타깝게도 남편과 사별했다. 그녀는 홀로 어린 두 아들을 키워야 했다. 두 아들에게 책을 읽혔으며, 일을 처리할 때는 집안의 법도를 철저히 따르게 했다. 두 아들은 늘 어머니를 곁에서 모셨다. 그런데 얼마나 엄격하게 자식을 교육했던지, 두 아들은 어머니 앞에서 앉을 수도 없었다. 그럴 엄두조차 내지 못했다. 그런 엄격한 교육 때문인지 두 아들은 커서 훌륭한 관료가 되었다. 승상에 오른 둘째 아들은 늘 이렇게 말했다.

'오늘날 벼슬을 하는 것은 모두 노모께서 평소에 교육한 결과입니다. 받은 녹봉은 매일 가정에서 먹는 음식을 장만하는 데 쓰는 것을 제외하고, 노모께서 모두 승가에 보시해 임금님의 만수무강을 축원하셨습니다. 공도 없이 녹봉만 받는 것을 늘 불만스러워하셨습니다.'

참으로 철저하게 모범을 보인 어머니였다. 똑똑한 어린 두 아들이 얼마나 사랑스러웠을까? 한번 품에 안아 봄직도 하건만 직접 사랑을 표현한 적이 없었다. 자식들이 관직에 올라 녹봉을 가져와도 생계에 필요한 만큼만 떼고 모두 나라와 승단을 위해 보시했다. 그런 계씨 부인은 홀로 된 이후 불교에 깊이 의지하고 있었다. 두 아들 역시 어머니의 영향 때문인지 일찌감치 불법의 가르침을 따랐다. 영리한 두 아들은 간화선을 창시한 대혜종고(大慧宗杲)의 스승이자 선가의 유명한 저서인 《벽암록》을 쓴 원오극근(圜悟克勤) 선사가 말년에 고향 사천으로 돌아왔을 때, 그의 가르침을 받고 깨달은 바가 있었다. 하지만 어머니는 40년 동안 부지런히 수행했음에도 깨달음과 인연이 없었다. 어느 날 대혜종고 선사의 제자인 도겸(道謙) 스님이 그 집에 머물게 되었는데, 두 아들이 말하길 자신들은 어머니와 부모 자식 관계라 도에 대해 입을 열기가 어렵다며 스님이 어머니의 말동무가 되어 이야기를 나눠 볼 것을 부탁했다.

하루는 부인이 도겸에게 물었다.

"경산(대혜) 화상은 평소 어떻게 사람을 가르칩니까?"

도겸이 이렇게 말했다.

"화상은 다만 사람들에게 '개에게는 불성이 없다'와 '죽비자' 화두만을 보라고 가르칩니다. 이것은 말을 할 수도 없고, 생각으로 헤아릴 수도 없고, (화두를) 들어 일으키는 곳에서 이해할 수도 없고, 입을 여는 곳에서 알아차릴 수도 없으니, '개에게도 불성이 있는가?', '없다.' 다만 이렇게 보라고 사람들에게 가르칠 뿐입니다."

이 말을 듣고 부인은 밤낮으로 자세히 고찰하면서 늘 하던 대로 경전도 보고 예불도 했다. 이에 도겸이 말했다.

"화상은 늘 이렇게 말합니다. '이 일을 해내고자 한다면, 경을 보거나 예불을 하거나 주문을 외우는 것과 같은 일은 멈추어야 한다. 마음을 쉬고 참구하되, 공부가 끊어지게 하지 말아야 한다. 만약 경전을 보고 예불하는 일에 집착하고 공덕을 추구한다면, 이것은 곧 도를 가로막는 장애물이다. 살피다가 한순간 상응하고 나면 이전처럼 경전을 보고, 예불을 하고, 나아가 한 자루 향, 한 송이 꽃, 한 번 쳐다보고 한 번 절하는 등의 여러 가지 작용이 모두 헛되이 버릴 것이 없고 빠짐없이 부처님의 묘한 작용이며, 또 근본을 붙잡고 수행하는 것이다. 다만 들은 대로 믿을 뿐 오해는 절대 하지 마라.'"

부인은 도겸의 말을 듣고 즉시 모두 놓아 버리고, 오로지 좌선만 하면서 '개에게는 불성이 없다' 화두를 살펴보았다. 그러다가 어느 날 밤 자다가 놀라서 문득 잠이 깼다. 깨어난 김에 일어나서 좌선을 하며 화두를 말하는데, 갑자기 기쁨이 확 찾아왔다.

— 김태완 역주, 《대혜보각선사어록3》, 소명출판, 2011

홀로 두 아들을 키워야 했던 계씨 부인은 무척 힘들었을 것이다. 아버지 대신 엄격한 모습을 보여야 했고, 실질적인 양육을 위해 생계를 책임져야 했으며, 세상살이의 법도와 삶의 모범까지 두루 보여야 했다. 그때 부인이 의지할 곳이라고는 불교밖에 없었다. 붓다의 가르침에 귀의하고, 자신의 처지와 자식의 성공을 위해서 매일 같이 예불하고 기도했다. 그 지극한 마음이 통했던지 두 아들은 출세했고 출세간의 법까지 깨달았다. 지극정성으로 발원하고 기도한 결과로 더없는 영광을 얻었으니, 붓다를 향한 마음을 더욱 소홀히 할 수 없었다.

그런데 대혜 선사의 화두는 모든 대상에게 의지하는 마음을 끊어 버리게 한다. 대상으로 향하는 마음이 모두 끊어졌을 때 참된 화두가 드러나기 때문이다. '개에게는 불성이 없다'와 '죽비자' 화두는 말을 할 수도 없고, 생각으로 헤아릴 수도 없고, 이해할 수도 없고, 입을 여는 곳에서 알아차릴 수도 없다. 여기에는 붓다도 없고, 개도 없고, 불성도 없고, 죽비도 없다. 붓다에게 의지해 깨달음을 얻으려는 마음조차 여기서는 장애물이다.

계씨 부인은 붓다를 마음에 두고 예불을 올리고, 주문을 외우고, 그분의 말을 가슴에 아로새기고 있었다. 마음속에 여러 가지가 들어차 있으니 자신의 참 본성이 드러나기 어려웠다. 그런 부인의 모습을 본 도겸 스님이 대혜 선사의 말을 빌려 의지하는 마음을 끊게 했다. 그 가르침을 따르니 오래지 않아 부인은 자신의 본래 마음을 깨달았다.

꿈속에 봉황을 타고 푸른 하늘로 날아올라,
비로소 몸과 세상이 한때 머무는 주막인 줄 알았네.
돌아와 한단[邯鄲]의 길을 잘못 알았는데,
산새가 한번 울었으니 봄비 내릴 일이 남았구나.
— 김태완 역주, 《대혜서장》, 침묵의 향기, 2018

이 노래는 잘랄루딘 루미의 〈여인숙〉이라는 시를 연상시킨다.

인간이라는 존재는 여인숙과 같다.
매일 아침 새로운 손님이 도착한다.

기쁨, 절망, 슬픔
그리고 약간의 순간적인 깨달음 등이
예기치 않은 방문객처럼 찾아온다.
— 류시화 엮음, 《사랑하라 한번도 상처받지 않은 것처럼》, 오래된미래, 2005

뒤에 부인은 오도송과 게송 몇 수를 지어 도겸 스님을 통해 대혜 선사에게 전했다.

매일 보는 경전의 글이

마치 옛날 알던 사람을 만나는 것 같구나.

자꾸 보면 막히게 된다고 말하지 마라.

한마디 말할 때마다 한 번 새롭다.

— 김태완 역주, 《대혜보각선사어록3》, 소명출판, 2011

붓다가 가르치고자 한 것은 나 자신의 본성이자 세상 만물의 근원이다. 이것은 특정한 형식이나 모양이 아니면서 또한 그것을 떠나 있지도 않다. 《금강경》에서는 진정한 여래인 참 본성을 깨닫고자 한다면 모양으로 구해서는 안 된다고 했다. 만약 온갖 현상을 경험할 때 사물의 모양이나 소리나 맛이나 감촉이나 의식으로 보려고 하면 참 본성을 볼 수 없다. 반대로 어떤 모양이나 형식에 사로잡히지 않으면 저절로 본성이 드러난다. 깨닫고 나면 말과 글, 예불과 주문이 아무런 차별이 없는 본성임을 알게 된다. 깨닫기 전에는 모든 것이 장애물이지만, 깨달은 후에는 어떤 것도 장애가 되지 않는다. 이 사실은 오직 자신의 깨달음을 통해서만 명확해진다.

계씨 부인은 자신이 지난날 꿈을 실재로 착각하며 살아왔음을 알았다. 남편을 만나고, 자식을 낳고, 남편을 여의고, 엄격한 어머니로서 자식들을 키워 남부럽지 않은 지위에 올린 것. 그 모든 것이 꿈에 지나지 않았다. 진정한 자신은 늘 변함없는 이 마음이었다. 모진 삶을 견뎌 내고, 지금의 영화로운 삶을 이루고, 깨달음이라는 꿈을 꾸게 했던 바로 이 여여함이 본래 자신이었다. 참된 붓다가 자기 자신인데 누구에게 공덕을 바랄 것인가. 깨닫고 보니 몸과 세상은 나그네가 한때 머무는 주막에 지나지 않았다.

고단한 삶의 버팀목으로써 붓다의 말에 의지했던 계씨 부인처럼, 지금도 수많은 여성이 붓다의 공덕을 바라는 마음으로 불교에 귀의한다. 그러다 수행이 깊어지면, 불교의 진정한 가르침은 붓다의 모습과 말과 행을 보는 것이 아니라 붓다의 마음을 깨닫는 것임을 알게 된다. 그렇게 형상을 벗어난 공부에 들어간다. 계씨 부인은 앞서 그 길을 걸어간 용감한 여인이다. 붓다의 참된 가르침을 따라 계씨도, 법진도, 누군가의 어머니도 아닌 진정한 자기 자신에게로 돌아갔다.

몸을 사랑한 만큼 구속받으리

시체 같은 자기 육신을 조금이라도 의식하면
그는 순수한 사람이 아니다.
그는 생, 병, 사뿐만 아니라
자기 적들로부터도 고통을 받는다.
그러나 자신을 순수한 존재, 선의 정수,
부동의 존재라고 깨달을 때, 그는 자유로워진다.
-

샹카라차리아

빼어난 외모에
자만했던

케마 왕비

케마(Khemā) 왕비는 석가모니 붓다로부터 지혜제일이라고 칭찬을 받은 비구니이다. 그녀는 출가하기 전 마가다국 빔비사라왕의 부인이었다. 빔비사라왕은 최초의 불교 사원인 죽림정사를 지어 붓다에게 기증한 사람이다.

케마 왕비는 얼굴이 아름다웠고 몸매 또한 뛰어났다. 스스로 미모에 대단한 자신감을 갖고 있었다. 왕은 그런 왕비의 마음을 이해하고 있었지만, 내심 왕비가 붓다의 가르침을 따르면 자신의 마음을 좀 더 잘 다스릴 수 있을 것이라고 여겼다. 그래서 왕비에게 붓다를 만나 보라고 거듭 권했지만, 왕비는 이런저런 이유를 대며 말을 듣지 않았다. 그녀는 붓다가 미모를 경멸하고 무시한다는 얘기를 들은 터였다. 빔비사라왕은 한 가지 묘안을 생각했다. 가수를 불러 왕비가 들을 수 있는 곳으로 가 죽림정사의 평화롭고 기쁨에 넘치는 분위기를 노래하라고 일렀다. 그 노래를 들은 왕비는 죽림정사에 가 보고 싶은 마음이 생겼다.

어느 날 왕비는 아무도 몰래 죽림정사를 찾아갔다. 때마침 붓다가 설법을 하고 있었는데, 설법하는 붓다 주위에서 왕비보다 훨씬 아름답고 젊은 시녀들이 종려나무 잎으로 부채질하고 있었다.

'나는 정각을 이룬 붓다가 아름다운 용모를 경멸한다는 이야기를 항상 들어왔다. 그런데 아름다운 처녀들이 붓다에게 부채질해 주고 있구나. 아, 저 처녀들에 비하면 나의 미모는 보잘것없구나.'

왕비는 외모에만 관심이 지극했던 터라 설법은 안중에도 없었다. 오직 처녀들의 아름다운 모습에 빠져 있었다. 이때 붓다는 왕비가 환상으로 지어진 여인들에게 큰 관심을 보이는 것을 알고 처녀들의 모습을 차츰 바꾸기 시작했다. 아가씨에서 성숙한 여인으로, 다시 추한 늙은이로 그들의 모습을 바꾸었다. 이내 그들의 아름다움은 온데간데없어지고 뼈를 둘러싼 가죽 주머니 같은 형상만이 남았다. 그 모습을 본 왕비는 충격을 받았다. 그리고 즉시 느낀 바가 있었다. '저렇게 아름다운 모습도 결국은 늙어 죽는구나. 참으로 물질로 구성된 이 몸은 영원한 것이 못 되는구나.'

왕비는 자신의 몸 또한 예외가 아니라는 사실을 돌아보았다. 자신의 아름다운 외모도 곧 추해질 것이고, 육체 또한 사그라질 것임을 한눈에 알아봤다.

부처님이 말했다.

"왕비여, 그대는 몸의 아름다운 모습을 참된 것으로 잘못 생각하고 있었다. 이제 몸이란 영원하거나 참된 것이 아니라는 것을 알았는가? 왕비여, 그대는 마땅히 사대오온(四大五蘊)으로 구성된 이 몸을 질병과 더러움이 흐르는 것으로 보아야 할 것이다. 오직 어리석은 자들만이 그런 육신에 집착하여 육신을 구하고자 갈망을 일으킨다."

부처님의 설법이 끝나자 케마 왕비는 곧바로 수다원과를 성취했다. 이 경험을 계기로 그녀는 출가를 결심했다. 빔비사라왕은 왕비의 진심을 알게 되었고 결국 출가를 허락했다. 왕비는 지극한 마음으로 정진하여 오래지 않아 아라한과를 성취했다.

— 《법구경》 게송 347

왕비는 붓다를 만나 설법을 듣기 전까지 몸에 대한 집착과 자부심이 컸다. 그러나 육체는 영원하지 않다. 육체는 우리가 인지하지 못하는 사이 늙어간다. 가끔 거울에 비친 자신의 얼굴을 보면 무척 낯선 느낌이 들 때가 있다. 어느새 주름이 보이고, 하얀 머리카락이 군데군데 나 있다. 화장을 하고 옷매무새를 다듬고 머리 모양을 신경 쓰느라 바빠서 잊고 지내지만, 어느 순간 맨얼굴을 자세히 보면 너무도 달라져 있다. 얼굴이 변하고 있다. 몸이 늙고 있다. 한때의 젊음은 찾아볼 수 없다. 갓 태어났을 때와 지금은 너무도 다른 모습이다. 갑자기 이런 모습으로 마술처럼 변한 것이 아니다. 우리가 인지하든 인지하지 못하든 우리 몸은 쉼 없이 변하고 있었다. 우리는 이 무상한 몸을 변함없는 자신이라고 여긴다.

이런 집착과 동일시는 몸의 변화에 따라 크고 작은 괴로움을 일으킨다. 얼굴이 남보다 못났다는 생각에 자신감이 떨어지고, 예뻐지고 싶어서 각종 시술과 수술을 한다. 심각한 질병이라도 생기면 세상이 무너지는 것 같은 상실감을 느낀다. 그러나 몸은 내가 아니다. 한 번도 나인 적이 없었다. 몸이 나라면, 내가 생각하는 것처럼 언제나 영원해야 한다. 항상 바라는 것처럼 최고의 아름다움을 유지해야 한다. 하지만 몸은 변한다. 내 의지와 상관없이 늙고 병들고 아파진다. 오래된 집이 낡아 무너져 내리듯이 언젠가 이 몸도 무너져 내릴 것이다. 오래 탄 자동차처럼 폐차될 것이다. 모든 것이 그렇다. 변하지 않는 것이 없고, 무너지지 않는 것이 없고, 사라지지 않는 것이 없다. 단 한 순간도 머물러 있지 않다. 이것이 우리 삶이다. 붓다는 케마 왕비가 이러한 삶의 이치를 있는 그대로 보게 했다.

하루는 함께 마음공부하는 도반 A가 나를 찾아왔다. 그동안 살면서 자신이 겪은 아픔을 모두 이야기해야 할 것 같다고 말했다. 그녀의 아버지는 도박 중독이었고 가족을 위해 정상적인 직업을 가진 적이 없었다. 단칸방에 살면서 아버지는 밤새도록 친구들과 화투를 쳤고, 방안을 가득 메운 담배 연기 때문에 이불과 옷에 담배 냄새가 배어 다음날 학교에 가면 친구들이 담배를 피우냐고 물었다. 아버지는 외동딸인 그녀를 학대했다. 한번은 어린 시절 또래들에게 성적으로 추행을 당했는데, 오히려 그녀의 잘못으로 몰아가는 가해 학생들 어머니의 행동에 아무 말도 못 하는 어머니를 보고 큰 충격을 받았다. 고등학생 때는 사우나에 갔다가 늦게 들어온 그녀를 아버지가 허리띠로 인정사정없이 때렸다. 그 후 그녀는 이상 행동을 보여 정신병원에 잠시 입원하기도 했다.

20대 초반 무렵, 그녀의 아버지가 잠시 공장을 운영하게 되었다. 그때 한 남자를 만났고, 그녀는 도망치듯 그와 결혼했다. 비로소 자유를 얻은 것 같았지만 행복은 오래가지 않았다. 결혼한 지 채 2년도 되지 않아서 아버지 사업이 망했고, 그때부터 남편과 멀어지기 시작했다. 남편은 자식을 낳고도 외도를 했고, 경제적인 지원을 전혀 하지 않았다. 어쩌다 집에 돌아오는 날에는 어김없이 그녀를 괴롭혔다. 그녀는 몇 번이나 자살을 시도했다. 수면제를 먹고 응급실에 실려 간 적만 서너 번이었는데, 죽을 운명은 아니었던지 그때마다 다시 깨어났다. 그러다 우연히 인연이 닿아 법문을 듣게 되었는데 마음이 많이 가벼워졌다고 한다. 하지만 지금도 가끔 옛 생각이 날 때면 죽을 것처럼 괴롭고 아프다고 했다. 자신의 지난 삶과 영원히 이별하고 괴로움으로부터 완전히 벗어나고 싶어서 자신의 지난날을 솔직하게 털어놓는다고 말했다.

솔직함은 선 공부를 하는 사람이 가져야 하는 아주 중요한 자세이다. 우리 삶이 괴로운 이유는 자신에게 솔직하지 못하기 때문이다. 지금의 나와 내가 원하는 내가 다르기 때문이다. 마음의 평화는 지금의 나를 있는 그대로 바라볼 때 시작된다. 내가 원하는 나는 환상 속의 존재이다. 지금의 나를 있는 그대로 보고 있는 그대로 받아들일 때 괴로움은 점점 사라진다. 오고 가는 허망한 물결이 아닌 언제나 변함없는 있는 그대로의 자신을 볼 때, 자신은 허망한 육체도 아니고 마음도 아니라는 깨달음이 일어난다. 그때 삶과의 불화,

나와의 투쟁이 끝이 난다.

A는 오래지 않아 삶과 존재의 무게로부터 자유로워졌다. 바른 가르침을 듣고서 지긋지긋한 과거와 육체에 대한 집착을 미련 없이 놓아 버렸다. 과거는 존재하지 않는다. 과거는 지금 일어난 생각이다. 미래 또한 존재하지 않는다. 미래는 우리가 경험할 수 없는 실체 없는 무엇이다. 현재도 마찬가지다. 우리가 생각하지 않을 때 현재는 어디에 있는가? 지금 일어난 한 생각에 빠지면 과거, 현재, 미래가 나뉜다. 지금 일어나는 허망한 생각에 사로잡히면, 과거를 살아왔고 현재를 살며 미래를 살아갈 '나'라는 몸이 생겨난다. 지금 이렇게 일어나는 냄새, 맛, 감촉 등과 그것을 해석하는 생각과 느낌이 어우러져 몸을 나와 동일시하는 것이다. 하지만 몸은 객관적인 실체가 아니다.

사람들은 보통 의식, 감각, 사유, 욕구 등 지금 일어나는 현상을 한데 모아 '나' 또는 '내 몸'이라고 여긴다. 그러나 참된 나는 이 몸 이전의 것이고, 지금 이렇게 이 몸을 드러내는 바로 '이것'이다. A는 그 사실을 체험하고 학대받은 삶, 상처받은 육체라는 고정관념에서 스스로 자유로워졌다. 몸에 대한 동일시로 인해 평생을 괴로움에 허우적거리며 살다가 마침내 진정한 평화를 맛보았다.

자신의 몸을 사랑하든 미워하든 모두가 구속이다. 몸을 사랑하면 몸을 가꾸는 데 구속될 것이고, 몸의 노화에 괴로워할 것이다. 몸을 미워하면 몸이 의식될 때마다 괴로움이 물밀 듯이 일어날 것이다. 그러나 본래 몸은 지금 눈앞에 드러나는 사물과 다르지 않다.

감각, 사유의 작용으로 일어나는 현상이자 물결이다. 몸과 컵이 다르지 않고, 몸과 날아가는 새가 다르지 않고, 이 몸과 남의 몸이 다르지 않다. 이 사실을 스스로 깨달으면 거기에 자유가 있다. 우리 모두는 몸도 아니고 마음도 아닌 '이것'이다. 무한한 '이것'이 다양한 모습으로 표현되고 있을 뿐이다.

악마가 유혹했다.

"당신은 젊고 아름다우며, 나 역시 젊고 한창때입니다. 자, 케마 스님! 우리 다섯 가지 악기나 연주하며 즐깁시다."

케마 비구니가 답했다.

"병에 걸려 쉽게 이지러지며 악취를 풍기는 육신에 나는 시달려 왔으며, 이제 혐오를 느낍니다. 애욕에 대한 헛된 집착은 뿌리째 뽑아 버렸습니다. 쾌락의 즐거움은 모두 무너지고, 무명의 암흑 덩이는 산산이 부서졌습니다."

— 《장로니게》 게송 139~140

아난다를
사랑한
천민의 딸   프라크르티

기원전 5~6세기경 석가모니 붓다 당시 인도 사회는 카스트제도라
는 신분 질서 속에 유지되고 있었다. 사제 계급인 브라만, 왕족과
전사 계급인 크샤트리아, 평민 계급인 바이샤, 천민 계급인 수드라
로 나뉘었는데 이 구분이 몹시도 엄격했다. 신분은 정치, 경제, 사
회, 문화뿐만 아니라 종교 생활에도 영향을 미쳤다. 타고난 신분이
해탈에도 영향을 준다는 인식이 강했고, 특히 사제 계급은 신의 사
제로서 종교적으로 절대적인 권력을 가졌다. 이런 사회적 흐름 속
에서 해탈은 신분의 문제가 아니며 마음과 행위의 문제라고 보았
던 붓다의 가르침은 매우 개혁적이고 진보적이었다.

　　신분을 초월한 붓다의 가르침은 척추 장애인이자 왕궁의 시녀
였던 쿳줏따라(Khujjuttarā)가 궁 안의 여성들에게 붓다의 법문을 전
하는 일을 가능하게 했다. 쿳줏따라는 사마와띠 왕비의 시녀로 매
일 궁 밖으로 나가 꽃을 사 오는 일을 했는데, 그 덕에 붓다의 법회
에 참석할 수 있었다. 평소 붓다의 가르침을 간절히 원했던 사마와

띠 왕비가 그녀에게 대신 설법해 줄 것을 부탁하자, 쿳줏따라는 청정한 가르침을 들으려면 예를 갖추어야 한다고 말했다. 이에 왕비와 여러 궁녀가 몸을 청결히 하고 쿳줏따라를 정중히 모신 후 법문을 청했다. 이처럼 붓다의 가르침은 만인에게 평등하게 베풀어졌다. 모든 이들에게 본래자성이 갖추어져 있고, 모두가 본래 성불해 있기 때문에 가능한 일이었다.

불교를 통해 다양한 계층의 사람들이 고통에서 벗어났고, 수많은 여성과 하층민이 아라한과를 성취했다. 당시 깨달음을 성취한 사람들의 신분을 보면 왕족에서부터 바라문 계급, 평범한 시민, 천민에 이르기까지 다양했다. 수드라보다도 더 낮은 찬달라 계급의 사람들도 출가해서 깨달음을 얻었다. 찬달라는 사성제에 속하지 않아서 아웃 카스트로 불린다. 브라만과 수드라 등 다른 계급 사이에서 태어난 혼혈 계급 사람들로서 천민 중의 천민 대접을 받았다. 이들은 도살이나 사형 집행 등 험한 일을 담당했으며, 사회적 지위도 비참할 정도로 낮았다. 마등가도 찬달라와 같은 계급의 사람들이다. 특별히 이 계급의 여성을 마등기라고 불렀는데, 이들은 주술에 뛰어나 사람들을 현혹하는 일이 많았다.

어느 날 아침 붓다의 제자 아난다가 사왓띠 성에 들어가 걸식을 했다. 그러던 중 우물가에서 마등기 프라크르티(Prakṛtiḥ)로부터 물을 얻어 마셨다. 이때 아난다의 모습을 보고 첫눈에 반한 프라크르티는 집에 돌아와서도 그를 잊지 못했다. 그녀는 어머니에게 울고불고 떼를 쓰며 아난다에게 시집보내 달라고 졸랐다. 주술을 쓰는 어머니는 아난다가 출가 사문이라는 사실을 알고, 이미 붓다의 제자가 된 사람은 결혼을 하지 않는다며 딸을 타일렀다. 그러나 딸은 막무가내였다. 아난다와 결혼하지 못하면 죽어 버리겠다고 으름장을 놓았다. 어머니는 하는 수 없이 아난다를 집으로 초대해 공양하고는 주술을 써서 집 밖으로 나가지 못하게 했다. 딸은 기쁜 마음으로 아난다에게 자신과 결혼해 줄 것을 간청했다. 하지만 아난다는 자신이 출가 사문으로서 외도의 주술을 막아 내지 못했다고 한탄하며 붓다가 있는 곳을 향해 구원을 호소했다. 그 마음이 전해졌는지 아난다는 무사히 그곳을 빠져나올 수 있었다.

아난다가 풀려난 다음 날, 프라크르티는 성안으로 들어가 아난다를 기다리고 있다가 걸식하러 나온 그를 따라 부처님이 머물고 있는 기원정사로 들어갔다. 그녀는 부처님에게 아난다와 결혼시켜 달라고 간청했다. 부처님은 그녀에게 아난다와 똑같이 머리를 깎고 오면 결혼시켜 주겠다고 말했다. 아난다와 결혼할 수 있다는 희망에 들뜬 프라크르티는 어머니의 간절한 반대에도 머리를 깎았다. 부처님은 머리를 깎은 그녀에게 말했다.
"아난다의 어디를 사랑하느냐?"
"저는 그분의 눈, 코, 귀, 입, 소리, 몸매, 걸음걸이를 사랑합니다."
그러자 부처님이 말했다.
"아난다의 눈에는 눈물이 있고, 코에는 콧물, 입에는 침, 귀에는 귀지, 몸뚱이에는 오줌·똥·고름 따위의 더러운 것들이 가득하다. 또 부부가 되어 자식을 낳으면 그 자식은 언젠가 죽고 말 것이다. 이런 육신에 사랑할 것이 무엇이 있느냐?"

그녀는 부처님의 설법을 듣고 차분히 스스로를 돌아보았다. 그녀가 사랑한 육신이야말로 더러운 것이며, 영원하지 못한 허망한 것이었다. 분별망상심에 사로잡혀 무상한 육체에 집착하니 괴로움을 받고 있었다. 여기에 이르자 아난다에 대한 애욕이 사라졌다. 그녀는 부처님에게 머리를 숙인 후 이렇게 말했다.

"도를 일러주셔서 감사합니다. 이제 마음이 열려 밤중에 등불을 얻은 듯, 배를 타고 가다가 언덕에 닿은 듯, 장님이 지팡이를 잡은 듯, 늙은이가 지팡이에 의지한 듯합니다."

그녀는 부처님의 설법을 듣고 모든 갈애에서 벗어났다. 스스로를 구속하던 분별심에서 벗어나 더 이상 찾을 것도 배울 것도 없는 아라한과를 이루었다.

— 《마등가경》

몸에 대한 집착이 강하게 일어나는 이유는 익숙함 때문이다. 우리가 눈을 뜨고 의식이 활동하면서 가장 먼저 접하는 것이 자신의 몸이다. 눈을 뜨면 손이 보이고, 팔이 보이고, 몸통이 보이고, 팔다리가 보인다. 손을 들어 움직여 보고 발을 들어 걸어 본다. 의식이 활동하는 동안 늘 우리는 몸과 함께한다. 아마 사람의 인생에서 가장 많이 접하는 대상이 자신의 몸일 것이다.

접촉의 기회가 많아질수록 느낌이 발생하고 생각이 발생하며 그것에 애착하게 된다. 자주 만나면 정이 드는 것처럼 익숙함이 강한 애착을 만드는 것이다. 자기를 의식할 때마다 늘 몸이 함께하기 때문에 우리는 어느 순간부터 이 몸을 자기라고 여긴다. 몸의 존재와 감각에 익숙해지고, 몸의 욕구에 충실하게 되며, 몸에 의지해 생활한다. 그리고 몸을 기준으로 나와 남을 나눈다. 나의 몸에 대한 애착과 동일시는 남의 몸을 강하게 의식하게 한다. 내 몸의 아름다움에 집착하면 다른 사람이 가진 아름다움에 현혹된다. 개체화가 만들어 낸 불완전성은 우리를 타인에 의지해 완전해지려는 욕구에 사로잡히게 한다.

그러나 몸은 영원하지 않다. 몸은 변함없는 내가 아니다. 무상한 몸에 대한 애착은 있는 그대로의 사실을 보지 못한 결과이다. 그로 인해 몸의 변화에 따라 상실과 괴로움을 겪는다. 몸의 변화는 자연스러운 것이다. 무상한 것은 변할 수밖에 없기 때문이다. 이렇듯 변화하는 몸을 두고 자기 자신, 그리고 주변 사람을 괴롭히는 것은 있는 그대로의 사실을 깨닫지 못한 채 헛된 꿈을 진실하다고 여긴 결과이다.

불쾌가 쾌락의 모습을 하고
미움이 사랑의 모습을 하고
고통이 행복의 모습을 하고
실로 방일한 자를 정복한다.

일체의 의존은 괴로움이고
완전한 자재가 즐거움이다.
여러 가지 일로 괴로움에 떨어지니
멍에는 실로 극복되기 힘들다.

안으로 분노가 존재하지 않고
존재와 비존재를 뛰어넘어
두려움을 여의고 슬픔을 여읜 행복은
신들조차 결코 볼 수가 없다.

— 《우다나경》

사랑은 원망을 낳고 즐거움은 괴로움을 잉태한다. 옳음은 그름을 부르고 애욕은 상처를 남긴다. 세상 모든 것은 항상 하지도 않고 멈추어 있지도 않다. 그런데도 사람들은 세상의 있는 그대로의 모습을 모르고 불나방처럼 불꽃 속으로 날아든다. 그나마 석가모니 붓다가 살던 당시의 사람들은 순수했다. 사람의 몸을 고름과 똥, 오줌으로 가득 찬 가죽 주머니에 비유하자 이를 금방 받아들여 육체에 대한 애욕에서 벗어났다. 물론 모든 사람이 붓다의 가르침에 귀의한 것은 아니다. 그러나 붓다의 가르침 가운데 육체에 대한 부정관(不淨觀)·백골관(白骨觀)·무상관(無常觀)이 많이 등장하는 이유는, 이것이 사람들을 육체에 대한 집착에서 벗어나도록 하는 데 효과적이었기 때문이다.

무상한 것에 대한 분별과 집착이 삶의 고통임을 깨달은 붓다는 사람들에게 마음의 병에서 벗어나려면 허망한 것에 대한 분별과 집착으로부터 깨어나야 한다고 가르쳤다. '우리가 분별하여 집착하는 대상이 일견 좋아 보이지만 사실은 더러운 것'이라고 강조했다. 사람의 마음을 어지럽히니 더럽고, 좋지 않은 것을 함께 가져오니 더럽고, 결국에는 사라져 버릴 것이니 더럽다고 했다. 나아가 우리가 사로잡혀 있는 육체는 언젠가 썩어 곤충과 벌레가 우글거리는 시체가 된다고 가르쳤다. 당시 이러한 가르침이 효과가 있었던 이유는 주변에서 죽음을 많이 보고 경험했기 때문일 것이다.

요즘은 이런 말이 잘 통하지 않는다. 눈물과 콧물을 잘 보지 못하는 시대가 되었다. 주름을 펴는 시술, 처진 살을 올리는 시술 등 성형술이 고도로 발달해 나이를 가늠할 수 없게 되었다. 또 사람이 아파서 죽을 지경이 되면 사회에서 격리시켜 일부의 사람만 죽음에 이른 자를 만날 수 있다. 삶 속에서 자연의 변화, 현상의 무상함을 실감 나게 경험하지 못하는 시대가 된 것이다.

옛날에는 한 집안의 결혼과 장례가 마을 공동체의 일이었다. 결혼이 있든 장례가 있든 돼지나 소가 죽어야 했다. 동물들의 죽음이 생생하게 목격되어 두렵기도 했지만, 언제 그랬냐는 듯 고기를 먹으며 웃거나 울었다. 마을 곳곳에 오물과 퇴비 냄새가 진동했고, 그것이 거름이 되어 우리가 먹을 곡식을 키웠다. 기쁨과 슬픔이 혼재한 것을 온몸으로 경험했다. 자연도 인간도, 삶과 죽음의 혼재임을 직접 체감하며 살았다.

이제는 늙어 죽음이 마치 먼일처럼 느껴진다. 그러나 과거든 현재든, 동서양 어느 곳에서든 변함없는 한 가지는 모든 사람이 늙고 병들어 죽는다는 사실이다. 현상적으로 경험되는 모든 것이 변하여 언젠가는 사라진다는 것, 그 사실만큼은 누구에게나 똑같다. 이를 바르게 보고 변화를 당연하게 받아들이는 것이 고통에서 벗어나는 출발점이다. 이 여정이 깊어지면 마등기 프라크르티가 아난다를 애착했던 마음이 싹 가셨듯, 그동안 우리를 괴롭히던 애착의 대상이 더는 우리에게 아무런 영향을 주지 못하는 내적 혁명이 일어날 것이다.

애욕을
깨달음의
불꽃으로
바꾼

광덕의
아내

불교 수행 전통에서 애욕은 깨달음의 여정에 커다란 장애물로 인식된다. 석가모니 붓다의 일생을 여덟 장면으로 압축해 묘사한 〈팔상도〉의 여섯 번째 그림 수하항마상(樹下降魔相)을 보면, 붓다가 보리수 아래서 정각을 이룰 때 타화자재천의 마왕 파순이 갖가지 방법을 동원해 방해하는 장면이 나온다. 500명의 아들에게 무력으로 붓다를 공격하게 해 두려움을 느끼게 하고, 감언이설로 깨달음에 대해 비관적인 생각을 일으키게 한다. 붓다가 물리력과 정신적인 회유에도 아랑곳하지 않자, 이번에는 붓다의 애욕을 자극해 깨달음을 방해할 속셈으로 자신의 딸들을 미녀로 둔갑시켜 그 앞에서 아름다운 자태로 춤추고 노래 부르게 한다. 그럼에도 붓다는 굴복하지 않고 정각을 이루었다.

　　마왕 파순이 사용한 방해 공작은 인간이 가지고 있는 뿌리 깊은 분별집착심을 상징한다. 우리가 몸과 마음을 자기라고 여기면 마군의 신체적인 공격에 굴복할 수밖에 없다. 몸과 마음, 욕망에 사로잡혀 있을 때는 육체를 공격하는 물리력, 정신을 공격하는 망념, 욕구를 흔드는 유혹을 극복하기 어렵기 때문이다. 그러나 분별되는 것들이 모두 환상과 같은 것이고, 텅 빈 허공성이 참된 자신이라는 깨달음이 오면 허망한 현상에서 벗어나는 것이 어렵지 않다. 정각을 이룬다는 것은 자신의 정체성이 허공과 같은 마음이 되는 것이다. 몸과 마음을 떠나 전체성에 발을 딛는 대전환이다.

애욕을 시험하는 장면은 〈팔상도〉 외에도 여러 불교 설화에 자주 등장한다. 《삼국유사》의 '노힐부득과 달달박박' 설화에서 관음보살이 아리따운 낭자로 화현해 난향과 사향을 풍기며 두 사문이 기거하는 암자를 방문하는 장면 역시 성불에 있어서 애욕을 어떻게 볼 것이냐 하는 물음을 우리에게 던진다. 박박은 자신의 수행 정진을 위해 여인을 배척하지만, 부득은 출산을 앞둔 여인을 받아들여 해산을 돕고 목욕시킨다. 나아가 낭자의 청에 못 이겨 그녀가 목욕한 물에 들어가 목욕까지 한다. 그런데 두 사람 중 먼저 성불한 사람은 박박이 아니라 부득이었다. 대부분의 수행자는 처자를 버리고 깊은 산중에서 청정한 몸과 마음을 유지하며 도를 닦아도 깨닫기가 쉽지 않다고 생각한다. 그런 점에서 노힐부득과 달달박박의 이야기는 많은 시사점을 던진다.

통일 신라 시대 문무왕 때 광덕(廣德)과 엄장(嚴莊)이라는 수행자가 있었다. 두 사람은 매우 가까운 사이였는데, 먼저 서방 극락정토로 가는 사람이 남은 이에게 소식을 알리기로 약속했다. 광덕은 분황(芬皇) 서리(西里)에 숨어 처를 데리고 신을 삼는 일을 하며 살았다. 엄장은 결혼도 하지 않고 남악(南岳)이라는 지역에서 홀로 출가수행하면서 숲을 일구며 살았다. 어느 저물녘 엄장은 창밖으로 '나 먼저 서쪽으로 가니 그대는 나중에 나를 따라오게' 하는 소리를 들었다. 엄장이 부랴부랴 광덕이 살던 집으로 가 보니, 과연 광덕은 숨을 거둔 채 누워 있었다. 그의 아내와 장사를 치르고 나서 엄장은 광덕의 아내에게 함께 살자고 청했다. 부인도 거절하지 않았다.

광덕의 아내와 함께 살게 된 엄장은 부부의 연을 맺었으니 광덕의 아내와 정을 통하려 했다. 그런데 갑자기 부인이 그 일을 부끄럽게 여기면서 말했다.

"스님께서 서방정토에 가기를 바라는 것은 마치 나무에 올라가 물고기를 구하는 것과 같습니다."

엄장은 놀라고 의아해서 물었다.

"광덕도 이미 관계했는데, 나 또한 무엇을 거리끼겠소?"

광덕의 아내는 말했다.

"남편은 저와 10년이나 함께 살았지만 하룻밤도 잠자리를 같이 해 본 적이 없습니다. 그러니 어떻게 서로 관계를 했겠습니까? 다만 밤마다 단정히 앉아 한결같은 소리로 아미타불을 부르거나, 혹은 십육관(十六觀)을 들었습니다. 미혹을 깨치고 진리를 달관함이 이미 이루어지자, 밝은 달이 창에 비치면 때때로 그 빛에 올라가서 가부좌하고 앉았습니다. 정성이 이와 같았으니, 비록 서방정토로 가지 않으려고 해도 그곳으로 가지 않을 수 없었습니다. 천 리를 가는 사람은 그 첫걸음으로써 알 수 있습니다. 그런데 지금 스님의 관은 동방으로 가는 것이어서 서방으로 가질는지는 알 수 없습니다."

— 《삼국유사》 제7 감통편

이 말에 엄장은 몹시도 부끄러워하며 물러났다. 그 길로 원효대사를 찾아가 간곡한 마음으로 묻고 지도를 받아 서방정토로 가게 되었다고 한다.

광덕의 깨달음을 보고 엄장은 혼란스러웠을 것이다. 자신은 결혼도 하지 않고 누구보다 열심히 청정한 수행을 했다. 깨달아도 자신이 먼저 깨달아야 했다. 그런데 처와 함께 세속의 삶을 살던 광덕이 먼저 깨달았으니, 엄장 입장에서는 그동안 해온 청정행에 회의를 느낄 법도 했다. 그래서 혼자 남은 광덕의 아내를 부인으로 맞이해 함께 살고자 한 것인데, 알고 보니 광덕은 누구보다 청정하게 수행을 해왔던 것이다. 겉모습만 보고 남의 수행을 판단했던 엄장은 이 일을 계기로 진심을 다해 분별을 떠나는 공부를 했고, 마침내 깨달음을 이루었다. 현명한 광덕의 아내는 남편의 친구를 깨달음의 세계로 인도한 보살이었다. 마치 '노힐부득과 달달박박' 설화에서 관음보살이 화현한 낭자와 같은 역할을 했다.

〈팔상도〉에 나타나듯 전통적으로 여성은 남성 수행자를 방해하는 존재로 비하된다. 이는 석가모니 붓다 당시 출가 사문들의 공통된 인식이기도 하지만, 더 넓게 보면 인류 역사 이래 가부장제 사회가 정착하면서 남성 중심 문화가 만들어 낸 여성관이기도 하다. 석가모니라고 할지라도 이런 인식에서 크게 자유롭다고 할 수 없다. 비록 여성의 불성은 의심하지 않았지만, 여성에 대한 인식은 동시대인들과 비슷했다. 비구 교단에 비해 비구니 교단이 20년이나 늦게 성립된 것도, 비구니의 출가를 허락하면서 비구에게 없는 팔경계 계율을 부과한 것도 이를 뒷받침하는 증거라고 할 수 있다. 석가모니는 여성들의 출가를 허락하면서 다음과 같이 말했다.

> 아난다야, 만약 여성에게 불교 교단에 출가가 허용되지 않았더라면 수행의 순결이 유지되어 1천 년 동안 정법(正法)이 존속될 수 있었을 것이다. 그러나 이제 여성이 출가하게 되었으니, 수행의 순결은 오래 유지되지 못하고 정법은 500년밖에 존속되지 못하게 되었다.
>
> — 마성, 〈비구니 교단의 성립과 발전〉, 《設法文案》, 2003

물론 이 말은 석가모니 붓다 사후에 불교가 교조화되면서 후세 사람들이 지어낸 말이라는 설도 있다. 그러나 다른 기록에도 석가모니 붓다가 여성을 존재 자체로 존중하기보다 남성의 삶을 의미 있게 하는 존재로서 존중하고 있음을 암시하는 대목이 있다.

> 모든 백성의 왕이여, 여자일지라도
> 어떤 자는 남자보다 훨씬 뛰어나나니

그녀는 현명하고 계를 잘 지키며

시부모를 공경하고 지아비를 섬기노라.

그런 그녀에게서 태어난 남자는

마땅히 영웅이 되리니, 사방의 주인이여

그런 훌륭한 여인의 아들이

왕국을 제대로 통치할 것이로다.

—《상윳따 니까야》

이것은 말리까 왕비가 딸을 낳았을 때 빠세나디 왕이 기뻐하지 않자 붓다가 왕을 격려하기 위해 한 말이다. 당시나 지금이나 여성은 남성 수행자가 가장 경계해야 할 대상이다. 남성 수행자는 여성이 자신들을 유혹한다고 생각한다. 여성은 남성의 애욕을 부추기고 분별에 빠지게 한다고 여긴다. 요즘도 이런 인식이 짙게 남아 있다.

　어느 날 젊은 스님 한 분, 남성 도반들과 함께 차를 마신 적이 있다. 출가한 지 얼마 되지 않은 스님은 출가 전부터 마음공부를 해왔고 자성을 체험해 그동안의 방황을 멈추게 되었다고 말했다. 세속에서의 학력이 좋고 출가자로서도 미래가 밝은 반듯한 스님이었다. 외모도 훌륭해서 도반들끼리 '법당이 훌륭하다'라고 칭찬이 자자했다. 그런데 초로의 한 남자 도반이 스님에게 신신당부하는 것이었다. "스님, 앞으로 여자를 가장 조심하셔야 합니다. 여자만 조심하면 됩니다." 순간 당황스러웠다. 여성의 유혹을 조심하라는 것인데, 만약 비구니 스님이었다면 남자를 조심하라는 당부를 지극히 할까 싶었다.

홍미로운 점은 석가모니 붓다 당시 여성 수행자들이 가장 경계해야 할 대상이 바로 남성이었다는 점이다. 이유는 가지각색이다. 남성은 여성이 자신을 유혹하기 때문에 꺼려야 하지만, 여성은 남성이 자신들을 위협할 수 있기 때문에 경계해야 했다. 물론 남성 역시 여성을 유혹하는 존재이기도 하지만, 그보다는 위협하는 존재로서의 이미지가 강했다. 여성 출가자가 홀로 수행할 때 남성이 어떤 식으로 공격해 올지 모르기 때문이다. 이렇게 보면 애욕의 장애는 여성보다 남성에게 더 큰 문제가 됨을 알 수 있다. 어쩌면 욕망에 약한 자신들의 집착심을 '유혹하는 여성', '애욕이 강한 여성'이라는 프레임으로 치환한 것은 아닐까?

이런 '유혹하는 여성'이라는 당대의 지배적인 여성관에도 불구하고 광덕의 아내는 보편적인 여성상과 다른 역할을 했다. 자신을 애욕의 대상으로 여기던 남성을 참된 깨달음의 길로 인도한 것이다. 그녀는 남편의 깨달음을 도왔고, 남편 친구의 깨달음도 도왔다. 애욕을 깨달음의 불꽃으로 바꾸어 놓았다. 본인 스스로 도가 깊지 않으면 보이기 어려운 보살행이다.

그런데 이 이야기를 듣고 자칫 잘못된 견해에 빠질 수도 있다. 광덕이 결혼하고 한 번도 관계를 갖지 않은 채 수행해서 성불했다고 하니, 마치 성적인 관계가 성불의 강력한 방해 요소인 것처럼 여기는 것이다. 만일 그렇다면, 요석 공주와 결혼해 설총을 낳은 원효 대사의 깨달음과《유마경》의 주인공 유마 거사가 가정을 이루고 자녀를 낳아 세속 생활을 하는 가운데 이룬 깨달음, 당나라 방온 거사의 깨달음은 모두 삿된 것이 된다. 그러나 그렇지 않다. 광덕의 아내와 비슷한 시기를 살았던 부설(浮雪)거사의 이야기는 가정을 이루고 자식을 낳는 삶과 깨달음을 어떻게 보아야 하는지 잘 일깨워 준다.

신라 진덕 여왕 재위 시절이었다. 부설은 다섯 살 때 불국사 원정 스님에게 찾아가 일곱 살에 머리를 깎았다. 누구보다 공부를 열심히 해서 안목이 출중했는데, 어느 날 영희와 영조라는 도반과 함께 스승 밑을 떠나 행각(行脚)을 하기로 했다. 마침 두릉(杜陵)의 백련지(白蓮池)에 이르러 구무원(仇無冤)의 집에 머물게 됐는데, 20년 동안 말을 하지 못하던 구무원의 딸 묘화(妙花)가 부설의 설법을 듣고 말문이 트였다. 이 일을 계기로 묘화는 부설과 함께 살기를 애타게 바랐다. 할 수 없이 부설은 그곳에 머물기로 했다. 그러자 도반인 영희, 영조 스님이 번갈아 만류했다. 그러나 부설은 자신의 결심을 바꾸지 않았다.

부설이 말했다.

"부처님께서 말씀하시기를 '인연 없는 중생은 건지지 못한다' 하였는데, 인연 있는 중생도 구제하지 못한다면 불도가 무슨 영험이 있다 하겠소. 나는 묘화와 결혼해 두 부모를 모시고 살 터이니 영조, 영희 스님은 길을 떠나 10년 후에 만나기로 하세."

영조 스님이 한탄하며 노래 불렀다.

"계행 없는 지혜는 헛된 견해

자비란 핑계로 애욕의 그물에 걸렸도다.

둘이서 가는 길은 언제나 즐겁고

하나의 도는 스스로 천연스럽네.

흘러가는 달은 구름 따라 달리고

나부끼는 바람 펄럭이는 깃발 보고 알리라.

날랜 칼날 손에 쥐고 있으면서도

어찌 색에 머물 수 있단 말인가."

이에 부설이 답했다.

"평등한 깨달음은 행에도 차별 없네.

깨달음은 인연 없는 데서 이루지만

제도는 인연 있는 데서 이룬다네.

진리에 몸 맡겨 세상을 살아가면 마음 또한 없어지고

집에 머물러 도를 이루니 봄이 오히려 만연하도다.

둥근 구슬 손바닥에 쥐고 붉고 푸른빛 분별하고

밝은 거울 앞에 대하니 호인(胡人)과 한인(漢人) 분명하네.

빛과 소리에 걸릴 것 없으니

굳이 깊은 산골에 오래 앉을 필요 없으리."

—《부설전》

그들은 솔잎으로 다린 차로 이별을 나누었다. 부설은 그날부터 소를 몰고 쟁기질을 했다. 밭을 갈고 씨를 뿌렸다. 꼴을 베고 소죽도 끓였다. 낮에는 산에 올라가 나무를 하고 저녁에는 방아를 찧어 늙은 부모님을 봉양하는 데 효심을 다했다. 몸은 비록 티끌 세계에 묻혀 있으나 마음은 만물 밖에 초연했다. 어느덧 묘화와 사이에서 등운(登雲)과 월명(月明)이라는 아들과 딸까지 보았다. 이들 가족은 세속 생활을 게을리하지 않으면서 꾸준히 불법을 공부했다. 그렇게 15년이 지난 어느 날 영희와 영조 스님이 찾아왔다.

영조 스님과 영희 스님이 물었다.
"자네는 농사짓고 가정을 다스리는 가운데서 어느 틈에 공부했는가?"
"이 사람들아, 공부와 일이 어찌 두 가지이겠는가? 일 속에서 공부하고 공부 속에서 일했지."
그들은 그동안 배운 바를 점검해 보기로 하고, 어떤 식으로 시험하면 좋을지 등운과 월명에게 방법을 물었다. 등운과 월명은 병에 물을 가득 담아 노끈으로 묶어서 천장에 매달아 놓고는, 병을 깨뜨리되 물은 그대로 매달려 있게 해보라고 말했다. 영희와 영조 스님이 차례로 병을 깨자 물이 그대로 쏟아져 내렸다. 하지만 부설 거사가 병을 깨뜨리자 물이 그대로 매달려 있었다. 사람들 눈이 휘둥그레졌다. 이유를 부설 거사에게 물으니 이렇게 말했다.
"이 몸은 병이고 이 마음은 물이로다."

모두가 엎드려 절을 하자 이어 이렇게 노래했다.

"눈으로 보아도 본 바가 없고
귀로 들어도 들은 바가 없으면
분별 시비 다 없어져
오직 마음 부처에 돌아가게 된다네."

— 《부설전》

병은 보이지만 물은 보이지 않는다. 삶의 모습은 보이지만 자성은 보이지 않는다. 자성에 대한 깨달음은 삶의 모양을 가지고 판단할 수 없다. 행위나 모습으로는 미칠 수 없는 것이 깨달음의 본성이다. 계율도 마음을 얽어맬 수 없고, 티끌 세계의 모든 삶도 깨달음을 가로막을 수 없다. 참된 깨달음은 몸을 닦는 게 아니라 마음을 깨닫는 것이다. 부설 거사는 형상 가운데에서 형상을 벗어난 것을 깨달아 그 세계에서 노닐고 있었다. 인간의 다양한 삶의 모습을 거부하지도 않고 집착하지도 않았다. 탁 트여 자유로운 땅에서 자신에게 주어진 인연을 걸림 없이 살았다. 어떤 것도 그를 방해할 것이 없었다.

애욕에 대한 바른 안목을 가질 필요가 있다. 특정한 경험이나 행위를 진실하다고 여겨 집착하는 것이 장애이지, 어떤 행동이나 삶의 모습을 보이거나 보이지 않는 것이 문제가 아니다. 아무리 청정한 계율이라도 거기에 매이면 형상에 갇힌 것이다. 광덕의 아내에게서 보아야 할 것은 자신의 처지나 세간의 이목을 두려워하지 않고, 눈먼 중생을 깨달음의 길로 인도한 행위이다. 수행자에게 금기시되는 애욕이라는 방편을 가지고 어둠에 싸인 남편의 친구를 깨어나도록 이끈 헌신적인 보살행이다.

든가는에이다

구나복

모추끝곳행있

그대가 할 일은 사랑을 구하는 것이 아니라,
사랑을 막으려 쌓아 놓은
내면의 모든 장벽을 찾아 발견하는 것이다.
-

잘랄루딘 루미

기구한 운명을
해탈의
도약대로 삼은

웁빨라완나

석가모니 붓다 시절 불교의 가르침을 따른 여성들은 삶이 괴로움이라는 사성제의 첫 번째 가르침에 깊이 공감했다. 당시 여성들은 인간이기에 느껴야 하는 괴로움은 물론 여성으로서 감당해야 하는 여러 가지 구속을 함께 겪어야 했다. 뭇타(Mutta)라는 비구니는 육신을 굽게 하는 세 가지로 '절구통', '절굿공이', '포악한 남편'을 꼽았다. 그 시기 여성의 삶이 어떠했는지 짐작할 수 있는 말이다. 그때 여성들은 자식을 잃거나 자식에게 버림받은 뒤 불교에 귀의하기도 하고, 가족을 모두 잃은 비극이나 남편의 배신 등으로 인한 고통스러운 삶에서 벗어나고자 붓다의 가르침을 따르기도 했다. 말하자면 현실의 고통과 불만족이 해탈의 길을 가게 한 것이다.

지금은 그 시절보다 여성의 삶의 질이 훨씬 향상되었지만, 여전히 남아 있는 가부장제 문화가 여성들의 삶을 고단하게 한다. 결혼한 여성은 자녀 양육과 가정 살림의 주 담당자이고, 맞벌이까지 해야 하는 부담이 커지고 있다. 그렇다고 사회적으로 큰 성취를 통해 보상받기도 힘들다. 남성은 여성에 비해 사회적인 성취에 모든 노력을 집중할 수 있는 분위기이지만, 여성은 가정일과 직장 일에 에너지를 분산해야 한다. 이런 점들이 현대를 사는 여성들이 느끼는 불만족이다.

물론 이와 별개로 본질적인 이유 때문에 출가하는 경우도 많다. 한 비구니 스님은 자신이 출가한 이유가 '출가하면 지금보다 더 행복할 수 있을 것 같아서'라고 말했다. 물론 여기에도 괴로움에서 벗어나고자 하는 마음이 없지 않지만, 그보다 '행복해지고 싶어서'에 방점이 찍혀 있다. 이런 출가 사례가 적지 않다. 지금보다 더 행복해지고 더 만족하고 싶어 하는 것은 시대를 초월해 인간이면 누구나 가지고 있는 기본 욕구이다. 어쩌면 더 나은 삶에 대한 추구야말로 인간을 살아가게 하는 깊은 동기일 것이다.

석가모니 붓다 당시 인도 서쪽에 아반티라는 나라가 있었다. 아반티 왕국의 수도는 웃제니였는데, 그곳에 얼굴이 연꽃처럼 아름다운 웁빨라완나(Uppalavaṇṇā)라는 미인이 살고 있었다. 그녀는 결혼해서 딸을 낳았는데, 먼저 세상을 떠난 아버지를 대신해 남편과 함께 어머니를 모시고 살았다. 그러던 어느 날 남편과 친정어머니가 몰래 정을 통한다는 사실을 알게 되었다. 충격을 받은 그녀는 아이를 방에 그대로 남겨 둔 채 집을 나왔다. 정처 없이 걷던 웁빨라완나는 베나레스라는 도시에서 한 장자를 만났다. 장자는 연꽃처럼 빛나는 그녀의 미모에 반해 청혼했고, 두 사람은 결혼해서 행복한 삶을 살았다.

장자는 도시를 오가며 큰 장사를 하는 사람이었다. 세월이 흘러 장자가 웃제니에 가야 할 일이 생겼다. 웃제니에 도착한 장자는 명절을 맞아 처녀들이 화려하게 차려입고 뛰노는 장면을 보게 되었다. 그중 부인과 너무나도 닮은 아름다운 아가씨를 보았다. 한눈에 반한 장자는 아가씨의 아버지에게 큰돈을 주고 그녀를 두 번째 부인으로 맞아들였다. 당시 재력이 있는 장자가 여러 첩을 두는 것은 이상한 일이 아니었다. 웁빨라완나도 두 번째 부인을 숙명처럼 받아들였고 서로 잘 지냈다. 함께 생활하던 어느 날, 웁빨라완나는 두 번째 부인의 머리를 빗겨 주며 이런저런 이야기를 나누다가 그녀의 고향과 이름에 대해 알게 되었다. 알고 보니 그녀는 웃제니에 살 때 자신과 전 남편 사이에서 태어난 딸이었다. 하늘이 무너지는 것 같았다. '내가 한때는 어머니와 남편을 같이하더니, 지금은 딸과 남편을 같이하는구나. 사람 운명이 어찌 이럴 수 있을까?'

끔찍스러워라! 애욕이란 부정해서 더러운 냄새를 풍기며 고난이 많다. 두 모녀가 같은 남자를 섬기다니!

— 《장로니게》 게송 225

운명의 장난에 절망하며 집을 나온 웁빨라완나는 울면서 거리를 전전했다. 어느 결에 죽림정사가 있는 라자가하에 도착했다. 그곳 남자들 사이에 그녀의 소문이 파다하게 퍼졌다. 그녀는 모든 남자를 마다하지 않았다. 본래 아름다운 외모를 타고났던 그녀는 아무런 죄책감도 느끼지 않았고, 희망도 없이 하루하루 몸을 팔며 살아 갔다.

당시 빔비사라왕이 죽림정사를 기증한 것을 계기로 라자가하 에서는 불교 교세가 급격히 커지고 있었다. 불을 섬기던 브라만인 깟사빠 삼형제가 천여 명의 제자와 함께 붓다에게 귀의했다. 또 당 시 존경받던 바라문인 산자야의 수제자 사리불(舍利佛)과 목건련(目 揵連)도 도반들과 함께 붓다에게 귀의했다. 그러다 보니 사람들 사 이에 붓다에 대한 반감이 적지 않았다. 하루는 외도들이 붓다의 명 예를 실추시키기 위해 웁빨라완나를 이용해 신통력으로 사람들에 게 불법을 전하던 목건련을 공격했다.

마침 목건련이 산책을 하고 있었다. 웁빨라완나가 그의 앞으로 다가가 매혹적인 미소를 지으며 그를 유혹했다. 그러나 목건련 은 동요하지 않았다.

"여인이여, 호화롭던 임금의 수레도 세월이 흘러 낡게 되면 속 절없이 부서지듯 우리 몸도 늙으면 형체가 썩는다. 그대가 자랑 하는 아름다운 육신 역시 피고름으로 가득 차 있고, 숨이 멎으면 아홉 구멍에서 썩은 물이 쏟아질 것이다. 이런 어둠 속에 살면서 어찌하여 밝은 등불을 찾지 않고 있는가."

이 말을 듣고 느낀 것이 있었다. 그녀가 말했다.

"원하옵건대, 저는 가르침에 따라 출가하고 마음을 바로잡아 도 를 닦겠나이다."

이렇게 하여 웁빨라완나는 부처님의 가르침에 귀의했고, 나중
에 아라한과를 증득했다.

— 《장로니게》 게송 230~235

웁빨라완나는 후대에 연화색 비구니로 알려진 인물이다. 3대에 걸
쳐 모녀지간이 두 번이나 한 남자와 살아야 했던 기구한 인생의 주
인공이다. 그녀의 드라마틱한 삶은 그녀가 불교에 귀의하면서 완
전히 다른 삶으로 탈바꿈했다. 첫 번째 남편과 어머니에 대한 배신
감으로 괴로워했고, 다시 찾은 행복마저 기대와 달리 산산이 부서
져 버렸지만, 그녀는 자신이 지나온 삶이 결코 나쁜 것만은 아니었
음을 깨달았다. 그런 불운한 삶이 아니었다면 어떻게 붓다의 가르
침을 만날 수 있었을까? 고통이 임계점에 도달했기에 비로소 환상
과 이별할 준비가 되었던 것이다.

악마가 수행하는 웁빨라완나를 유혹했다.
"꽃이 만발한 나무 곁에 당신은 홀로 서 있다. 게다가 당신에게
는 벗도 없다. 젊은 여인이여, 그대는 악한들이 두렵지 않은가?"
그녀가 말했다.
"설령 수백 수천의 악한들이 몰려온다고 해도, 나는 털끝 하나
움직이지 않으리. 미동도 하지 않으리. 악마여, 그대는 혼자서
나를 어쩌겠다는 말인가?

— 《장로니게》 게송 230~235

4장 모든 추구가 끝나는 곳에 행복이 있다

수행자에게 악한이란 누구인가? 석가모니 붓다의 정각을 방해한 마왕 파순은 누구인가? 마왕은 우리 안에 있다. 우리 자신이 스스로를 괴롭힌다. 있는 그대로의 사실을 보지 못하는 미혹한 마음이 바로 마왕이고 악한이다. 사람들은 모든 현상이 마음 하나의 일임을 밝게 보지 못하고 일어나는 현상 따라 분별하고 취사선택해 스스로를 구속한다. 하지만 분별없는 눈으로 보면 지금 이대로 완전한 행복이고 부족하지 않은 사랑이다.

우리는 상대방의 말과 행동에서 끊임없이 사랑을 확인하려고 한다. 상대가 내 마음에 드는 말과 행동을 하면 행복하다고 느끼고, 그러지 않으면 슬퍼하고 불행해한다. 남편에게, 아내에게, 이성 친구에게, 혹은 다른 존재에게 우리는 사랑을 기대하고 그 마음이 변하지 않기를 간절히 바란다. 그러나 모든 현상은 변한다. 사람의 마음이든 물질 현상이든 무상한 물결처럼 변한다. 출렁이지 않는 물결은 없다. 항상할 수 없는 것을 대상으로 항상하기를 바라는 마음이 괴로움을 일으킨다. 진정한 행복은 누군가가 아닌 바로 '나' 자신에게 달려 있다.

누군가를 통해 행복해지려는 마음은 우리를 괴롭게 할 뿐이다. 완전한 사랑을 밖에서 추구할 때 반대로 우리는 완전한 실패를 경험한다. 사랑은 밖에서 오지 않는다. 행복은 누군가가 만들어 주는 것이 아니다. 지금 여기에 완전한 행복이 있다. 우리 존재 자체가 행복이다. 지금 당장 밖을 향한 추구와 갈망을 멈추고 보면 아무 일이 없고 부족함이 없다. 모든 추구가 끝나는 거기에 참된 행복이 있다. 한때 비극의 주인공이 되어 거리를 방황하던 여인은 자신의 본래 모습을 깨닫고 이렇게 선언했다.

> 진정 나는 마음을 극복했습니다.
> 신통력을 잘 닦았습니다.
> 나는 육신통을 체득했습니다.
> 부처님의 가르침을 실현했습니다.
> 감각적 쾌락은 창과 칼에 비유할 수 있습니다.
> 그대가 감각적 즐거움이라고 부르는 것은, 나에게는 즐겁지 않은 것입니다.
> 쾌락의 즐거움은 도처에서 무너지고 무명의 암흑덩이는 산산이 부서졌습니다.
> 악마여, 명심하라.
> 그대는 패배했다.
>
> — 《장로니게》 게송 230~235

난봉꾼의
마음을
돌려놓은

수바

석가모니 붓다 당시 지바카라는 명의가 있었다. 지바카는 붓다의 주치의로 봉사했는데, 자신이 소유한 망고나무 숲을 수행자들에게 수행 장소로 제공했다. 이곳에서 수행하던 사람 중에 미모가 뛰어난 수바(Subha) 비구니가 있었다. 그녀는 부유한 브라만 출신 여성으로 붓다를 만난 뒤 믿음이 생겨서 재가 신자로 지내다 나중에 출가했다.

어느 봄날 수바 비구니가 망고나무 숲에서 홀로 수행하고 있었다. 그때 한 사내가 나타나 그녀를 유혹했다. 사내는 그녀의 아름다움을 찬양하며, 비구니로 산다면 그 아름다운 미모가 쓸모없어진다고 말했다. 그러면서 자신과 함께 망고나무 숲에서 즐기자고 재촉했다. 그녀의 만류에도 사내는 계속해서 노래로 유혹하고, 그것도 모자라 길을 가로막고 물러서지 않았다.

수바 비구니가 말했다.

"시체가 가득한 못자리만 늘려 주며, 죽어 허물어지는 성질을 가진 이 육체 가운데 당신은 무엇을 본질이라고 생각합니까? 거짓 본질에 넋이 나가 당신은 나를 뚫어져라 보고 있습니다."

사내가 말했다.

"그대의 눈은 산속의 암사슴, 혹은 요정 킨나리의 것과 같습니다. 그대의 눈을 바라보면, 애욕을 즐기고 싶다는 생각이 더욱 불타오릅니다."

수바 비구니가 말했다.

"당신은 삿된 짓을 하려 드는군요. 당신은 달을 품에 안으려고 하는군요. 또한 수미산을 한걸음에 뛰어넘으려 하고 있군요. 부처님의 자식을 앗아가려는 그대! 결단코 신과 인간의 세상에는 내가 욕심을 부릴 만한 대상이 아무것도 없습니다. 또한 나는 탐욕이 어떤 것인지조차 모릅니다. 그것은 성인의 가르침에 의해 뿌리가 뽑혔습니다. 세상에는 아직 진리를 깨닫지 못했거나 스승을 섬겨 본 적이 없는 여인도 있으니, 당신은 그런 여인이나 유혹하시지요. 분별력을 갖춘 나 같은 사람을 유혹하려면 괴롭기만 할 것입니다."

— 《장로니게》 게송 366~399

이어 수바 비구니는 자신이 '인연 따라 생겨난 것은 모두 깨끗하지 않다'라는 것을 깨달아 마음에 오염됨이 없다며, 자신은 행복한 사람인 붓다의 제자라고 말했다. 그러면서 나무로 만들어 아름답게

채색한 꼭두각시가 노끈과 못이 빠져나가 풀어지고 흩어져 형체를 알아볼 수 없게 되면, 그 가운데 어느 것에 마음을 둘 수 있느냐고 되물었다. 우리 육신도 꼭두각시와 같아서 어디에도 마음 둘 곳이 없다는 것이다.

> "어리석은 사람이여! 눈앞에서 요술로 만들어 낸 형상과 같이, 꿈에서 본 황금 나무와 같이, 사람이 즐기는 그림자놀이와 같이, 허망한 것을 향해서 당신은 달려가고 있습니다."
>
> 이 말을 마친 수바 비구니는 아무 거리낌 없이 눈알을 뽑아 사내에게 건넸다. 사내의 애욕은 흔적도 없이 식어 버렸다. 그는 수바 비구니에게 용서를 구했다.
>
> "계행이 청정한 여인이여, 타오르는 불길을 끌어안고 그대를 해치려고 했습니다. 독사를 거머쥔 셈입니다. 부디 용서하십시오. 만수무강하십시오."
>
> 이 말을 남기고 사내는 곧바로 사라졌다.
>
> — 《장로니게》 게송 366~399

'붓다(Buddha)'는 '깨달은 사람'이란 뜻이다. 수바 비구니는 자신을 소개할 때 '행복한 사람' 붓다의 제자라고 했다.

붓다는 제자들에게 이렇게 말했다. "세상 사람들이 '이것은 진리이다'라고 생각한 것을 성자들은 '이것은 허망하다'라고 바른 지혜를 가지고 본다. 세상 사람들이 '이것은 허망하다'라고 생각한 것을 성자들은 '이것은 진리이다'라고 바른 지혜를 가지고 본다." 이 말을 이렇게 바꾸어 볼 수 있다. "세상 사람들이 '이것은 행복이다'라고 여기는 것을 깨달은 사람들은 '이것은 불행이다'라고 바른 지혜를 가지고 본다. 세상 사람들이 '이것은 불행이다'라고 여기는 것을 성자들은 '이것은 행복이다'라고 바른 지혜를 가지고 본다."

사람들은 수바 비구니의 이야기에 나오는 사내처럼 봄빛 낭만이 가득한 동산에서 아름다운 여성과 노니는 것을 참된 행복이라고 여긴다. 뿐만 아니라 명예로운 자리를 얻고, 재물을 얻고, 사랑하는 사람과 이별하지 않고, 아끼는 것들과 영원히 함께하는 것을 행복이라고 여긴다. 그러나 이런 것들은 본래 무상한 것이어서 머물러 있지 않다. 머물러 있지 않은 것은 실체가 아니다. 실체가 아닌 이러한 것을 얻으려고 동분서주해 봐야 결코 손에 쥘 수 없다. 잡았다 싶으면 사라진다. 그러면 사람들은 또다시 같은 방식으로 원하는 것을 찾아 떠난다. 이것이 붓다가 말한 끝나지 않는 윤회이다.

한때는 나도 행복을 꿈꾸었다. 섬에서 자란 나는 저 멀리 해안가 공항에서 떠오르는 비행기를 보며, 거기에 몸을 싣고 미지의 세계로 떠나는 꿈을 꾸었다. 비행기가 힘차게 이륙하면 내 마음도 어느새 비행기에 올라타 있었다. 내가 도착할 그곳에 행복이 있을 것 같았다. 눈앞의 현실은 초라해 보였다. 부모님은 항상 밭에 나가 일하셨고, 주말이면 나도 과수원에 나가 부모님 일손을 도와야 했다. 초록색 수풀 아니면 검은색 돌과 흙밖에 보이지 않는 이곳은 전혀 아름답지 않았다. 새로울 것도 없고, 모험심을 자극받지도 못했다.

섬 바깥을 향한 동경과 상상 속에서 살던 나는 육지에 있는 대학에 진학하게 되었다. 구멍이 숭숭 난 돌멩이가 아닌 단단한 화강암, 구부러진 해송이 아닌 우람한 금강송, 섬사람과는 다르게 교양 있어 보이는 사람들의 말투, 처음 보는 모든 것이 신기했다. 그러나 그런 새로움에 차츰 익숙해질 때쯤, 이곳 역시 내가 기대하던 곳이 아니라는 생각이 들었다. 웃는 표정 속에 감춰진 이기적인 마음들, 예의 바른 태도 속에 숨겨진 부도덕함을 보았다. 꿈에 그리던 곳에 왔지만 여전히 나는 내가 발 딛고 서 있는 현실이 만족스럽지 않았다. 결국 어린 시절 그랬던 것처럼, 나는 또 다른 세상을 마음속에 그리기 시작했다.

작가가 되면 행복할 거야, 사랑하는 사람을 만나면 행복할 거야, 가정을 이루면 행복할 거야……. 나는 내가 바라는 행복의 조건을 충족시키기 위해 부단히 노력했고 하나둘 그것들을 이루어 갔다. 하지만 끝내 어디에서도 만족을 얻지 못했다. 이런 식으로는 영원히 만족스러운 삶을 살 수 없을 것 같은 불길한 마음이 들었다. 그 순간 '지금 행복하지 않으면 영원히 행복할 수 없다'라는 말이 가슴속에 들어왔다. 과연 내가 상상하고 바라는 행복이 존재하기나 할까? 내가 세운 조건이 진정 나를 행복하게 만들어 줄까? 스스로 반문하기 시작하면서, 지금껏 내가 살아왔던 방식으로는 결코 행복할 수 없다는 사실을 깨닫게 되었다.

우리는 언제나 지금을 산다. 지금을 살 수밖에 없다. 지금 이 순간에 모든 경험을 한다. 행복도 불행도 지금 경험한다. 그래서 지금 행복하지 않으면 영원히 행복할 수 없다. 또한 행복에는 조건이 없다. 만약 행복에 조건이 있다면, 언젠가 조건이 충족된 뒤에라야 행복할 수 있다. 그것은 미래의 일이다. 미래는 존재하지 않는다. 미래란 지금 일어나는 상상이다. 미래로 보류된 행복은 추구하는 마음을 일으켜 우리를 피곤하게 만들고 지금을 불행하게 바라보게 한다.

무언가를 추구한다는 것은 자신이 상상하는 것에 사로잡히는 일이다. 행복에 대한 추구는 '나는 결코 행복할 수 없어요'라고 말하는 것과 같다. 상상은 현실이 될 수 없다. 때로 마음속에 그리던 것과 비슷한 현실이 펼쳐지더라도, 그것은 감각적인 현상과 생각과 느낌이 조건적으로 어우러진 투사일 뿐이다. 감각에는 행복이 없고, 생각에도 행복이 없으며, 느낌에도 행복은 없다. 행복이란 정해진 실체가 없는 것이다. 붓다는 '이미 멈춘 지 오래된 사람'이다. 그처럼 헛된 추구심을 버려서 그것이 만들어 내는 불만족이 사라진 자리에 참된 행복이 있다.

수바 비구니를 유혹하던 사내는 아름다운 외모를 가진 여인에게서 행복을 찾았다. 아름다운 여인과 함께하면 행복하리라 생각한 것이다. 그런 사내에게 수바 비구니는 자신의 눈알을 빼주었다. 피 흘리는 그녀의 모습에서 사내는 더 이상 아름다움을 찾을 수 없었다. 다소 극단적인 방법으로 사내의 욕망을 멈추게 한 수바 비구니의 행동은 붓다의 가르침에 대한 확신과 해탈에 대한 강한 의지가 있었기에 가능했던 일이다.

연꽃은   명실도인
진흙에서
핀다

석가모니 붓다는 깨달음을 얻고 나서 함께 고행했던 다섯 명의 비구를 찾아가 법을 설했다. 이들은 붓다가 고행을 그만두자 그를 비난하며 떠나간 사람들이었다. 붓다는 고행을 그만두고 홀로 보리수 아래에 앉아 우리가 마주한 세상을 아무런 편견 없이 바라보았다. 편견 없이 바라보니 있는 그대로의 이 세계는 아무런 문제가 없었다.

　　붓다는 다섯 비구에게 사성제를 말했다. 사성제의 첫 번째 가르침은 고제(苦際)이다. 삶이 괴롭다는 것이다. 괴로운 이유는 집착과 갈애[集諦] 때문이고, 집착과 갈애가 사라져야 괴로움이 사라진다[滅諦]는 것이 두 번째와 세 번째 가르침이다. 그리고 거기에 이르는 길[八正道]이 마지막 네 번째 가르침이다. 사람에 따라 삶이 괴롭지 않다고 느낄 수도 있으나, 붓다가 말하는 괴로움은 우리가 평소에 느끼는 괴로움보다 훨씬 넓은 의미이다. 불안, 허전함, 불쾌함 등 미세한 불만족에서 커다란 고통까지 모두 괴로움이다. 시시때

때로 마음이 불편하고, 남의 시선에서 자유롭지 못하고, 끊임없이 해결해야 할 문제가 생겨나는 우리 삶은 괴로움의 연속이다.

우리는 삶에서 충분한 만족을 느끼지 못한다. 그래서 지금보다 만족스러운 삶, 더 행복한 삶을 살고 싶어 한다. 자신이 원하는 일을 이루거나 무언가를 얻으면 행복할 것이라고 기대한다. 그러나 우리는 번번이 실패한다. 무언가를 얻어 만족스러운 것 같다가도 금세 다른 것을 추구하고 있는 자신을 발견하게 된다. 아마 죽을 때까지 이런 식일 것이다.

송나라 때 원오극근 선사에게 영인본명(令人本明)이라는 여성 제자가 있었다. 명실도인(明室道人)이라고 불린 그녀는 원오 선사를 만난 후 마음의 본성에 통하게 되었다. 그녀는 당시 이름난 선사들을 찾아 전국 각지를 두루 돌아다녔다. 노선사들은 저마다 그녀의 공부를 인정해 주었다. 그녀의 개인적인 행적은 살펴볼 수 없지만 임종 직전에 남긴 게송 3수가 전해진다. 1140년 2월 보름, 자신이 곧 세상을 떠날 것임을 안 그녀는 초당선청(草堂善淸) 선사에게 자신이 지은 게송을 보냈다. 초당 선사는 시를 받아보고 만족하여 게송에 발문을 붙여 책으로 간행했다. 명실도인과 동문인 대혜종고 선사 역시 그녀의 게송을 대중에게 전했다는 기록이 남아 있다. 시를 통해 그녀의 안목을 확인하고 공부를 인정한 것이다.

번뇌가 보리임을 알지 못하니, 만약 번뇌를 따른다면 이것이 곧 어리석음이네.

일어나고 사라진 때에 모름지기 알아차렸다면,

새매가 신라(新羅)를 지났는데도 사람이 알지 못하는 것이네.

번뇌가 보리이고, 연꽃이 진흙에서 피는 것임을 알지 못하는구나.

— 《오등회원》 19권

삶에서 느끼는 괴로움은 마치 살아 있는 화두와 같다. 피하고 싶어도 피할 수 없고, 받아들이고 싶어도 받아들이기 어렵다. 불만족스러운 현실의 삶에서 벗어나고 싶은데 길이 보이지 않는다. 여성이라는 존재, 인간이라는 존재, 자신에게 요구되는 역할과 의무, 세상이 요구한 질서가 스스로를 묶는 사슬과 같다. 흔히 도를 알면 이 모든 문제가 해결될 것이라고 기대한다. 그런데 그 길을 찾아 평생을 떠돌 듯 살아온 명실도인이 남긴 시를 보면 이 문제가 보통 사람의 기대와는 사뭇 다른 방식으로 해소되었음을 알 수 있다. 그녀는 괴로움 자체가 진실이라고 말한다. 지금 내 앞에 주어진 초라하고 볼품없고 불완전한 것이 그대로 완전함이라는 것이다. 그런데 사람들은 괴로움과 진리를 따로 분별한 후 괴로움을 버리고 진리를 구하려 한다.

사람들이 와서 나에게 어찌해야 하느냐고 묻는다면,

죽과 밥을 다 먹었으면 발우를 씻으라 하리.

관계하지 마라. 관계하지 마라.

하루 종일 어리석은 사람이 바닷모래를 희롱하는구나.

— 《오등회원》 19권

불완전함이 그대로 완전함이라면 달리 할 일이 없어진다. 일상의 삶이 있을 뿐이다. 배고프면 밥을 먹고, 밥을 먹었으면 설거지를 한다. 주어진 역할과 임무를 따라 살아가는 것이 깨달음의 세계, 자유의 세계이다. 명실도인은 이 사실을 깨닫고 모든 추구가 쉬어졌다. 그러나 그러지 못한 사람은 자꾸 자기 생각 속의 완전함을 추구한다. 이런 생각 저런 생각으로 완전함을 상상하며 꿈속을 헤맨다. 마치 바닷가 모래알을 세듯 헛수고를 한다.

> 본래의 진면목을 알고자 한다면, 곧장 조사의 나무 작살이 되어라.
> 말할 수 없어도 저 작살 아래 죽고, 말할 수 있어도 저 작살 아래
> 죽는다.
> 끝내 어떠한가?
> 밤에 다니는 것을 허락하지 않으니, 날이 밝으면 가거라.
>
> — 《오등회원》19권

우리는 지금 이 순간을 떠날 수 없다. 매 순간 모든 경험이 눈앞에서 이루어진다. 행복이든 불행이든 지금 일어난다. 나중에 얻을 완벽한 세계라는 것도 자세히 들여다보면 지금 일어나는 상상에 불과하다. 지금 일어나는 생각이다. 이 생각은 순간순간 일어나고 사라진다. 이렇듯 일어나고 사라지는 생각에는 '무엇'이라고 할 게 아무것도 없다. 마치 허공에 나타났다 사라지는 구름과 같다.

명실도인은 그동안 자신이 사로잡혀 있던 꿈에서 깨어났다.

지금 일어나는 불만족을 떠나 다른 세계를 꿈꾸며 찾아왔던 추구를 멈춘 것이다. 행복과 불행이 한 몸이어서 불행도 관념이고 행복도 관념임을 깨달았다. 좋아하고 싫어하는 마음을 따라 무언가를 추구하고 배제하느라 애썼지만, 실은 모두가 자기 생각에 속은 결과였다. 불행이 행복이고 행복이 불행이었다. 슬픔이 기쁨이고 기쁨이 슬픔이었다. 모든 것이 하나의 평등성임을 깨닫고 나자 일어나는 일에 아무런 걸림이 없어졌다.

나와 함께 마음공부하는 60대 여성 도반이 있다. 그녀는 지금은 세상에 없는 남편과 결혼해 자식을 낳고 키웠다. 생전 그녀의 남편은 키가 크고 늠름했으며 인상이 좋았다. 사람을 대하는 태도도 너그러워서 그런 남편을 그녀는 깊이 사랑했다. 그런데 막상 결혼하고 보니 남편이 자신에게만 그렇게 대하는 게 아니었다. 주변의 많은 여자가 남편을 따랐고, 남편은 그들을 마다하지 않았다. 밖으로 나도는 남편을 대신해 그녀는 생계와 자식 교육을 혼자 도맡다시피 했다. 다행히 자식들이 잘 자라 주어서 이제는 고생 끝, 행복이 시작될 줄 알았다. 그런데 나이가 들면서 남편 건강이 나빠지기 시작했다. 검사 결과 파킨슨병이라는 진단이 나왔다. 서서히 몸이 약해지고 마비되다가 결국 죽음에 이르는 불치병이었다.

나날이 쇠약해진 남편은 그녀의 도움 없이는 아무것도 할 수 없게 되었다. 평생 자신을 불행하게 했던 남편이 마지막까지 자신을 괴롭히고 있다는 생각에 스트레스가 이만저만 아니었다. 머리카락이 빠지고 제대로 잠을 잘 수 없었다. 남편을 보기만 해도 화가 나고 세상이 다 원망스러웠다. 이런 지옥 같은 생활에서 벗어나는 방법을 찾기 위해 그녀는 틈만 나면 인터넷을 뒤졌다. 그러다 우연히 깨달음의 길을 알게 되었고, 이후 그 길에 매달렸다. 얼마 지나지 않아 자신의 본성을 체험한 그녀는, 거기에는 아무런 괴로움이 없음을 깨달았다. 모두가 자기 마음이 만들어 낸 일이었다. 자신을 그토록 괴롭혔던 건 남편이라는 존재 자체가 아니라 자신이 바라본 남편이었음을 알게 되었다.

세상 모든 일이 자기 마음 거울에 비친 영상이라는 것을 깨닫고 나니 남편이 스승처럼 느껴졌다. 자신을 깨달음의 길로 이끈 남편이 대보살처럼 느껴졌다. 이런 체험이 남편의 지난 행동을 합리화하거나 모든 것을 긍정하게 만들었다는 뜻은 아니다. 다만 남편과의 관계가 원만했다면 결코 여기에 이르지 못했을 것이기에, 어떤 식으로든 자신을 눈뜨게 해준 남편이 스승처럼 보인 것이다.

이처럼 분별의식에서 깨어나면 지금 있는 그대로가 지극한 행복이라는 사실을 보게 된다. 모양에 집착하지 않으면 있는 그대로가 열반의 세계이다. 바르게 보는 것이야말로 지금 있는 사랑과 행복으로 돌아가는 길이다.

삶과 죽음
이 라 는
환   영

삶과 죽음,
에로스와 타나토스의 싸움이 분리된
모든 자아에 내재하는 주된 싸움이자
기본적인 불안이다.
-

켄 윌버

천 조각을
걸치고
걷는 여자

빠따짜라

《해리포터》 시리즈에 나오는 볼드모트는 '이름을 말해서는 안 되는 자'이다. 그는 죽음에 대한 극도의 두려움을 가지고 있었다. 영원한 생명을 얻기 위해 여러 사람을 죽여 가며 자신의 영혼을 쪼개서 보관하는 '호크룩스'를 만들었다. 마법 세계를 영원히 지배하려는 욕망에 사로잡힌 볼드모트의 악행이 알려지자 그를 저지하려는 사람들이 나타났다. 그 대표가 주인공 해리포터이다. 볼드모트(Voldemort)라는 말은 '죽음으로부터 벗어나다'를 뜻한다. 그는 자신을 추종하는 집단인 '죽음을 먹는 자들'을 만들어 자신의 영생을 가로막는 해리포터와 대결한다. 결국 해리포터에 의해 죽게 되지만, 영생에 대한 그의 욕구와 죽음에 대한 공포가 마법 세계에 전쟁을 일으켜 그로 인해 수많은 사람이 목숨을 잃는다.

볼드모트는 인간이 가지고 있는 영원성에 대한 집착을 상징한다. 사람은 누구나 죽음을 두려워한다. 태어나 성장하는 과정에서 죽음을 인지하게 되고, 죽음에 대한 두려움을 가지게 된다. 죽음은 살아 있는 자에게 영원한 불청객이다.

나도 어린 시절 어느 순간부터 죽음이 몹시 두려웠다. 유년기를 넘어서면서 죽음에 대해 진지하게 생각하게 되었다. 처음에는 죽는 것이 실감이 나지 않았다. 그러다가 외할머니와 친할머니, 꽃다운 나이에 생을 마감한 동생의 죽음을 보면서 죽음이 화두처럼 나에게 다가왔다. 죽음과 동거하면서 내 삶은 불안해지고 초조해졌다. 어떻게든 죽음에서 벗어나고 싶었지만 해법이 보이지 않았다. 평소에는 평정심을 가지고 생활하다가도 죽음을 연상시키는 말이나 가까운 사람의 죽음을 목격하면 죽음에 대한 불안이 엄습했다.

석가모니 붓다 당시 빠따짜라(Paṭācārā)라는 여성이 있었다. '빠따짜라'는 '천 조각을 걸치고 걷는 여자'라는 뜻이다. 그녀는 사왓띠에 사는 부유한 장자의 딸이었다. 부모는 아름다운 딸이 행여나 잘못될까 늘 노심초사했다. 유혹이 될 만한 것은 멀리 치우고 사람들과의 만남도 끊은 채 딸을 엄격하게 키웠다. 그러나 그것이 문제가 될 줄은 꿈에도 몰랐다. 남자를 만날 일이 없었던 그녀는 자신을 위해 심부름을 해주던 남자 하인과 사랑에 빠졌다. 그들은 몰래 집을 빠져나와 다른 마을로 도망쳐 몹시 가난하게 살았다.

시간이 지나 빠따짜라는 아기를 갖게 되었다. 해산일이 다가오자 남편에게 사왓띠의 친정에 가서 아기를 낳고 돌아오겠다고 했다. 당시는 친정에 가서 아기를 낳는 것이 풍습이었는데, 남편은 이를 허락해 주지 않았다. 아내가 친정에 가면 부모가 아내를 돌려

보내지 않으리라 생각한 것이다. 그녀는 반대하는 남편 몰래 집을 나와 친정으로 향했다. 그러나 얼마 못 가 남편에게 붙들리고 말았다. 두 사람이 길에서 실랑이를 벌이는 사이 산통이 와서 가까운 덤불에서 그녀는 아기를 낳았다. 친정으로 갈 이유가 사라져 버린 그녀는 집으로 돌아올 수밖에 없었다.

한두 해가 지나 빠따짜라는 둘째를 갖게 되었다. 이번에는 기필코 친정에 가서 아기를 낳으리라 결심한 그녀는 다시 남편 몰래 집을 나왔다. 그러나 이번에도 남편이 뒤따라와 붙들었다. 또 한 번 두 사람은 길에서 실랑이를 벌였는데, 이번에도 산통이 와 남편이 아기를 낳을 만한 적당한 장소를 찾아다녔다. 그러다 불행하게도 독사에 물려 죽고 말았다. 그날 밤 큰비가 내렸고, 남편을 기다리던 아내는 나무 아래서 혼자 아기를 낳을 수밖에 없었다. 이튿날 돌아오지 않는 남편을 애타게 찾던 그녀는 덤불 밑에서 독사에 물려 죽은 남편을 발견했다. 자기 때문에 남편이 죽었다는 생각에 그녀는 가슴을 치며 통곡했다. 하지만 마냥 슬퍼할 수만은 없었다. 돌봐야 할 두 아들이 있었다.

빠따짜라는 두 아들을 데리고 친정으로 향했다. 사왓띠로 가는 길에 강을 만났는데, 밤새 내린 비로 강물이 많이 불어 있었다. 한꺼번에 두 아이를 안고 강을 건널 수 없어서 먼저 갓 낳은 둘째를 안고 강을 건넜다. 건너편에 둘째를 내려놓고 큰아들을 데리러 가기 위해 다시 강을 건너는데, 갑자기 독수리 한 마리가 나타나 갓난 아기를 채가려 했다. 깜짝 놀란 그녀는 독수리를 쫓기 위해 소리치며 손을 내저었다. 그 모습을 본 큰아들이 엄마가 자기를 부르는 소리인 줄 알고 강물로 뛰어들었다. 거센 물결에 휩쓸려 큰아들은 흔적도 없이 사라져 버렸고, 갓난아기 역시 독수리에게 잡혀가 버렸다. 그녀는 가슴이 찢어지는 듯 고통스러웠다.

빠따짜라는 넋을 잃고 사왓띠로 향했다. 도착해 보니 친정은 폐허가 되어 있었다. 지난밤 폭풍우로 인해 부모와 형제자매가 모두 죽었고 화장까지 끝난 상태였다. 남편과 아이들을 잃고 비탄에 빠져 있던 그녀는 이 참담한 소식을 듣고 거의 미쳐 버렸다. 몸에 천 조각 몇 개만을 걸친 채 울부짖으며 거리를 배회하던 그녀는 붓다가 있는 제따와나 수도원에 이르렀다. 대중이 벌거벗은 그녀를 제지하려고 하자 붓다가 그들을 말렸다. 그리고 그녀가 다가올 때까지 가만히 기다렸다가 조용하게 일렀다.

"정신을 차려라. 조심조심 네 마음을 조용하게 가져라."
그제야 빠따짜라는 자신이 알몸이라는 걸 알았다. 그녀는 부끄러워하면서 몸을 구부려 부처님 가까이 앉았다.
"빠따짜라여, 두려워하지 마라. 너는 이제 보호받고 인도받을 수 있는 곳에 이르렀다. 이 엄청난 생사윤회 속에서 네가 부모, 자식, 형제를 잃고 흘린 눈물은 이루 헤아릴 수 없이 많으리라. 네가 지금까지 흘린 눈물은 이 땅 위에 있는 모든 물보다도 많으리라."

— 《장로니게》 게송 114~115

자신의 존재를 느낀다는 것은 자신의 한계를 느낀다는 것이다. 이 한계 의식은 밖에 있는 대리자를 통해 영원의 힘을 얻으려고 한다. 영원한 삶에 대한 의지는 추구와 집착, 바람과 욕구, 타인에 대한 사랑 등으로 표현된다. 빠따짜라는 남편과의 사랑을 통해 영원성을 추구했다.

우리는 혼자일 때보다 누군가와 함께할 때 더 안전하다. 그래서 평생 함께할 사람을 만나 부부의 연을 맺고 산다. 그러나 그것만으로는 부족하다. 서로의 마음이 언제 변할지 알 수 없고, 누가 언제 떠나갈지 알 수 없기 때문이다. 그런 관계는 언제 부도가 날지 모르는 수표와 같다. 이런 위험성을 줄여 주는 존재가 자식이다. 자식은 남편보다 더 오래 곁에 남아 자신을 지켜 줄 수 있다. 뿐만 아니라 자신의 DNA를 담고 있는 호크룩스가 된다. 이 몸이 죽어도 자식을 통해 '변화된 나'는 세상에 남는다.

우리가 밖에서 추구하는 영원성, 즉 '이름이 불려서는 안 되는 자'는 우리 본성의 변형된 투사이다. 밖을 향한 영원성의 추구는 자신에 대한 왜곡된 해석에서 출발한다. 자신을 타인과 구분되는 개인으로 보면서 자신의 불완전성을 밖에 있는 대리자를 통해 회복하려고 하는 것이다. 그러나 진정한 영원성, 시간을 넘어서는 절대성은 타인 혹은 대리자나 희생양을 통해 얻어지는 게 아니다. 우리는 이미 영원하다. 아무것도 아닌 것으로서 영원하다. 영원에 대한 갈망은 본래 있는 영원성을 자아가 자신이 영원하려는 욕구로 왜곡시킨 결과이다.

한꺼번에 사랑하는 가족을 모두 잃은 빠따짜라는 제정신이 아니었다. 예상치 못한 상황을 맞닥뜨려 공황 상태에 빠졌다. 만약 보통의 삶처럼 오랜 시간에 걸쳐 가족의 죽음을 맞이했다면 분별의식이 그 상황을 받아들여 합리화하거나 다른 대리자를 찾았을지도 모른다. 하지만 준비되지 않은 상태에서 감당하기 힘든 경험을 한 그녀는 큰 충격에 빠질 수밖에 없었다. 그런데 예상치 못한 그 경험이 길을 열어 주었다. 갑작스럽게 찾아든 무상함의 충격이 해탈의 도약대가 되어 준 것이다.

붓다의 가르침을 듣고 출가한 그녀는 어느 날 항아리에서 물을 퍼내 발을 씻다가 문득 깨달음을 얻었다. 바닥에 흘러내린 물이 땅속에 스며들다가 점점 더 멀리 흘러가는 것을 보고, 중생의 마음 역시 이와 같음을 알게 되었다.

> 저는 두 발을 씻고, 물속에 비친 자신의 모습을 보았습니다. 그리고 발 씻은 물이 높은 곳에서 낮은 곳으로 흘러가는 것을 보고 좋은 준마를 길들이듯 마음을 가라앉혔습니다. 그러고 나서 등불을 손에 들고 방으로 들어갔습니다. 누울 자리를 살피고 잠자리에 들 때, 문빗장을 잡고 등심지를 낮추었습니다. 등불이 스러지듯 마음에 해탈이 일어났습니다.
>
> —《장로니게》게송 114~116

실재하지 않는 현상을 우리는 수시로 존재로 만들어 낸다. 의식이 활동할 때마다 주관과 객관을 구분 짓고, 객관을 다양한 존재로 분화시켜 그것들이 실재하는 양 믿어 의심치 않는다. 그러나 그 모든 것은 마음에서 일어난 환상이다. 우리가 생각할 때, 우리 의식이 활동할 때만 존재하는 것들이다. 그들은 본래 존재하는 것이 아니기에 늘 해체되려는 불안정성을 갖고 있다. 죽음은 이 불안정성을 암시하는 말이 아닐까?

에고의 입장에서 죽음은 두려운 일이지만, 본성의 입장에서 죽음은 '무(無)'로 돌아가는 자연스러운 일이다. 죽음을 상징하는 신 타나토스는 밤의 신 닉스와 어둠의 신 에레보스의 아들이며 잠의 신 히프노스와 쌍둥이 형제이다. 죽음은 밤, 어둠, 잠의 변주이다. 세상이 어둠에 들어 우리가 깊은 잠에 빠져들면 어떤 것도 분별할 수 없다. 진정한 죽음은 깊은 잠처럼 아무런 분별이 없는 본래 세계이다. 분별하면 모든 것이 다 있지만 분별하지 않으면 무엇도 존재하지 않는다. 이에 대혜 선사는 '한 생각에 수십 개의 우주가 펼쳐진다'라고 말했다.

> 누가 청하지도 않았는데, 아이는 그곳으로부터 왔다. 또한 허락을 받지도 않고 아이는 이곳을 떠났다. … 올 때와 같은 모습으로 갔는데, 무엇을 비통해한다는 말인가?
>
> — 《장로니게》 게송 129~130

우리의 참된 본성은 무분별의 평등본성이다. 거기에는 삶도 죽음도 따로 없다. 삶과 죽음은 분별의 한 종류로 우리 의식이 깨어서 활동할 때만 존재하는 것이다. 한 생각에 오고 한 생각에 사라진다. 이렇게 생각에 의지해서 존재가 되고 비존재가 되는 일에 비통해야 할 이유가 있을까? 빠따짜라가 우리에게 던지는 질문이다.

사람은
어디에서 와
어디로
가는가

무착묘총

송나라 때 임제종 양기파의 걸출한 선사이자, 간화선을 창시한 대혜종고 선사가 있었다. 그의 법을 이은 제자만도 육왕준박, 개선도겸, 설봉온문 등 110여 명에 이른다. 그중에 비구니와 재가 여성 도인도 여럿 있었는데 후대에 이름을 남긴 비구니로 묘총, 묘도, 무제, 진여, 법진이 있다. 이 가운데 무착묘총(無著妙總)이 대표적인 출가 여성 제자이다.

묘총의 성은 소(蘇) 씨이며, 승상을 지낸 사람의 손녀였다. 선(禪)이 무엇인지 몰랐으나, 열다섯 살 때 사람은 어디에서 와서 죽어 어디로 가는지가 몹시 궁금했다. 골똘히 생각한 끝에 어느 날 홀연히 느낀 바가 있었다. 그러나 별것 아니라고 여겨 아무에게도 말하지 않았다. 그녀는 커서 부모의 뜻에 따라 양갓집 며느리가 되었다. 그런데 결혼 생활이 재미없었던지 얼마 지나지 않아 세상살이가 지겨워졌다. 세속을 떠나고 싶다는 생각에 스스로 계율을 지녀 몸가짐을 깨끗이 하고 안목 있는 선사들을 찾아다녔다.

예나 지금이나 사람은 자기가 어디에서 와 어디로 가는지 궁금해한다. 삶과 죽음은 인간이 가진 가장 원초적이고 큰 인생의 물음이다. 묘총은 남 부럽지 않은 어린 시절을 보냈다. 승상을 지낸 할아버지 덕에 경제적, 사회적으로 안정된 환경에서 성장했다. 근심 하나 없을 것 같은 그녀였지만 불현듯 삶과 죽음의 문제가 화두처럼 떠올랐고, 이 문제를 해결하기 위해 길을 나섰다. 마치 석가모니 붓다가 왕자 시절 사문유관을 통해 생로병사의 현실을 목격하고서 출가 사문의 길에 들어섰던 것과 같았다.

나도 비슷한 경험을 한 적이 있다. 20대 중반, 부조리한 세상과 사람들에게 받은 상처로 살기가 싫었다. 너덜너덜해진 몸과 마음에 희망이라고는 남아 있지 않았다. 하루는 양평에 있는 친구 집에 갔는데, 집 옆으로 제법 수심이 깊고 물살이 센 개울이 흐르고 있었다. 다음 날 아침 일찍 일어나 아무도 몰래 마당을 나와 개울로 향했다. 막 마당을 나와 개울로 난 오솔길에 접어든 순간, 마침 동이 터 올랐다. 눈부신 아침 햇살에 나뭇잎마다 맺힌 이슬방울들이 수정처럼 영롱하게 빛났다. 한 줄기 빛이 주변을 생기롭게 만들었다. 그 순간 모든 것이 생생하게 깨어 있음을 보았다. 온 세상이 순수한 생명력으로 가득 차 있었다. 죽으려던 마음이 넝마처럼 느껴졌다. 본래의 내가 아닌 생각일 뿐인데, 그 무겁고 더러운 누더기를 입고서 힘겨워했음을 깨달았다. 관념의 누더기를 벗어 버리자 이내 홀가분해졌다. 이 생생한 생명력 하나만으로 충분히 살 가치가 있었다. 다른 것은 중요하지 않았다. 나는 발걸음을 돌려 집으로 돌아왔다. 그때 나는 사춘기 시절 묘총처럼 그 체험이 무엇을 의미하는지 정확히 알지 못했다. 마음공부가 무엇인지, 나의 본성이 무엇인지 듣고 배운 바가 없었기 때문이다. 그래서 그날의 경험을 그대로 흘려보냈다. 다시 세상으로 들어가 예전처럼 분별 속에 살면서 그날의 기억은 조금씩 잊혀 갔다. 10여 년의 세월이 지나 선을 만났을 때 다시금 그날의 체험이 상기되었지만, 이미 아득한 과거의 기억일 뿐이었다.

진실한 삶을 향한 내면의 순수한 목소리를 따라 묘총은 지방의 여러 선사를 찾아다니며 문답을 주고받았다. 그러던 중 남편이 가화 태수로 발령이 나 가화성에 가게 되었다. 때마침 대혜 선사가 그곳에 도착했다는 소식이 들렸다. 그녀는 대혜 선사를 찾아가 절을 한 뒤 존경을 표하고 물러났다. 인사를 받은 대혜 선사는 곁에 있던 풍제천 거사에게 이렇게 말했다. "지금 온 도인은 천신도 보고 귀신도 보고 온 사람인데 단지 대장간의 풀무로 담금질을 받지 못했을 뿐이다. 마치 만 섬을 실은 배가 물을 건널 때 아직 움직이지 않았을 뿐인 것과 같다." 그리고 이튿날 묘총의 남편 허수원의 요청으로 마련된 설법 자리에서 다시 한번 대중을 향해 이렇게 말했다. "지금 이 가운데 어떤 경계를 본 사람이 있다. 산승은 사람을 간파할 때 마치 관문을 맡아 보는 관리와 같아서 누가 오는 것을 보자마자 세금을 가져왔는지 안 가져왔는지 알아차린다."

설법을 마치고 법좌에서 내려온 대혜 선사에게 묘총이 법호를 지어 달라고 부탁했다. 이에 선사가 '무착(無着)'이라는 이름을 지어 주었고, 그렇게 두 사람의 인연이 시작되었다. 다음 해 묘총은 대혜 선사의 법석에 참석해 하안거를 보냈는데, 어느 날 저녁 좌선을 하다가 문득 확실하게 깨달았다.

"갑자기 본래면목에 부딪히니
온갖 재주가 얼음 녹듯, 기왓장 무너지듯 했네.
달마는 하필 서쪽에서 와가지고
2조(혜가)의 헛된 삼배를 받았는가.
여기에 이걸까 저걸까 물어본다면
좀도둑 한 떼거리가 대패했다 하리라."

대혜 선사가 그 송을 읊어보고 말했다.

"그대는 이미 산 조사의 뜻을 깨달았으니
단칼에 두 쪽 내듯 당장에 알아 버렸다.
기연에 임해서는 하나하나 천진(天眞)에 맡겨라.
세간 출세간에 남고 모자람 없도다.
내가 이 게를 지어 증명하니
사성육범(四聖六凡)이 모두 놀라는구나.
놀랄 것 없다.
파란 눈 오랑캐는 아직 깨닫지 못했느니라."

— 《인천보감》

본래면목은 우리 눈앞에 펼쳐져 있다. 모두 다 드러나 있다. 지금 보고, 듣고, 느끼고, 아는 것 자체이다. 이 밖의 것은 모두가 생각의 내용일 뿐이다. 이 사실을 명징하게 보지 못하면 자꾸 생각의 내용에 빠져 영원한 나, 영원한 도를 상상한다. 그것은 존재하는 것이 아니라 단지 지금 우리의 욕망이고, 기대이고, 상상이다.

죽음도 마찬가지다. 죽음은 삶의 다른 모습일 뿐이다. 우리는 살면서 행복을 느끼고, 즐거움을 느끼고, 불행과 불만족과 두려움을 느낀다. 이 범주 안에서 죽음도 느끼거나 아는 것이다. 죽음, 사후 세계라는 것도 지금의 생각, 느낌, 이미지이다. 생각, 느낌, 이미지는 환상과 같은 것이지 실체가 아니다.

실체가 없는 것이 어떻게 태어날 수 있고 사라질 수 있을까? 여기에는 죽음도 없고 죽을 자도 없다. 삶도 없고 삶을 사는 자도 없다. 나라는 존재 역시 본래 공하며, 남이라는 존재도 텅 비었다. 이것이 현실 직시이고 묘총이 깨달은 경계이다. '어디에서 와서 어디로 가는가?'라는 물음은 자신이 존재한다는 자아 관념에 사로잡힐 때 일어나는 생각이다. 이렇듯 자기 존재를 확고히 믿으면 괴로움이 시작된다. 생로병사가 생기는 것이다.

묘총은 대혜 선사의 인가를 받은 후에도 꾸준히 스승과 교류하며 탁마했다. 그때마다 대혜 선사는 '죽비자화'로 그녀를 일깨워 주었다. 많은 대중이 그녀의 안목을 칭찬했고, 무착이란 이름이 세상에 널리 알려졌다. 그녀는 오랫동안 숨어 살다가 뒤늦게 승복

을 입었다. 나이도 많고 덕망도 높았으나 엄하게 계율을 지켰고
고행과 절도로 스스로를 경책해 옛 고승의 면모를 이뤘다. 태수
장안국이 선사의 도와 덕망을 높이 사 자수사(資壽寺) 주지를 맡
겼으나, 얼마 되지 않아 그만두고 집으로 돌아가 노년을 보냈다.

─《인천보감》

사춘기는 자아감이 정립되는 시기이다. 분별의식의 구조가 자리를
잡으면서 번뇌가 싹튼다. 자기 존재를 확고히 믿으면서 괴로움이 시
작되고 살고 죽는 문제가 크게 닥친다. 묘총이 그랬고, 붓다가 그랬
다. 그러나 우리는 어디에서 오지도 않았고 어디로 갈 일도 없다. 이
몸과 마음은 지금 현시되는 여러 가지 감각 현상과 사고 작용과 이
론적·경험적 지식이 어우러져 일어나는 허망한 것들이다. 모든 것
이 꿈처럼 펼쳐지는 이 현실에 본래 실체적인 일은 아무것도 없다.

스승을　　　　　　무제혜조와
그리며　　　　　　초종
노래하다

무제혜조(無際慧照)는 대혜종고 선사의 비구니 제자이다. 그의 아버지는 시랑 벼슬을 한 장연도이다. 무제는 어린 시절부터 불법과 남다른 인연이 있었다. 어느 날 한 관상가가 무제의 집에 들렀는데, 어린 그녀를 보고 '이분은 나중에 보좌에 앉아 설법할 사람이다'라고 말했다. 관상가의 말대로 무제는 훗날 머리를 깎고 출가하게 된다.《운와기담》하권에, 말년에 그녀가 벼슬에 오른 아들을 만났다는 기록이 있는 것으로 보아 결혼을 하고 자식을 본 뒤에 출가했음을 알 수 있다.

　　무제는 대혜 선사의 비구니 제자인 무착묘총 밑으로 들어가 머리를 깎았다. 무착 스님을 은사로 모시고 출가 생활을 했지만 공부에 큰 진전을 보이지 못하다가, 나중에 은사와 함께 대혜 선사를 참례하러 갔다가 그의 지도로 안목이 열렸다. 그녀가 대혜 선사 밑에서 깨달음을 얻자 무착 스님은 그에게 대중을 지도하라고 권했다.《속비구니전》에 따르면 많은 사람이 그녀의 법을 따랐다고 한다.

무제에게는 도반 초종(超宗) 비구니가 있었다. 초종 또한 대혜 선사의 제자로, 무제와 초종은 문도로서 가깝게 지낸 듯하다. 초종은 시랑 유계고의 질녀인데, 유계고 역시 대혜 선사의 가르침을 받은 재가 거사이다. 그가 관직에 나가 있으면서 대혜 선사에게 법을 묻고 지도를 받았다는 내용이 《서장》에 자세히 나와 있다. 초종 역시 속가에서 불법과 매우 인연이 깊었던 셈이다.

대혜 선사가 열반한 후 무제와 초종이 선사가 머물던 경산사에 방문한 일이 있다. 두 제자는 선사의 사리가 모셔진 탑을 예방하고 주변을 청소하면서 깨달음의 안목을 담은 게송을 지어 불렀다.

먼저 무제가 노래했다.

영산의 눈물에 옷 적시고
향로는 소실봉을 향해 피어오르네.
구름 덮인 산은 텅 비어 눈에 가득한데
법왕을 뵈옵지 못하는구나!

— 《운와기담》 하권

영산은 붓다가 《묘법연화경》을 설법한 장소인 영취산으로 불법, 붓다, 스승의 은혜를 뜻한다. 소실봉은 달마대사가 주석했던 소림사가 있는 곳이다. 무제의 노래에는 불교를 개창한 석가모니 붓다와 중국에 붓다의 마음을 전한 조사선의 1대 조사 달마대사, 그 가르침을 이어받아 자신에게 전한 스승에 대한 감사와 그리움이 묻어 있다.

붓다는 보리수 아래서 별을 보고 깨달았다. 그가 우리에게 일깨워 준 것은 지금 눈앞의 텅 빈 모습이다. 나를 포함한 모든 것이 연기적으로 무상하게 일어났다가 사라진다는 사실이다. 세상에는 고정된 실체가 없다. 모든 것이 서로 의지하며 연기적으로 일어난다. 모든 것이 무자성이어서 일어나도 일어난 실체가 없고, 사라져도 사라진 것이 없다. 생각, 감정, 느낌, 감각에 사로잡힌 마음에서 깨어나 보면 지금 있는 그대로가 청정한 불국토이다.

달마대사는 이 청정한 마음을 곧바로 보게 했다. 제자 혜가가 마음이 아프다고 말하자, 아픈 마음을 가져와 보라고 했다. 그러나 혜가는 아픈 마음을 찾을 수 없었다. 아픈 마음은 실체가 없었다. 아픈 마음이 존재하지 않는다면 아픔도 있을 리 없다. 그래서 달마대사는 '내가 너의 아픈 마음을 치료해 주었다'라고 말한 것이다.

대혜 선사는 이 가르침을 더욱 발전시켜 조주무자, 죽비자화 등의 방편으로 제자들을 일깨웠다. 죽비를 내보이며, 이것을 죽비라고 말해도 안 되고 죽비가 아니라고 말해도 안 된다며 제자들이 생각에 사로잡히는 것을 가로막았다.

45년간 설법한 붓다, 맨몸으로 이역만리 중국에 온 달마대사, 그리고 방망이를 치고 고함을 지르며 고구정녕(苦口丁寧)한 가르침을 편 여러 선사가 있었기에 불법이 끊이지 않고 전해질 수 있었다. 말하자면 무제의 노래는 스승을 향한 그리움의 표현인 동시에 불법을 세상에 드러내 보이고 이로써 자신에게까지 그 귀한 인연이 닿게 해준 모든 선각자를 향한 감사와 우러름의 표현이다.

무제를 따라 뒤이어 도착한 초종이 게송으로 답했다.

탑은 본래 티끌이 없는데
무엇 때문에 가서 청소하는가.
쓰는 대로 티끌이 일어나기에
그래서 나는 가지 않으려 하네.

— 《운와기담》 하권

초종의 안목도 놀랍다. 탑은 본래 티끌이 없다. 모든 것은 본래 오염되어 있지 않다. 모든 것은 본래 텅 비었다. 텅 빈 것을 다시 닦는 것처럼 어리석은 일이 없다. 탑은 스승을 상징한다. 스승을 모신 탑을 청소한다고 했으나 참된 스승은 청정하다. 어떤 것이 존재한다는 생각이 바로 오염이다. 그 생각에서 깨어나면 만물이 자취가 없고 깨끗하다. 《열반경》에서 '중생은 있음의 병에 걸려 있다'라고 했다. 있음이란 존재이다. 중생은 모든 것이 있다고 여긴다. 이것이 병든 마음이다. 인연 따라 일어난 것을 집착하니 있는 것처럼 드러난 것인데, 우리는 그것을 존재하는 것으로 착각한다. 그러니 착각에서 벗어나면 그만이다. 따로 닦아 낼 것이 없다. 본래 없는 것을 어떻게 닦아 낸다는 말인가. 무언가를 닦아 내려 한다면 오히려 더 럽히는 꼴이 된다.

우리는 몸을 고정된 실체로 여긴다. 또 영혼이 영원하다고 여긴다. 그러나 영원한 몸과 영원한 영혼을 본 적이 있는가? 그것은 우리의 상상과 생각에 불과하다. 지금 일어나는 감각과 생각과 느낌의 인연화합이 곧 몸이요, 영혼이고 삶이고 죽음이다. 만약 어떤 것이 객관적인 실재가 되려면 우리의 감각이나 생각이나 감정에 의지하지 않고 객관적으로 존재해야 한다. 그러나 몸과 영혼, 삶과 죽음 등은 우리가 보고 듣고 느끼고 아는 범주 안의 일이다.

삶과 죽음은 행복과 불행, 기쁨과 슬픔, 즐거움과 무료함 같은 이원적인 생각이다. 우리는 살면서 이원적인 생각과 감정 사이를 왔다 갔다 한다. 죽음도 이와 같은 물결 가운데 하나이다. 그런데 우리는 죽음을 삶과 괴리된 세계의 일로 여긴다. 그렇지 않다. 삶에 대한 생각이 일어나는 자리에서 죽음에 대한 생각이 일어난다. 삶과 죽음은 지금 일어나는 생각이라는 점에서 동일하다. 이렇게 일어나는 생각과 감정에 집착하면 죽음의 공포에 빠진다. 죽음이든 삶이든, 모든 것은 지금 이 순간 일어나는 환상의 자손들이다. 분별과 망상의 산물이다. 실체가 없는 것들로 모두가 평등해서 따로 취사선택할 것이 없다.

무제는 훗날 〈어부의 노래〉 가락에 맞춰 대혜 선사의 스승인 원오 선사를 찬양하는 노래를 남기기도 했다. 그녀는 건도 7년(1171)에 임평 명인사(明因寺)의 주지로 갔다가 순희 4년(1177) 6월에 무위군에서 아들 양첨판과 마지막 만남을 가진 뒤 곧바로 광효사(光孝寺) 법상에 올라 앉은 채로 입적했다. 그녀의 머리를 깎자 무수한 사리가 나왔고, 삼복더위에 며칠이 지나도 용모가 변함이 없었다고 한다. 11년 후 아들이 어머니를 모셔가기 위해 땅을 파내자 샘물이 솟아 나와 스님과 세속 사람들이 놀라워하며 공경했다고 한다.

한편 초종이 말년을 어떻게 보냈는지는 자세한 기록이 남아 있지 않다.

PART

6

분별을
떠나는
것   이
참된 출가

지금 자유롭지 못하면
결코 자유로울 수 없다.
–

지두 크리슈나무르티

돈으로는
살 수
없는 여자

앗다까시

《장로니게》는 석가모니 붓다의 가르침 아래 깨달음을 얻은 여성들이 남긴 노래와 사연을 담은 고전이다. 여기에 소개된 비구니들은 다양한 계층의 사람들이며 출가 인연도 다양하다. 자식을 낳고 키우다가 남편과 사별한 여성, 결혼 생활이 원만하지 않아 출가를 선택한 여성, 결혼 생활을 하다가 붓다의 가르침을 따르는 데 뜻을 두고 출가를 결심한 여성, 몸을 팔던 여성, 찬달라 계급의 비천한 여성, 하루 종일 남편과 가족을 위해 곡식을 찧어야 했던 고단한 바이샤 여성, 왕비 출신의 크샤트리아 여성 등이다. 이들 가운데 비말라, 앗다까시, 암바빨라, 아바야마타는 몸을 팔던 여성이었다. 이들은 붓다의 말을 듣고 감명을 받아 출가했다.

당시는 일부다처제가 허용되었고, 성매매에 대해서도 요즘처럼 비판적이지 않았다. 신분제와 남존여비 사상, 가부장 제도가 사회 깊숙이 뿌리 내리고 있던 때라 여성의 실질적인 신분은 남성의 지배 아래 있었고, 성생활이나 가정 생활 역시 남성의 가치관과 욕구를 중심으로 유지되었다. 일부다처제와 성매매 역시 그런 흐름 속에서 받아들여졌다.

고대 인도의 성매매 여성은 크게 두 가지 유형이었다. 하급 성매매 여성은 가난하거나 사회적으로 취약한 계층의 여성으로 생계를 위해 어쩔 수 없이 성매매를 했다. 반면 고급 성매매 여성은 생계보다는 손쉽게 돈을 벌 방법으로써 유녀의 길을 선택했다. 고급 성매매 여성은 사회공동체적 자산으로 인식되기도 했다. 이들 여성은 가무나 기예에 뛰어났으며, 사교계의 꽃으로 국가의 수입을 올리는 재원이었다.

붓다는 다른 여성과 마찬가지로 이들의 출가 역시 허락했다. 현대인의 눈으로 봐도 아주 진보적인 태도였다. 당시 사회가 성매매에 관대했다고 하더라도, 성매매 여성에게까지 관대했던 것은 아니다. 성매매는 남성의 특권이었고, 그들은 성을 파는 여성을 비천한 존재로 보았기 때문이다. 무엇보다 가부장제 아래서 남성의 혈통을 유지하는 조력자로서 여성의 정조가 강조되던 때인 만큼 성매매 여성에 대한 인식이 관대할 수 없었다. 그러나 붓다는 세속에서의 삶을 중요하게 여기지 않았다. 세속에서는 신분이나 직업, 부와 명예가 중요했다. 하지만 출가하면 찬달라 계급 출신의 비구니라도 브라만 남녀의 공양과 존경을 받았다. 신자로서 공양이나 설법을 요청할 때도 그 사람이 남성인지 여성인지, 신분이 높은지 낮은지에 상관없이 약속의 선후에 따라 순서가 정해졌다.

이러한 붓다의 진보적인 생각은 그의 가르침에서 찾을 수 있다. 붓다는 이 세계가 있는 그대로 평등한 세계임을 깨달았다. 겉으로 드러난 모습은 신분의 높낮이가 있고, 남녀의 성별이 있으며, 고귀하고 비천한 처지가 있지만, 그 모든 것은 실체가 없는 분별상이다. 과거, 현재, 미래는 지금 일어나는 한 생각일 뿐 본래 텅 비어 있고 시간마저 끊겨 있다. 그 속에서 누가 어떤 삶을 살든지 실재하는 일이 아니다. 꿈 같은 현상계에서는 왕비와 유녀, 남성과 여성 사이에 지위와 차별, 직업의 귀천 등이 있을지언정 본질적으로는 차별이 없다. 이 사실을 깨달은 붓다는 평등한 세계, 열반의 세계를 지향하는 사람이면 누구나 똑같이 대우했다. 세속에서의 삶이 어떠했든지 간에 본래 성품은 깨끗한 열반 자체이기 때문이다.

유녀 앗다까시(Aḍḍhakāsī)는 까시 왕국의 부유한 상인의 딸이었다. 부잣집 상인의 딸이 어쩌다 유녀가 되었는지는 자세히 전해지지 않는다. 다만 그녀의 미모가 워낙 뛰어나 그녀와 하룻밤을 지내려면 까시국 전체 예산에 비길 만한 돈을 내야 했다고 한다. 그래서 '까시국의 절반을 차지한다'라는 의미로 이름에 '앗다[절반]'를 붙여 '앗다까시'라 불렸다. 비록 유녀로 살았지만, 그녀는 교양과 인품이 남달랐다. 오랜 유녀 생활에 회의를 느낀 그녀는 몸을 팔아 산다는 것이 늘 괴로웠다. 빼어난 외모 때문에 이런 삶을 살 수밖에 없다는 생각에 자신의 외모를 혐오하기에 이르렀다. 그러던 중 모든 형상에 대한 분별과 탐욕은 허망한 것이라는 붓다의 설법을 듣고 깊은 감명을 받아 출가를 결심했다.

당시 앗다까시가 살던 라자가하는 인도 경제와 문화의 중심지였다. 그만큼 환락의 도시이기도 했다. 아름다운 외모와 교양을 갖춘 유녀가 많았고, 그들은 사교계의 꽃으로 이름을 날렸다. 그 가운데서도 특출났던 앗다까시의 출가 소식은 그녀를 사모하는 사람들에게 적지 않은 충격을 주었다. 그녀가 가까이 지내던 동료에게 출가의 뜻을 밝히자마자 삽시간에 온 나라에 소문이 퍼졌다. 그동안 모은 전 재산을 버리고 붓다를 찾아가 출가하려는 그녀를 동료들이 말렸지만 소용없었다. 그녀를 사모하던 청년들도 나서 그녀의 출가를 막으려 했다. 그들은 그녀가 붓다에게 갈 때 지나가야 하는 길목에 몰래 숨어 있다가 그녀를 겁탈할 계획까지 세우고 있었다. 다행히 그 사실을 안 동료가 미리 그녀에게 알려 주어 화를 면할 수 있었다.

라자가하에서 붓다가 머물고 있는 사왓띠까지 가려면 적어도 2개월 이상이 걸렸다. 거리도 문제였지만, 무엇보다 출가를 위해 오랫동안 깨끗이 지켜 온 몸을 다시 남자들에게 욕보인다면 출가가 불가능할 것 같았다. 고민 끝에 앗다까시는 붓다에게 심부름꾼을 보내 자신의 사정을 전했다. 이에 붓다는 다른 비구니를 보내 그녀가 구족계를 받을 수 있도록 배려했다. 그동안 붓다는 모든 출가 수행자에게 직접 계를 주었는데, 앗다까시만이 예외였다. 구족계를 받은 그녀는 위빠싸나 수행을 했으며 오래지 않아 아라한과를 성취했다.

유녀 시절의 제 몸값은 까시국의 전체 예산에 비길 만한 정도였

152

습니다. 그곳의 한량들이 제값을 그렇게 정해 놓고, '돈으로는 살 수 없는 여자'라고 나를 불렀습니다. 저는 제 미모가 싫었습니다. 저는 아름다워지고자 하는 일체의 욕망을 버렸습니다. 거듭되는 생사윤회에 시달리지 않도록 노력했습니다. 곧 세 가지 명지[三明智]를 얻고 비로소 부처님의 가르침을 다 이루었습니다.

—《장로니게》게송 25~26

남자들은 앗다까시의 외모만을 보았다. 그들에게 그녀는 돈을 주고 구매하는 물건과도 같았다. 비록 나라를 대표할 만큼 아름다운 외모를 가진 그녀였지만, 기껏해야 그 아름다움은 남자들의 충동을 자극하는 탐욕의 대상에 불과했다. 그녀는 아름다움의 무상성과 양면성을 온몸으로 뼈저리게 경험했다.

  석가모니 붓다를 비롯해 많은 수행자가 욕망을 중요한 문제로 다루었다. 인간이 괴로움을 느끼는 것은 허망한 분별 대상에 대한 집착과 욕망 때문이라고 보았기 때문이다. 크게 보면 감각적인 것, 물질적인 것, 정신적인 것들이 서로 접촉하고 얽혀서 감정과 욕망을 일으킨다. 아름다운 몸매, 얼굴, 아름답게 표현된 그림, 조형물, 의상, 음악, 향기, 미각을 자극하는 음식, 섹스 등 감각의 대상은 다양하다. 물질은 이런 감각적인 것들이 한데 모여 집적된 것이라고 할 수 있다. 이런 대상을 탐닉하는 것이 물질세계에 대한 욕망과 집착이다. 뿐만 아니라 사상, 가치관, 윤리 의식, 관습, 문학, 예술 등 정신적인 것에 대한 욕구도 욕망의 대상이 된다. 대개 사람들은 감각적인 것과 물질적인 것보다 정신적인 것을 더 가치 있고 고매한 것으로 여긴다. 나아가 평범한 정신세계를 초월한 '깨달음'은 어떤 것과도 비교할 수 없을 만큼 뛰어나다고 생각한다. 그러나 이것들은 하나같이 추구의 대상이라는 점에서 차이가 없다.

대상이 무엇이든 분별한 것을 욕망하는 구조 자체는 다르지 않다. 어떤 대상을 향하든 추구하는 마음이 있으면, 그것이 곧 탐욕이고 번뇌이다. 추구는 또 다른 추구를 불러오고, 욕망은 계속해서 새로운 욕망을 생산하기 때문이다. 감각적인 것이든, 물질적인 것이든, 정신인 것이든, 초월적인 것이든, 모두 다 분별망상이다. 그 사실을 깨달아 안팎에서 구할 것이 아무것도 없음을 알게 될 때 비로소 우리는 괴로움의 굴레에서 벗어날 수 있다. 이것이 바로 붓다가 말한 멈춤의 의미이자 이욕(離欲)의 참뜻이다.

감각적인 것과 물질적인 것보다 정신적인 것이 더 뛰어나다는 착각은 마음공부하는 사람이 빠지기 쉬운 함정이다. 감각적인 것과 물질적인 것의 덧없음을 느낀 사람은 정신세계에 몰두한다. 그러다 거기서 또 한계를 느끼면 최후의 보루로 깨달음을 추구한다. 마치 깨달음을 성취하면 모든 문제가 한꺼번에 해결될 것처럼 기대하면서 말이다. 하지만 이것은 집착의 또 다른 버전이다.

나도 그랬다. 어느 순간부터 정신적인 것에 관심이 가기 시작했다. 개인적으로 이상적인 철학보다 인간의 삶을 다룬 문학에 더 마음이 끌려서 그 속에서 의미를 찾으려고 노력했다. 그 길을 가다 보면 답이 보일 것 같았다. 그러나 아무리 노력해도 삶의 문제는 조금도 해결되지 않았다. 여전히 불만족스러운 현실을 보며 나는 깨달음의 길로 방향을 돌렸다.

처음 마음공부를 시작할 때는 긴 선로를 달리는 기차 위에 올라탄 기분이었다. 이 열차가 어디로 향하는지, 어디쯤 종착역이 있는지 알 수 없지만, 바른 가르침을 따라가다 보면 언젠가 불만족투성이인 이 세계가 끝이 나고 새로운 세계가 열릴 것이라는 희망이 있었다. 그러다 문득 눈을 떴다. 땡땡땡 종을 울리며 '이제 그만 내리십시오' 하고 말하는 듯한 내면의 소리가 들렸다. 깨어나 보니 나는 단 한 치도 움직인 적이 없었다. 늘 그 자리였다. 조금씩 달라지는 창밖의 풍경을 바라보며 머지않아 종착역에 다다를 거라고 믿었던 것은 내가 그린 상상화에 불과했다. 그동안 나는 달리는 열차에 몸을 싣고 잠들어 있었음을 깨달았다. 이미 나는 도착해 있었다. 열차의 종착역은 다름 아닌 내가 앉아 있는 바로 이 자리였다. 지금껏 먼 곳을 바라보며 자기 생각에 속고 있었던 것이다. 꿈에서 깨어나 보니 모든 것이 이미 진실했다.

우리가 추구를 멈추지 못하는 이유는 자신의 관념에 속아 그것이 따로 있다고 여기기 때문이다. 불교를 공부한다는 것은 그러한 삶에서 깨어나는 일이다. 불교는 다른 어딘가로 향하는 가르침이 아니다. 스스로 꽉 움켜쥐고 있는 고정관념과 편견, 감정과 느낌에서 깨어나 모든 것이 실체 없음을 자각하고 그것들의 속박에서 풀려나는 일이다. 이것이 바로 참된 출가이다. 출가는 단지 세속의 옷을 출세속의 옷으로 갈아입는 것이 아니다. 모습이라는 '집'이 본래 텅 빈 모습[空相]임을 깨달음으로써 모든 것에서 자유로워지는 일이다.

그 옛날 몸을 팔던 앗다까시, 자신의 아름다운 외모를 혐오하던 앗다까시, 구족계를 받고 붓다의 제자가 된 앗다까시는 결코 다른 사람이 아니다. 변하지 않는 본성으로서 늘 같은 자리에 있었다. 그 사실을 깨달은 순간, 그녀는 더 이상 배울 게 없는 무학(無學)의 경지인 아라한이 되었다. 추구할 대상이 사라져 안팎에서 상대할 것이 없으니 더는 배울 일이 없어져 버린 것이다.

향락의 장소를
깨달음의
성지로 바꾼　　　　　　암바빨리

바이샬리는 번화한 상업 도시였다. 밧지국에 속한 자치 도시로 리차비족이 다스리고 있었다. 온갖 보석과 비단으로 치장한 옷을 좋아했던 리차비족은 경전에서 상상 속 하늘 사람들의 모습으로 비유되곤 했다. 그래서 붓다는 도리천이 어떤 모습인지 궁금하거든 바이샬리를 보라고 말했다. 또 훗날 붓다가 열반을 앞두고 바이샬리를 지날 때 '아난다여, 바이샬리를 보는 것도 이것이 마지막이구나'라고 말할 정도로 붓다가 사랑한 도시이기도 했다.

　　이런 바이샬리를 더욱 빛나게 하는 것이 있었다. 세상에서 가장 아름다운 기녀 암바빨리(Ambapālī)였다. 그녀는 갓난아기 때 망고나무 아래 버려진 고아였다. 부모가 누군지 아무도 몰랐는데, 버려진 아이를 왕실의 정원사가 거두어 키웠다. 망고나무를 뜻하는 '암바(Aamba)'라는 단어를 붙여 암바빨리라고 이름 지었다. 그녀는 자라면서 점점 더 아름다워졌다. 춤과 노래 솜씨 또한 타고났다. 보는 사람마다 그녀에게 매혹되었고, 한 번이라도 그녀를 본 남자는 넋을 잃었다. 그녀에 대한 소문이 리차비족 왕자들에게까지 전해져 왕자들이 너도나도 암바빨리를 만나러 왔다. 그녀의 미소와 몸짓에 마음을 사로잡힌 왕자들은 서로 그녀를 자신의 아내로 맞이하려고 다툼을 벌였다. 시간이 갈수록 싸움이 험악해졌고, 난감해진 암바빨리의 부모는 딸에게 선택권을 넘겼다. 이에 그녀는 한 명을 골라 배우자로 삼기보다 모두의 여인이 되기로 선언함으로써 왕자들의 다툼을 끝낼 수 있었다.

부모로부터 아름다운 망고나무 숲을 물려받은 암바빨리는 그곳에 화려한 누각을 짓고 춤과 노래로 남자들을 맞았다. 리차비족 왕자들이 번갈아 드나들었고, 왕자가 아닌 사람들도 엄청난 돈을 지불해 가면서 그녀를 찾아왔다. 그녀는 그렇게 모은 돈을 가난한 사람들에게 아낌없이 나눠 주었다. 그녀에 대한 소문이 이웃 나라까지 퍼지면서 점점 바이샬리는 상업이 더 부흥하게 되었다. 하루는 이웃 마가다국의 빔비사라왕이 암바빨리를 찾아왔다. 그는 기녀 한 사람이 한 나라의 경제를 좌우한다는 사실이 믿기지 않았다. 만약 그게 사실이라면, 자신이 다스리는 마가다국 라자가하에서도 암바빨리 같은 기녀를 키워 볼 생각이었다. 그런데 막상 그녀를 본 빔비사라왕은 한눈에 반해 버렸다. 그동안 뭇 남성의 거듭된 사랑 고백에도 마음이 흔들리지 않던 암바빨리 역시, 이번만큼은 마음이 흔들려 사랑에 빠지고 말았다. 이 일로 둘 사이에 위말라꼰단냐라는 아들이 태어났는데, 훗날 그는 출가해 비구가 되었다.

어느 날 암바빨리는 붓다가 바이샬리에 도착해 자신의 망고

동산에 머물고 있다는 소식을 들었다. 서둘러 그곳으로 가 붓다에게 인사드리고 한쪽에 앉았다. 붓다는 그녀에게 여러 가지 가르침을 펴 보였고, 설법을 들은 그녀는 가슴에 기쁨이 차올랐다. 그녀는 그때의 일을 이렇게 고백한다.

> 옛날 저의 머리카락은 옻칠처럼 새까만 꿀벌 빛깔과 같았고, 머리끝은 곱슬곱슬했습니다. 지금은 늙어서 머리카락이 삼 껍질 같이 되었습니다. 진리를 가르친 부처님의 말씀에는 거짓이 없습니다…… 옛날 저의 눈썹은 화가가 그려 낸 그림처럼 아름다웠지만, 지금은 늙어서 주름도 지고 아래로 축 처졌습니다. 진리를 가르친 부처님의 말씀에는 거짓이 없습니다…… 옛날 저의 가슴은 풍만하고 균형이 잡혀 위로 봉긋했지만, 이제는 늙어서 물 빠진 가죽 자루와 같이 축 늘어져 있습니다. 진리를 가르친 부처님의 말씀에는 거짓이 없습니다…… 이와 같이, 여러 요소가 한데 어우러져 이루어진 몸뚱이는 늙고 찌들어서 온갖 괴로움만 가득합니다. 그것은 칠이 벗겨진 황폐한 집입니다. 진리를 가르친 부처님의 말씀에는 거짓이 없습니다.
>
> — 《장로니게》 게송 252~270

사람들은 자기 자신에 대한 명확한 앎이 없는 상태에서 막연히 몸과 마음, 영혼을 자신이라고 여겨 집착한다. 그러나 몸이라는 것은 머물러 있지 않고, 영원한 마음이나 영혼도 찾아볼 수 없다. 몸은 변한다. 태어날 때의 몸, 예닐곱 살이 되었을 때의 몸, 사춘기 때의 몸, 성인이 되었을 때의 몸, 늙어서 모든 기능이 쇠퇴해졌을 때의 몸이 다 다르다. 몸만이 아니라 모든 게 마찬가지다. 그런데도 우리는 이것을 명확히 보지 못하고 몸이 '나'라는 고정관념을 갖는다. 이러한 몸에 대한 집착은 몸이 다치거나, 병들거나, 제 기능을 못하게 될 때 괴로움을 일으킨다. 몸이 항상 건강하고 영원하기를 바라는 마음과 몸이 점점 무너져 내리는 현실이 충돌하는 것이다.

몸에 대한 자각은 몸이 '나'라는 동일시에서 벗어나 정해진 '내 몸'이란 게 따로 없음을 깨닫는 일이다. 이 몸은 인연에 따라 일어난 분별 현상임을 바르게 보아 변화를 받아들이고, 거기에 집착하지 않는 것이다. 때에 따라 적당히 보살피고, 적당히 쓰며, 때가 되면 흩어지는 것을 당연하게 봐야 한다. 그리고 이 무상한 변화 그대로가 평등한 하나임을 바르게 봐야 한다. 붓다는 이 사실을 있는 그대로 보라고 말한 것이다. 암바빨리는 세월이 흐르면서 자신의 아름다운 몸이 낡은 집처럼 허물어져 가는 것을 몸소 경험했다. 그때 마침 붓다가 육체의 허망함과 무상함을 집중적으로 설법하니 그 가르침을 그대로 실감했던 것이다.

붓다의 설법을 듣고 환희에 찬 암바빨리는 붓다와 여러 비구를 위해 다음날 공양을 올리고 싶다고 말했다. 붓다가 허락하자, 그녀는 공양 준비를 위해 서둘러 자리에서 일어나 수레를 타고 집으로 향했다. 그런데 집으로 돌아가던 중 리차비족 명문자제들이 탄 수레와 그만 부딪치고 말았다. 리차비족 자제들은 황급히 수레를 몰다 사고를 낸 그녀를 질책하다가, 내일 있을 공양 준비에 마음이 빼앗겨 그랬다는 말을 듣고는 자기들도 붓다에게 공양하고 싶은 마음이 생겼다. 기녀인 그녀보다 먼저 공양을 하고 싶었던 그들은 권리를 양도하면 십만 금을 주겠다고 제안했다. 그러나 그녀는 '풍요로운 바이샬리 도시 전체를 준다고 해도 양도할 수 없다'라며 단칼에 이를 거절했다. 이에 리차비족 자제들은 붓다를 찾아가 다음 날 자신들이 공양을 올리겠다고 청했지만, 붓다는 선약이 있다며 받아들이지 않았다.

사성 계급 제도가 굳건했던 당시에 크샤트리아 자제와 기녀의 신분 차이는 하늘과 땅만큼이나 컸다. 그러나 붓다는 먼저 한 암바빨리와의 약속을 지키기 위해 명문자제들의 요청을 거절했다. 신분이나 성별에 상관없이 모든 사람이 법 앞에 평등함을 몸소 보여 준 것이다. 붓다의 이런 실천행은 그가 이룬 평등법성의 힘을 다시 한 번 확인하게 한다. 남성이든, 여성이든, 왕족이든, 기녀든, 모든 것은 실재가 아니라 인연 따라 일어나는 무상한 현상이다. 왕족이라는 것도 실재가 아니고 기녀라는 것도 실재가 아니다. 모든 것이 텅 비었고, 모든 것이 평등하다. 이 사실을 깨달으면 고정관념 없이 인연을 따르게 된다. 그럴 때 우리는 물 흐르듯이 순리대로 살게 된다.

다음날 공양이 끝난 후 암바빨리는 자신의 정원을 비구들에게 기증했다. 한때 춤과 노래가 가득했던 향락의 장소가 깨달음의 성지가 되었다. 붓다는 그곳에 머무는 동안 이러한 가르침을 폈다.

이것이 계율이니라. 이것이 정신통일이니라. 이것이 지혜이니라. 계율을 두루 닦은 정신통일에는 큰 공덕과 이익됨이 있고, 정신통일을 두루 닦은 지혜에도 큰 공덕과 이익됨이 있나니, 이렇게 지혜를 두루 닦은 마음은 애욕, 생존, 견해, 근본 무지 등의 번뇌로부터 바르게 해탈할 수 있는 것이니라.

—《열반경》

암바빨리의 망고나무 숲은 대승 경전에 자주 등장한다. 《유마경》에서 붓다가 비구 8천 명, 보살 3만 2천 명과 함께 머물며 법회를 연 곳이 이곳 망고나무 숲이다. 사회의 가장 밑바닥 계층인 기녀가 기증한 숲에서 대승불교의 정수인 《유마경》을 설했다는 것은 의미가 깊다. 또 《열반경》에서 기녀라는 직업을 가진 여인이 지배 계층의 명문자제들과 차별 없는 대접을 받는 부분, 욕망의 분출구였던 망고나무 숲이 깨달음의 성지가 되는 장면 등은 붓다의 가르침이 어떤 것인지를 상징적으로 보여 준다. 연꽃은 진흙에서 피어나고 깨달음은 세속을 떠나 따로 있지 않다. 티끌로 가득한 사바세계가 불국토를 떠나 있지 않다. 현상 세계를 분별하여 집착하는 마음으로 보면 깨끗함과 더러움, 탐욕과 분쟁, 성스러움과 삿됨이 둘로 나뉘지만, 분별없는 지혜의 눈으로 보면 진흙으로 덮인 세계가 그대로 텅 비어 고요하며 차별 없는 세계이다.

암바빨리는 기녀의 몸으로 수많은 남성을 상대해야 했지만, 육체와 애욕의 무상함을 깨달았다. 그리고 훗날 붓다의 가르침에 귀의해 청정행을 닦는 비구니가 되었다. 진정 깨끗한 삶이란 이렇듯 직업이나 귀천, 행색이나 성별에 상관없이 모든 것이 있는 그대로 청정한 하나라는 자각 속에 사는 것이다. 아무리 귀하고 권력이 있으며 재산이 많더라도, 그것에 집착하면 오염된 삶이다. 반대로 자신을 치장하는 것이 많든 적든 있는 그대로 보아 현상에 사로잡히지 않으면, 그것이 바로 깨끗한 삶이다. 살아온 삶의 흔적이나 눈에 보이는 현실이 자신을 결정하는 것이 아니다. 그 모든 경험과 흔적이 본래 청정함을 깨닫고 그 청정함과 하나가 된 삶이야말로 참된 삶이다.

졸음을 쫓으려   여종 욱면
손바닥을
꿰고 염불한

우리나라에 불교가 전해진 시기는 삼국 시대이다. 고구려는 소수
림왕 2년 때인 서기 372년에 전진으로부터 불교를 받아들였다. 그
해 6월, 중국 북부를 차지하고 있던 전진의 왕 부견이 사신과 함께
순도(順道)라는 스님을 통해 불상과 경문을 보내왔다. 이어 소수림
왕 4년(374)에는 아도(阿道)라는 스님이 찾아왔다. 이에 소수림왕이
초문사(肖門寺)를 세워 순도 스님을 머물게 하고, 이불란사(伊弗蘭
寺)를 세워 아도 스님을 머물게 했다고 한다. 백제는 중국의 동진으
로부터 불교를 수용했다. 침류왕 원년(384) 동진에 있던 인도의 승
려 마라난타(摩羅難陀)가 백제로 건너오면서 처음 불교가 전해졌는
데, 당시 왕이 몸소 마중을 나가 스님을 맞이했다고 한다. 고구려와
백제가 공식적으로 불교를 받아들인 시기는 이렇지만, 이전부터
한반도에 불교가 전해져 있었다는 기록이 남아 있다.
   한편 중국과 직접 교류가 어려운 지리적 위치에 있던 신라에
는 상대적으로 불교가 늦게 전해졌다. 신라에 불교가 공인된 것은

법흥왕 14년(527) 이차돈의 순교 이후이다. 그러나 미추왕 2년(263)과 비천왕(479~500) 때 고구려에서 아도 스님이 왔다는 기록, 눌지왕(417~458) 때 묵호자(墨胡子) 스님이 왔다는 기록이 남아 있는 것으로 보아 이전부터 불교가 전파되었음을 짐작할 수 있다. 흥미로운 점은 문헌마다 신라를 방문한 스님의 이름과 시기가 다르게 나타나지만, 한결같이 일선군(지금의 경북 선산 지역)의 모례라는 사람 집에 스님들이 머물거나 피신했다고 기록된 점이다.

한반도에 불교가 전해진 이래 첫 여성 불자이자 비구니로 기록에 남아 있는 사람은 모례의 누이동생 사씨(史氏)이다. 《삼국유사》를 보면, 그녀는 아도 스님에게 감화되어 출가한 뒤 삼천기(三川岐)에 영흥사(永興寺)라는 절을 짓고 살았다고 한다. 이와 관련해서 신라 불교를 중흥시킨 법흥왕과 왕비가 말년에 출가해 절에서 살았는데, 사씨의 유풍을 사모한 왕비가 영흥사로 출가했다는 기록이 전한다. 이후에 신라에서 지배 계층의 출가가 심심찮게 일어났는데, 말년에 진흥왕과 함께 출가한 진흥왕비 역시 영흥사로 출가해 그곳에서 여생을 보냈다고 한다. 삼국통일의 주역 김유신의 처 지소 부인 또한 남편이 죽은 뒤 출가해서 스님이 되었다.

삼국이 불교를 공인하면서 불교는 지배 계층의 종교로서 세력을 다져 나갔다. 지배층이 불교를 신앙하고 왕과 왕비가 몸소 출가하는 모습을 보이면서 불교가 급속도로 세를 확장했다. 통일 신라 시대에 들어와서는 사회 전반에 불교가 퍼졌는데, 주로 병을 치료하고 복을 구하는 등 기복적인 성격이 강했다. 그리고 죽음을 앞두고 극락에서 태어나려는 마음에 뒤늦게 출가하는 사람이 많았다. 이런 흐름은 통일 신라를 지나 고려 시대까지 이어졌다.

이처럼 초기에는 기복과 극락왕생을 바라는 마음이 강해 기도와 염불, 금욕적인 생활을 자처한 여성 불자가 많았다. 하지만 더러는 깨달음을 위해 불교를 공부한 여성도 있었다. 《삼국유사》에 나오는 '욱면비념불서승'이 대표적이다. 욱면(郁面)은 경덕왕(742~765) 때 지금의 진주인 강주에 살았던 아간(阿干) 귀진의 여종이다. 당시 강주에서 남자 신도 수십 명이 서방정토를 염원하며 강주 경계에 미타사(彌陀寺)를 세우고 만 일(27년) 동안 수행하는 계를 만들었다. 귀진 역시 그 모임에 함께했는데, 주인을 모시고 절에 간 여종 욱면도 절 마당에 서서 스님을 따라 염불을 외웠다. 그 모습을 본 주인은 제 처지도 모르고 자신들처럼 서방정토에 가려는 그녀가 몹시 못마땅했다. 그래서 그녀에게 매일 곡식 두 섬을 주어 하루 저녁에 그것을 다 찧게 시켰다. 그녀는 초저녁까지 곡식을 찧고는 부랴부랴 절에 가서 염불을 했다. 온종일 노동에 지친 그녀가 졸음을 쫓기 위해 행한 일을 보면, 그녀가 얼마나 간절히 서방정토에 태어나기를 바랐는지 알 수 있다.

그녀는 절 마당 좌우에 긴 말뚝을 세워 놓고 두 손바닥을 뚫어서 끈으로 꿰어 말뚝에 매었다. (그 상태에서) 합장을 하고는 (졸음을 쫓으려고) 좌우로 흔들며 스스로 격려했다. 그때 하늘에서 소리가 들렸다.

166

"욱면 낭자는 법당에 들어가 염불하라."

절의 대중들은 그 소리를 듣고 여종 욱면에게 법당에 들어가기를 권하여 예에 따라 정진하게 했다. 오래지 않아 서쪽에서 하늘의 음악이 들려오더니 여종이 몸을 솟구쳐 집 대들보를 뚫고 나가는 것이었다. 서쪽으로 가더니 해골을 버리고 부처의 몸으로 변해 연화대에 앉았다. 큰 광명을 내면서 천천히 가는데, 하늘에서 음악 소리가 그치지 않았다. 그 법당에는 지금도 구멍 뚫어진 곳이 있다고 한다.

— 《삼국유사》 제7 감통편

그 시절 하층민의 삶은 고단하기 이를 데 없었다. 하루 종일 주인의 명령에 따라 일해야 했고 마소와 다름없는 삶을 살았다. 욱면 역시 비천한 계급의 여성으로 그와 같은 삶을 살았다. 다만 차이점이라면, 대부분의 하층민이 자신의 삶을 숙명처럼 받아들인 데 반해 그녀는 그러지 않았다. 주인을 따라 절에 갔던 것이 삶을 깨달음으로 이끄는 계기가 되었다. 빈부귀천에 상관없이 누구나 불성을 갖추고 있다는 붓다의 가르침은 비참한 삶에서 벗어나길 바랐던 그녀에게 최고의 희망이자 기회였다. 천한 신분 탓에 법당에 들어갈 수 없었고, 배운 게 없어서 경전을 읽을 수도 없었지만, 합장한 채 마당 한쪽에 서서 한마음으로 '나무아미타불 관세음보살'을 염했다. 오직 일념으로 아미타불과 관세음보살을 염하면 생각이 끊어지고 분별이 사라지면서 마음의 평안이 찾아온다. 그녀는 조금씩 염불

수행의 맛을 알아갔다. 그래서 더 멈출 수가 없었다. 피곤함에 찌든 몸에 밀려드는 졸음을 쫓으려 양손에 구멍까지 뚫어 가며 밤낮으로 수행을 이어 갔다.

욱면이 염불을 한 것은 단순히 복을 구하기 위함이 아니었다. 그랬다면 자신의 손바닥을 뚫는 고통을 감내하지 못했을 것이다. 몸을 돌보지 않은 그녀의 가열찬 수행에는 성불에 대한 굳은 의지가 서려 있었다. 이에 하늘도 감동했는지 법당 안으로 들어와 수행하라는 목소리가 경내에 울려 퍼졌다. 지극한 정성으로 염불하던 그녀는 마침내 대들보를 뚫고 하늘로 솟아올라 부처의 몸으로 변했다. 인간의 몸을 벗어 버리고 법신으로 거듭난 것이다. 그녀의 참모습은 여종이 아닌 법신 자체였다. 자신을 비롯한 세상 모든 것을 비추는 전체성이었다.

불교 설화에서 종종 볼 수 있는 이런 묘사에는 상징적인 의미가 담겨 있다. 지극한 공부 끝에 해골을 벗는 것은 참된 자신이 온 누리에 두루한 법신임을 깨닫는다는 뜻이다. 우리는 겉모습을 보고 나와 남, 인간과 부처, 무명과 깨달음을 분별한다. 모습마다 각각의 정체성이 있다고 착각한다. 그러나 그것은 분별하는 마음이 만들어 낸 존재들이다. 모든 존재는 착각의 산물이다. 일념으로 염불을 하다 보면 문득 이러한 분별망상이 미치지 못하는 자리를 자각하게 된다. 그런 체험을 통해 진정한 자신은 몸도 아니고 마음도 아니라는 깨달음이 일어난다. 욱면이 대들보를 뚫고 나갔다는 것은 그녀의 몸과 대들보의 차별성이 사라졌음을 말한다. 몸을 버리고 부처의 몸이 되어 연화대에 앉았다는 것은, 모든 것이 하나이고 하나가 모든 것인 경지를 깨달았다는 뜻이다.

　욱면은 여자의 몸도 아니고 종의 신분도 아니다. 그녀의 진정한 모습은 세계를 두루 비추는 끝없는 광명이자 세계 전체이다. 그동안 살면서 그녀가 느낀 괴로움의 정체는 환상에 지나지 않았다. 그녀도 우리도 알고 보면 본래 언제나 연화대에서 살아가고 있다. 늘 부처의 몸으로 모든 경험을 하고 있다. 이 사실을 분명하게 깨닫고 모든 것이 하나인 법에 녹아드는 삶을 살면, 그것이 곧 극락정토에 태어나는 일이다. 자기 자신에 대한 고정관념, 자신이 누구라는 정체성에 대한 집착이 사라진 바로 지금 이 순간, 이 세계가 극락정토이다.

입을 열어서　　　　　　　정십삼낭
무엇을 할 수
있겠는가

정십삼낭(鄭十三娘)은 출신 지역이 분명히 전해지지 않는 여성 도
인이다. 단지 열두 살에 한 비구니를 따라 당대의 선승 위산영우와
나산도한(羅山道閑)을 찾았다는 기록이 있다. 또 보복여감이라는 장
로가 찾아와 그녀와 대화를 나누는 대목에서 위산 선사가 입적한
사실이 드러나는데, 이 기록으로 보아 그녀가 853년 위산 선사가
입적한 이후에도 살아 있었음을 알 수 있다. 따라서 그녀는 당나라
말기인 9세기 중엽에서 10세기 초 오대십국 시기에 살았던 여성임
을 추측할 수 있다. 정십삼낭에 대해서는 《선여인전》과 《지월록》에
같은 이야기가 실려 있는데, 전자에 이야기가 더 잘 정리되어 있다.

　　정십삼낭이 살던 지역은 분명히 알려져 있지 않다. 열두 살에 한
　　비구니를 따라 대위(大潙) 선사를 찾아갔다. 선사가 물었다.
　　"저 비구니는 어느 곳에 사는가?"
　　비구니가 말했다.

170

"남대강변에 삽니다."

선사가 '할' 하였다.

또 물었다.

"정(鄭)은 어디에서 사는가?"

정이 가까이 다가가 손을 모으고 섰다.

선사가 다시금 물었다.

정이 말했다.

"벌써 화상께 말씀드렸습니다."

선사가 말했다.

"가거라."

정이 법당에 도착하자 비구니가 말했다.

"십삼낭은 선을 안다고 항상 말했는데, 오늘 대사의 질문을 받고도 아무 말이 없구나."

정이 말했다.

"괴롭구나! 괴로워! 저 안목을 지으며 나는 행각한다고 말하는구나. 납의를 벗겨서 십삼낭(나)에게 입혀 줘라."

―《선여인전》

중국 선종은 당나라가 무너지고 오대십국이라는 혼란한 시기를 거치면서 황금기를 맞이한다. 열두 살 소녀가 도를 깨칠 정도이니 당시 조사선이 얼마나 대중화되었는지 미루어 알 수 있다. 또 노장스님과 어린 소녀가 아무 거리낌 없이 선문답을 주고받고, 출가자가 재가 여성에게 꾸짖음을 듣는 데서 승속을 가리지 않고 선이 사회 곳곳에 스며들어 있었음을 짐작할 수 있다.

위산 선사는 자신을 찾아온 비구니와 소녀에게 '어느 곳에 사는가?' 하고 물었다. 이런 질문을 받으면 보통은 자기가 사는 지역을 이야기한다. 하지만 선사가 물은 것은 시공간적 장소가 아니다. 사람의 근원, 모든 존재의 고향이 어디인지 물은 것이다. 선문답이란 이런 것이다. 선사나 선을 공부하는 학인은 오로지 존재의 근원과 만물의 본성에만 관심이 있다. 근원을 명백히 자각하는 것이 선 공부이기 때문이다.

시간을 넘어서고 장소를 초월한 곳, 번뇌와 갈등이 없는 고향, 나와 세계의 진정한 터전이 어디인가? 이것은 생각과 느낌, 노력과 욕망으로 가닿을 수 없다. 생각은 허망한 것이고, 느낌은 무상하며, 노력은 노력하지 않은 일을 받아들일 수 없고, 욕망은 번뇌와 한 몸이다. 이 어느 것에도 의지하지 않을 때 우리는 이미 그곳에 도달해 있음을 깨달을 수 있다. 그러나 대부분 사람은 아무런 노력이 필요 없는 것을 두고 갖은 노력과 추구를 해가며 구하려고 한다. 그 일은 예나 지금이나 여전하다.

어느 날 한 도반이 나를 찾아왔다. 그녀는 자신이 다니던 절의 스님으로부터 '깨달음'이라는 말을 듣고서 이것을 얻어야겠다고 마음먹었다고 한다. 그런데 스님이 '깨달음은 아무나 못 얻는다. 몇 겁을 지나도 안 된다. 그러니 열심히 기도하며 복받고 살라'라고 하며 더는 깨달음에 대해 얘기해 주지 않았다는 것이다. 이에 도서관에 가서 깨달음에 관한 책을 찾아 읽기 시작했다. 달라이 라마 스님 책, 틱낫한 스님 책 등 닥치는 대로 불교 관련 책을 살펴보았다. 그리고 불교가 마음을 깨닫는 종교임을 알게 되었다. 이후 호흡 수행, 화두 수행, 철야정진 수행, 남방불교 수행하는 곳 등을 찾아다니며 수행에 매진했다. 그녀는 깨달음을 얻으면 인생의 고통이 사라지고 스스로를 완전히 통제할 수 있으리라 생각했다. 실제로 어느 정도 그렇게 되는 듯도 했다. 말하고 싶지 않을 때 말이 통제되고, 생각하고 싶지 않을 때 생각이 통제되었다. 이것이 진정한 공부이며, 자신이 제대로 공부하고 있다고 여겼다.

그러던 어느 날 자신을 지도하던 사람이 에고를 놓지 못하고 괴로워하는 모습을 보았다. 그 사람뿐만 아니라 자기 자신도 역시 수행을 하지 않고 일상으로 돌아오면 예전과 다를 바가 없었다. 한계를 느낀 그녀는 다시 화두참선하는 곳을 찾아가 '수미산' 화두에 집중했다. 하지만 수행을 거듭할수록 마음이 괴롭고 정신이 어지러워졌다. 통제하려 할수록 더 많은 생각이 쏟아져 나왔다. 자유롭고 싶어서 열심히 수행했지만, 여전히 자유롭지 않은 자신을 보고 결국 그녀는 모든 노력을 내려놓게 되었다. 그러다 어느 날 직지인심 견성성불(直指人心 見性成佛)이라는 조사선의 가르침을 접하게 되었다. 그 순간 마음을 깨달으면서 그동안 자신이 해온 공부가 잘못되었음을 알았다. 깨달음이 바깥에 따로 있다고 여기면서 그것을 구하려고 온갖 노력을 해왔던 게 문제였다. 본래의 고향, 모든 것의 근원이 바로 지금 여기인데, '깨달음'이라는 상을 세우고 그 생각에 속아 밖으로 그것을 찾아다녔던 것이다.

일어나는 한 생각에 내가 있고 세상이 있다. 일어나는 한 생각에 시간이 있고 공간이 있다. 나와 세상, 시간과 공간이 지금 이 순간 마음에서 일어나는 한 생각에서 분화된다. 위산 선사의 물음에 정십삼낭이 보여 준 행동 속에 바로 이러한 깨달음의 경지가 담겨 있다. 그녀는 말없이 선사 가까이 다가가 두 손을 모았다. 자연스럽게 일어나는 이 행위에는 시간도 없고 공간도 없다. 움직이는 사람도 움직임도 없다. 어디에도 머물 데가 없는 가운데 오고 가는 일이 모두 자연스럽다. 모양의 본성을 바르게 보아 집착에서 벗어난 것이다.

> 뒤에 정은 나산(羅山)에게 이 이야기를 들어 보였다.
> "제가 그렇게 대답한 것이 평온하다 할 수 있겠습니까?"
> 나산이 말했다.
> "허물이 없다고 할 수 없다."
> 정이 말했다.
> "허물이 어디에 있습니까?"
> 나산이 그녀를 꾸짖었다.
> 정이 말했다.
> "금상첨화로군요."
>
> —《선여인전》

나산 선사는 정십삼낭이 위산 선사와의 대화에서 보인 행동을 두고 허물이 없지 않다고 말했다. 이어서 어디에 허물이 있느냐고 묻는 그녀를 크게 꾸짖었다. 나산 선사가 꾸짖은 뜻은 무엇일까? 이는 곧 '허물이 있다, 없다'라고 분별하는 것이 허물이라는 가르침이다.

《유마경》에 붓다의 십대 제자 가운데 계율을 통달하고 이를 잘 지켜서 '지계제일'로 불린 우파리(Upāli) 비구의 일화가 나온다. 하루는 어떤 두 비구가 우파리 비구를 찾아와 자신들이 계를 어긴 것을 참회하고자 했다. 이에 우파리는 두 비구의 근심과 허물을 없애 주고 죄를 깨끗이 닦도록 이끌었다. 그때 유마 거사가 나타나 이렇게 말했다. "두 비구의 죄를 더욱 두텁게 만들지 마십시오. 마땅히 곧장 근심과 후회를 제거해 계율을 범한 허물이 그들의 마음을 어지럽히지 못하게 해야 합니다. 그 죄의 자성은 안에 머물지도 않고, 밖으로 나가지도 않고, 둘 사이에 있지도 않기 때문입니다."

죄와 허물은 밖에서 들어오지 않는다. 밖은 존재하지 않고, 안도 따로 없다. 만약 그런 것이 따로 있다고 여기면 모두가 자기 생각에 속은 것이다. 마음에 비친 모습을 취해, 이것은 나쁜 행동이고 저것은 허물이라고 제멋대로 고정시키는 것이다. 허물뿐만 아니라 세상 모든 일이 다 자기 마음에 나타난 것이다. 마음 밖에 존재하는 것은 아무것도 없다. 티끌 하나조차도 마음 밖에서 경험할 수 없다.

출발점과 종착점이 똑같은 이 텅 빈 마음에서 일어나는 것은 실체가 없다. 상벌의 근원이 같고 나와 남이 똑같다. 진정한 참회란 지은 죄도 따로 없고 참회할 것도 따로 존재하지 않음을 깨닫는 일이다. 나산 선사가 정십삼낭을 꾸짖은 것은 바로 이러한 까닭이다.

허물이 없지 않다는 선사의 말을 쫓아가서 따로 허물을 찾았기 때문이다. 다만 그녀는 이와 같은 실상을 이미 깨달았기에 선사의 꾸짖음에 '금상첨화'라고 답하며 수긍할 수 있었다. 이어지는 보복여감 장로와의 문답에서도 그녀의 뛰어난 안목과 힘이 잘 드러난다.

보복여감 장로가 정을 방문하고는 앉자마자 곧바로 물었다.

"듣자 하니 정이 위산을 찾아뵈었다고 하는데, 맞는가?"

정이 말했다.

"맞습니다."

보복이 물었다.

"위산은 천화(遷化)하여 어디로 갔는가?"

정이 몸을 일으켜 상 가까이 다가가 섰다.

보복이 말했다.

"한가로이 선을 말할 때는 입이 폭포수와 같더니, 어찌 말하지 못하는가?"

정이 말했다.

"입을 열어서 무엇을 할 수 있겠습니까?"

보복이 말했다.

"입을 열지 않고서 또 무엇을 할 수 있겠느냐?"

정이 말했다.

"개아가리 닥치십시오."

—《선여인전》

위산 선사는 입적하면서 '저 아랫마을 시주자의 소가 되겠다'라는 유언을 남겼다. 이 말은 선 공부하는 후학들 사이에 선문답 소재로 널리 쓰였다. 이 유언을 기억하는 사람이라면, 누군가 "선사가 죽은 후에 어떻게 되었을까?" 하고 물을 때 의심 없이 "소가 되었다"라고 답할 것이다. 그러나 정십삼낭은 그런 분별망상에 속지 않았다. 그래서 보복 장로의 물음에 답하는 대신 위산 선사에게 보였듯 몸을 일으켜 가까이 다가갔다. 이미 마음이 명명백백해서 굳이 입을 열 필요가 없었던 것이다. 그런데 보복 장로는 법이 분명하다면 말을 잘 할 수 있어야 한다는 관념에 빠져 있었고, 왜 입을 열지 않느냐며 꼬투리를 잡았다. 그러자 그녀는 '개아가리 닥쳐라'라는 말로써 보복 장로가 품고 있던 생각을 단박에 무너뜨렸다.

허물이든, 말이든, 행동이든, 사람이든, 모두가 바로 지금 이렇게 환상처럼 일어나는 것들이다. 지금 눈 앞에 펼쳐지는 다양한 삶의 모습은 나의 노력으로 인한 것이 아니다. 가만히 있어도 소리가 들리고, 아무런 노력 없이도 사물이 드러난다. 우리 삶은 그런 알 수 없는 신비 속에 펼쳐진다. 그러나 우리는 그 신비를 알아차리지 못한다. 멈추어 보라. 어디로도 치달려 가지 말고 바로 보라. 여기에 마르지 않는 삶의 샘물이 있다. 모든 것이 하나인 영적 고향이 있다. 추구와 판단, 생각과 감정이 모두 쉬어질 때 이 신비의 옹달샘이 퐁퐁 솟아 내는 참 물맛을 보게 될 것이다.

깨달음은
일　　　상
속에 있다

불 속에서 연꽃 피니 시들지 않는다.

-

영가현각

사형수와
사랑에 빠진

꾼달라께시

라자가하에 꾼달라께시(Kundalakesi)라는 부잣집 딸이 있었다. 어느 날 사형장으로 끌려가는 도둑을 보고 사랑에 빠진 그녀는 부모에게 그와 결혼시켜 달라고 애원했다. 부모는 어쩔 수 없이 많은 돈을 주어 도둑을 풀어낸 뒤 딸과 결혼시켰다. 꾼달라께시는 한때 도둑이었던 남편을 지극히 사랑했다. 그러나 남편은 부모로부터 물려받을 그녀의 재산과 그녀가 몸에 지닌 값진 보석이 더 마음에 들었다.

어느 날 남편은 아내에게 자신이 죄수가 되어 죽을 지경이 되었을 때 산신제를 지냈더니 생명을 구할 수 있었다고 말했다. 그러면서 아내에게 모든 보석을 몸에 지니고 멀리 있는 산에 가서 산신제를 지내자고 했다. 그렇게 해야 자기와 오래 살 수 있다고 설득했다. 꾼달라께시는 남편을 사랑했기에 그의 요구를 거절할 수 없었다. 그가 바라는 대로 온몸에 보석 치장을 하고 산꼭대기로 향했다. 산꼭대기에 다다르자 남편의 태도가 싹 달라졌다. 갑자기 잔인한 표정을 지으며 정체를 드러냈다. 제사를 지내려는 게 아니라 그녀를 죽이고 몸에 지닌 값진 보석을 빼앗으려 한다는 속내를 털어놓았다. 놀란 아내는 모든 것을 다 줄 테니 목숨만 살려 달라고 애원했다. 그러나 남편은 그 요구를 들어줄 생각이 없었다. 그녀를 살려보내면 자신의 범죄가 탄로 날 것이 뻔했기 때문이다.

꾼달라께시는 물밀 듯 밀려오는 배신감에 마음이 아팠지만 이내 냉정을 되찾았다. '내가 살기 위해서는 남편을 처치하는 수밖에 없다. 아주 능숙하게 행동해야 할 것이다.' 이렇게 마음먹은 그녀는 몸에 지니고 있던 보석을 모두 풀어 남편을 안심시키고는 슬픈 목소리로 말했다.

"이제 저는 당신에 의해 죽게 되었습니다. 그러니 이것이 우리의 마지막이 되겠군요. 헤어지면 다시 만날 수 없지만, 당신은 저의 첫사랑이자 제 남편입니다. 마지막으로 예를 갖추어 사랑을 표하고 싶으니 잠시 여유를 주십시오. 이제부터 당신의 오른편으로 조용히 세 바퀴 돌고 큰절을 올릴 테니 끝나면 당신 마음대로 하세요."

그녀의 간청에 남편은 의심의 눈초리를 거두고 그렇게 할 것을 허락했다. 꾼달라께시는 합장하고 남편 주위를 아주 천천히 돌며 그의 동정을 살폈다. 남편은 눈앞에 놓인 보석에 마음이 팔려 있었다. 그녀는 때를 놓치지 않고 있는 힘껏 남편의 등을 밀어 낭떠러지 아래로 떨어뜨렸다. 간신히 목숨을 건졌지만 집으로 돌아갈 수는 없었다. 스스로 간절히 원했던 결혼이었고, 그 결과 지금과 같은 일이 벌어졌으니 부모님을 뵐 면목이 없었다. 고향으로 돌아갈 용기가 나지 않았다. 꾼달라께시는 가지고 온 보석을 나무에 매달아 놓고 무작정

앞을 향해 걷기 시작했다. 발길 닿는 대로 걷다가 도착한 곳은 자이나 교도들이 모인 여성 수행 단체였다. 명석했던 그녀는 그곳에서 가르치는 천 가지 학문을 금방 습득했고, 수행을 통해 그것에 통달했다. 스승이 그녀에게 세상에 나가보라고 권했다. 세상에 나가 그녀가 터득한 천 가지 문제를 사람들에게 제시해 보라는 것이었다. 만약 누군가 혜안을 제시하면 그의 제자가 되어 살고, 아무도 답을 하지 못하면 그녀가 세상에서 가장 지혜로운 사람이 될 것이라고 말했다.

당시 인도 수행자들 사이에는 각자 익힌 이론이나 학문적 견해를 검증하기 위해 온 나라를 돌며 논쟁하던 문화가 있었다. 꾼달라께시도 자신의 지식과 능력을 단련하고 시험하기 위해 세상 밖으로 나왔다. 그런데 아무도 도전해 오는 사람이 없었다. 자만에 빠진 그녀는 세상에 자신을 당할 자가 아무도 없다고 여겼다. 그러던 중 사왓띠에 도착해 붓다의 십대제자 중 한 명인 사리불을 만났다. 그녀는 자신만만하게 천 가지 문제를 제기했다. 그런데 사리불이 아주 가볍게 모든 문제를 해결했다. 그러고는 그녀에게 이렇게 물었다. "하나는 무엇인가?" 아무리 생각해도 마땅한 대답이 떠오르지 않았다. 천 가지를 물으면 천 가지 대답을 해줄 수 있는 꾼달라께시였지만, 단 하나에 대해서는 아무 말도 할 수 없었다. 이 일을 계기로 그녀는 자이나교를 버리고 붓다의 가르침에 귀의했다.

불교는 천만 가지를 가르치는 게 아니라 단 하나를 깨닫는 길이었다. 하나가 아닌 여러 개는 모두 허망한 분별의식이다. 철학, 과학, 역사, 정치, 경제, 사회, 문화 모두 허망한 의식의 작용이다. 이것들은 다 자기 마음의 표상에 지나지 않는다. 거울 하나에 수만 가지 상이 비치듯, 고요한 바다에 셀 수 없이 많은 그림자가 비치듯, 모두가 실체 없는 것들이다. 제아무리 많은 것을 알고 있어도, 그 모든 것의 뿌리가 무엇인지 모르면 결국은 아무것도 모르는 것과 같다.

꾼달라께서는 그동안의 자만과 착각에서 벗어나 이 하나를 깨닫는 길에 들어섰다. 그리고 수행을 시작한 지 며칠 지나지 않아 아라한과를 성취했다. 그런데 이를 두고 주변의 수행자들이 의아하게 생각했다. 도둑과 결혼한 후에 제 손으로 남편을 죽였으며, 이교도로 살면서 진리 아닌 것을 따르던 사람이 붓다의 적은 법문만을 듣고서 어떻게 아라한이 될 수 있는지 믿을 수 없었다. 살인을 저지른 사람이 무학의 경지에 오를 수 있을까? 그것도 남들보다 빨리? 납득하기 어렵다. 제자들의 항의를 들은 붓다가 게송으로 말했다.

열반을 깨닫는 것과 관련 없는
무의미한 게송 백 편을 읊어 주는 것보다
단 한 편에 지나지 않을지라도
듣는 이의 마음을 고요하게 해주는
게송을 읊어 주는 편이 훨씬 낫다.

전쟁터에서 백만 인을 정복하는 것보다
자기 자신을 정복하는 것이 참으로 위대한 것이다.

— 《법구경》 게송 102~103

살인은 다른 어떤 악행보다 죄가 무겁다. 심지어 꾼달라께시는 가족인 남편을 죽였다. 그러나 붓다는 살인조차 텅 빈 것으로 보았다. 천 가지 마음의 표상이자 분별의식으로 본 것이다. 모든 현상은 본질이 비어 있다. 그러니 죄를 지었더라도 죄라는 것을 찾아볼 수 없고, 삶과 죽음조차 실재가 아니다. 물론 세속에서 죄를 지으면 세속의 법에 따라 벌을 받아야 한다. 그러나 그것이 깨달음을 방해하는 요소가 될 수는 없다. 누가 어떤 죄를 짓고 어떤 벌을 받든 간에 모든 일의 본성이 공(空)하다는 사실은 달라지지 않기 때문이다. 붓다는 세속의 윤리와 법을 부정한 것이 아니라 존재의 본질을 이야기한 것이다.

> 이전에 저는 머리를 깎고 흙탕물을 뒤집어쓴 채 오직 한 벌의 옷만 걸치고 떠돌아다니며, 죄 아닌 것을 죄라 생각하고 정작 죄가 되는 것은 죄가 아니라고 생각했습니다.
>
> —《장로니게》게송 107

우리는 삶의 여정에서 온갖 일을 경험한다. 꾼달라께시에 버금가는 힘겨운 삶을 산 사람도 있을 것이고, 특별할 것 없이 평범한 삶을 사는 사람도 있을 것이다. 어떤 쪽이든 다를 바 없다. 잘 살거나 못 살거나 힘들게 살거나, 다 한여름 밤의 꿈처럼 허망한 생각이고 느낌이며 기억이다. 지금 어떤 일이 일어나고 있다는 생각, 집착이 없으면 현재도 미래도 있을 수 없다. 사랑에 빠지는 것도, 궁지에 몰려 누군가를 죽이는 것도, 잘못된 견해에 물드는 것도 모두 하나의 일이다. 본성은 지금 이 순간 텅 빈 마음일 뿐이다. 꾼달라께시는 이 하나의 일을 깨달아 천 가지 삶의 굴레에서 해탈했다.

덕산 선사의　　　　　떡 파는
말문을　　　　　　　할머니
닫아 버린

떡을 파는 평범한 할머니가 선지를 드날린 이야기가 있다. 덕산선감(德山宣鑑) 선사는 사천성 검남 출신으로 성은 주 씨이다. 20세에 출가하여 처음에는 경과 율을 공부했고, 나중에 《금강경》에 정통하게 되어 '주금강(周金剛)'이라고 불렸다. 그는 항상 이렇게 말했다. '한 가닥의 털이 큰 바다를 삼켜도 바다의 성품은 줄지 않고, 겨자씨를 칼끝에 던져도 칼끝은 까딱하지 않으니, 배움과 배우지 않음은 오직 자신만이 안다.'

　자신의 공부에 자신만만해하던 덕산 선사는 남방에서 문득 깨닫게 하는 가르침이 널리 퍼지고 있다는 소식을 들었다. 그는 허투루 가르침을 펴는 무리에게 본때를 보여 주겠다는 심사로 《금강경》 주석서를 짊어지고 길을 나섰다. 그가 향한 곳은 예주 예양 용담사(龍潭寺)로 용담숭신(龍潭崇信) 선사가 그곳에서 학인들을 가르치고 있었다. 용담 선사는 떡 장사하는 집안 출신으로 경과 율을 공부하지 않고 스승 밑에서 단박에 깨달음을 얻은 사람이다. 그는 자신이 깨달은 방식으로 제자들을 지도하고 있었는데, 덕산 선사 입장에서는 그의 지도 방식이 몹시 못마땅했다. 평생 경전을 읽고 닦아도 모자랄 판에 아무런 노력 없이 깨달음을 얻는다니 있을 수 없는 일이었다. 이는 자신처럼 불철주야 노력하는 수행자를 비웃는 일이라고 여긴 덕산 선사는 자신이 배운 지식과 경험으로 용담 선사에게 매운 맛을 보여 주리라 마음먹었다.

덕산 선사가 예양에 이르렀을 때 점심때가 되어 허기를 느꼈다. 마침 용담사로 가는 길목에서 떡 파는 할머니를 만났다.

예양을 지나는 길에 떡 파는 노파를 만나서 점심(點心)으로 떡을 사려 했다.

노파가 물었다.

"짊어지고 있는 것은 무슨 책입니까?"

덕산이 말했다.

"청룡소초(靑龍疏抄)입니다."

"어떤 경을 강의합니까?"

"금강경입니다."

"한 가지 묻고 싶은 게 있습니다. 당신이 만약 대답을 한다면 점심을 거저 드릴 것이고, 만약 대답을 못 하면 다른 곳으로 가십시오. 경에서 말하기를 '과거의 마음도 얻을 수 없고, 현재의 마음도 얻을 수 없고, 미래의 마음도 얻을 수 없다'라고 했는데, 상좌께서는 어느 마음에 점을 찍으려 하십니까?"

선사는 말이 없었다.

—《선여인전》

이 할머니가 누구인지는 자세히 알 수 없다. 용담 선사의 어머니라는 설도 있지만 명확하지 않다. 다만 덕산 선사와의 대화를 통해 할머니의 안목이 보통이 아님을 짐작할 수 있다. 점심은 마음에 점을 찍을 정도로 적게 먹는다고 해서 점심(點心)이다. 할머니는 이 말에 빗대어 날카로운 질문을 던졌다. 평소 덕산 선사가 자신 있어 하는 《금강경》 구절에 담긴 참뜻을 물은 것이다.

뜻밖의 질문을 받은 덕산 선사는 답을 할 수 없었다. 한 번도 생각해 본 적이 없기 때문이다. 그는 문자의 이해와 해석의 차원에서 《금강경》에 능통했을 뿐, 실제 삶에서 그 뜻을 돌이켜 보지는 못했다. 그런데 출가한 사람도 아니요, 높은 지위에 오른 사람도 아닌 한낱 저잣거리의 평범한 할머니의 지혜가 공부깨나 했다는 스님 수준을 한참 뛰어넘어 있었다. 과거도, 현재도, 미래도 아닌 어느 마음에 점을 찍겠는가? 덕산 선사로서는 하늘이 놀라고 땅이 흔들릴 만한 질문이었다.

떡 파는 할머니에게 크게 한 방 얻어맞은 덕산 선사는 용담사로 향했다. 기대했던 것과 달리 절은 훨씬 초라했다. 그곳에서 용담 선사는 시봉드는 시자 한 명 없이 혼자 살고 있었다. 덕산 선사는 며칠간 용담 선사의 시봉을 들면서 기회를 엿보았다. 늦은 밤이면 찾아가 자신이 보고 들은 지식을 장황하게 늘어놓았다. 용담 선사는 말이 없었다. 온갖 주장을 내뱉는 외도 앞에서 붓다가 침묵을 지킨 것처럼 한마디 대꾸도 하지 않았다. 그러던 어느 날 밤, 덕산 선사가 짐을 챙겨 용담 선사의 방을 나오는데 문득 깨달음의 길이 열렸다.

선사(덕산)가 대답했다.

"어둡습니다."

용담이 촛불을 켜서 선사에게 건넸다. 선사가 받으려는 찰나, 용담이 훅 하고 입김을 불어 촛불을 꺼 버렸다. 이에 선사가 절을 하니 용담이 물었다.

"무슨 도리를 보았는가?"

"지금부터는 절대로 천하 노화상들의 말씀을 의심하지 않겠습니다."

그러고는 이어서 다음과 같이 물었다.

"용담의 소문을 들은 지 오래인데, 막상 와서 보니 못도 보이지 않고 용도 보이지 않을 때는 어찌합니까?"

용담이 대답했다.

"그대가 몸소 용담에 왔느니라."

이 순수한 말씀을 듣고 선사가 기쁨에 넘쳐 찬탄했다.

"설사 온갖 현묘한 변재를 다한다고 해도 한 터럭으로 허공을 재는 것과 같고, 세상의 중요한 기틀을 다한다고 해도 한 방울을 큰 골짜기에 던진 것과 같도다."

― 《조당집》

190

깨달은 사람이라면 특별한 이치를 말하거나 비범한 행동을 보여야 할 것 같은데, 용담 선사의 생활은 시골 노인의 일상처럼 평범하기 그지없었다. 아무런 특별함을 느끼지 못한 덕산 선사는 별것 없다는 생각에 짐을 싸서 돌아갈 작정이었다. 마침 밖이 어두워서 댓돌을 밝힐 촛불을 부탁하는 그의 말에, 그제야 용담 선사가 자신의 경지를 드러내 보였다. 용담 선사 역시 적절한 때를 기다리고 있었다.

덕산 선사는 온갖 지식과 생각에 취해 있었다. 그런 사람에게 덩달아 생각으로 떠들어 봐야 집착만 더할 뿐이다. 이에 노련한 선사는 덕산 선사가 생각을 떠나 직접 깨달음의 순간을 체험할 수 있도록 이끌었다. 촛불이 매개였다. 덕산 선사가 촛불을 받아들자 시야가 환해졌다. 그 순간 용담 선사가 전광석화처럼 촛불을 꺼 버리니, 다시 눈앞이 깜깜해졌다. 생각이 미처 상황을 이해하거나 파악하기도 전에 벌어진 일이다. 이를 통해 마침내 덕산 선사는 본성에 눈을 떴다. 생각 이전에, 지식 이전에 그 모든 것을 비추는 하나를 체험한 것이다.

깨달음은 자기 본성과 통하는 일이다. 지식은 그렇게 통하여 열린 공간에서 펼쳐지는 꿈과 같은 것이다. 애초 덕산 선사는 용담(龍潭)을 찾아왔으나, 사실 거기에는 연못도 없고 용도 없다. 텅 빈 데서 세상 만물이 분별되어 나올 뿐 한 물건도 찾을 수 없다. 그동안 덕산 선사는 근원이 비어 있음을 깨닫지 못한 채 알맹이 없는 지식에 사로잡혀 오만했던 것이다.

분별의 본바탕을 깨달으면 저절로 겸손해진다. 자기에게만 있는 본성이 아니기 때문이다. 모두가 하나의 허공과 같은 성품을 갖추고 있기에 자랑할 만한 일이란 게 없어진다. 이것은 배워서 아는 것도 아니고 갈고 닦아서 얻는 물건도 아니다. 지금 당장 자신의 생각, 감정, 보고 배운 지식에 집착하는 마음을 놓아 버리면 누구나 자각할 수 있다.

한 노보살님의 이야기다. 이분은 적지 않은 세월 동안 깨달음에 목말라 있었다. 높은 곳에 있는 깨달음을 얻기 위해 기초부터 불교를 공부해 나가리라 마음먹고 7년 동안 불교 대학에 다녔다. 그런데 공부를 할수록 깨달음이 점점 더 멀어지는 느낌이었다. 그러다 우연히 마음을 곧바로 가리키는 법문을 듣게 되었는데, 그 순간 멀어 보였던 깨달음이 눈앞에 다가온 듯했다. 하지만 손에 잡히지 않기는 마찬가지였다. 가까이 있어 보이니 오히려 더 감질나고 갑갑했다. 그러던 중 우리 선 공부 모임에서 눈앞이 밝아지는 체험을 했다. "어디에서 왔습니까?" 하고 내가 단도직입적으로 묻는 말에 노보살님은 "○○에서 왔습니다" 하고 사는 곳을 말했는데, 그때를 놓치지 않고 "○○에서 왔다는 그 한 생각이 일어나는 바로 여기!"라며 깨달음의 자리를 가리켰다. 순간 노보살님은 마음속 체증이 쑥 하고 내려가는 느낌을 받았다. 체험하고 보니 이렇게 쉬운 것을 그동안 어렵게만 생각하고 있었음을 알게 되었다.

사람들은 깨달음이 현실과는 아주 먼 고차원적인 곳에 있다거나 일반인은 범접할 수 없는 경지에 있다고 생각한다. 하지만 평범한 일상이 실은 그대로 깨달음의 순간이다. 커피를 마시고, 밥을 먹고, 숨을 쉬고, 여러 가지 감정을 느끼는 것. 이 다양한 현상들 가운데 변치 않는 것이 있다. 팔랑개비처럼 떠도는 마음을 멈추고 보면 비로소 그 바탕이 드러난다. 생각의 꽁무니를 쫓아다니지 말고 곧장 텅 빈 마음을 돌이켜 보기만 하면 되는 것이다.

덕산 선사는 그때서야 떡 파는 할머니의 물음이 무엇인지 깨달았다. 무엇이라고 할 물건이 하나도 없어서 과거도 비었고, 현재와 미래도 비었다. 어떠한 생각에도 머물 이유가 없고, 어떠한 장소도 고정되어 있지 않다. 어떤 말을 해도 어긋남이 없고, 어떤 행위를 해도 달라지지 않는다. 이러한 세계의 참모습을 깨달은 덕산 선사는 그동안 연구해온 《금강경》 해설서를 모두 불태워 버렸다. 깨달음은 지식 속에 있는 것이 아니었다.

말없이 두 손을   최련사
펼쳐 보인

당나라 말기, 광주 고시 출신의 왕심지(王審知)는 형인 왕조와 함께 혼란한 정세를 피해 지금의 복건성 지역으로 이주해 민(閩)나라를 세웠다. 896년 왕조가 당나라로부터 무위군절도사 자리를 인정받았는데, 다음 해 왕조가 죽자 왕심지가 지위를 이어받았다. 이후 907년 주전충이 당나라로부터 선양을 받아 후량(後梁)을 건국하자, 왕심지는 그 아래로 들어가 민왕에 봉해졌다. 그는 당시 낙후된 지역이던 복건을 개발해 크게 발전시켰는데, 특히 남해 교역으로 얻은 막대한 이익을 바탕으로 문인과 스님을 모아 문화를 진흥시켰다. 이때 설봉의존의 제자인 장경혜릉(長慶慧稜) 선사가 왕심지 일가의 후원을 받아 그곳에 머물고 있었다.

민나라에 최련사라는 여성이 있었다. 그녀는 민수(閩帥)의 처, 즉 민나라 우두머리 왕씨의 부인이었다. 이때 왕씨가 정확히 누구인지는 알 수 없다. 다만 관련 인물의 생몰연대로 추측해 보건대, 왕심지 내지 그의 뒤를 이어 차례로 권력을 잡은 장남 왕연한, 혹은 그 동생 왕연균일 가능성이 크다. 평소 최련사는 절을 위해 물품과 옷을 보시하는 등 불교에 관심이 많았다. 무엇보다 사람들에게 자신을 연사(練師, 도를 닦는 사람)라고 부르게 할 만큼 깨달음에 대한 열망이 컸다. 그녀가 장경 선사와 도에 관해 편지를 주고받은 일화가 전등서에 남아 있다.

최련사는 심부름을 하는 사자에게 옷과 물건, 그리고 편지를 부탁하며 선사에게 답장을 받아오라고 했다. 사자가 선사에게 가서 옷과 물건, 편지를 건네고 답장을 부탁했는데 선사는 달리 답장을 주지 않고 '연사에게 답장을 받으시라고 전하거라' 하는 말만 했다. 이 말을 전해 들은 최련사는 사자에게 다시 가서 답장을 받아오라고 일렀다. 사자가 다시 선사를 찾아갔으나, 이번에도 선사는 답장을 써 주는 대신 같은 말을 반복할 뿐이었다. 그 일이 있고 이튿날, 선사와 최련사가 고을에서 마주쳤다.

연사가 말했다.
"어제 대사께서 회답해 주셔서 고맙습니다."
대사가 말했다.
"어제의 회답을 다시 나에게 보여 주시오."
연사가 양손을 펴니, 민수(閩帥)가 대사에게 물었다.
"연사가 조금 전에 드린 서신이 대사의 뜻에 맞습니까?"
대사가 말했다.

"조금 비슷하군요."

민수가 말했다.

"대사의 뜻이 무엇이었습니까?"

대사가 가만히 있자, 민수가 말했다.

"대사의 불법이 깊고도 원대한 것이 불가사의하군요."

— 《우바이지》

'연사에게 답장을 받으시라고 전하거라.' 장경 선사는 답장을 써 주지는 않고 이 말만 반복했다. 보통 사람이라면 그 뜻을 헤아리기 어려운 행동이다. 그런데 최련사는 곧바로 알아듣고 다음 날 고맙다는 인사까지 건넸다. 짐작건대 도를 공부하는 사람으로서 최련사가 묻고 싶은 것은 단 하나뿐이었을 것이다. 이를 편지에 적어 보냈고, 장경 선사는 그녀가 원하는 답을 주었다. 곧바로 가리켜 보인 것이다.

　　말로써 도(道)를 이해하려고 하면 어불성설이다. 도에는 아무런 내용이 없기 때문이다. 이것이 도의 불가사의한 점이다. 알맹이 없이 알맹이를 맛보는 격이라고 할까. 만약 도라는 것이 따로 있다면 두 사람 사이에 주고받는 게 있었을 것이다. 하지만 장경 선사는 답장을 보내지 않았고, 최련사는 빈손을 펼쳐 보였다. 도란 이런 것이다. 두 사람 사이에 주고받는 무언가가 아니라 그 행위 자체이다.

　　월주의 대주혜해가 처음 마조를 참례했을 때, 마조가 물었다.

196

"어디에서 오는가?"

"월주의 대운사에서 옵니다."

"여기 와서 무엇을 하려 하는가?"

"불법을 구하러 왔습니다."

"자기의 보물 창고는 돌아보지 않고 집을 버리고 이리저리 다녀서 무엇 하려는가? 나의 이곳에는 한 물건도 없는데, 무슨 불법을 구한다는 것인가?"

이에 대주가 절하고 물었다.

"무엇이 저 자신의 보물 창고입니까?"

"바로 지금 나에게 묻는 그것이 그대의 보물 창고이니라. 그것에는 모든 것이 갖추어져 있고 조금의 부족도 없으며 사용이 자재한데, 무엇을 밖에서 구하고 찾는가?"

대주가 그 말을 듣고 본래의 마음을 저절로 알고는, 자기도 모르게 뛸 듯이 기뻐하며 절을 하여 감사를 표했다.

—《마조어록》

생각으로 도를 구하면 아무리 고생해도 찾을 수 없다. 반대로 당장 따지고 헤아리는 마음을 버리면, 일상에서 경험하는 모든 것이 도가 된다. 도는 특별한 것이 아니다. 갖은 고행과 애씀으로 얻어지는 것도 아니다. 마조 선사가 말하듯 각자 안에 있는 보물 창고이다. 바깥을 향한 모든 추구와 욕망이 멈추었을 때 환하게 드러나는 본래 마음이다.

"어제의 회답을 다시 나에게 보여 주시오." 장경 선사는 달리 받을 것이 없음을 알면서도 짐짓 최련사를 시험하고자 이렇게 말했다. 그녀는 말없이 두 손을 펼쳐 보였고, 선사는 그녀의 안목을 알아차렸다. '조금 비슷하군요[猶較些子]'라는 말은 인정하는 말을 잘 하지 않는 선사들이 긍정의 의미를 드러낼 때 자주 쓰는 관용적 표현이다. 선사들이 이런 모호한 표현을 사용하는 것은 법이 긍정과 부정의 대상이 아니기 때문이다. 법은 맞고 틀림이 없다. 옳고 그름도 없으며, 어떤 말로도 적확하게 표현할 수 없다. 그래서 '조금 비슷하다' 정도의 부정하지 않는 말로써 표현하는 것이다.

> 텅 비고 고요해
> 한 물건도 없지만
> 신령스러운 그 빛
> 온 누리를 비추네.
> 몸도 없고 마음도 없지만
> 나고 죽고 나고 죽으니
> 가고 오고 오고 감에
> 걸릴 것 하나 없네.
>
> — 함허득통(涵虛得通)

최련사는 한 나라의 왕비로 세속적인 지위에 머무르지 않았다. 대신 모든 것을 떠난 마음 바탕을 밝혔다. 자고로 가진 것이 많을수록 내려놓기 어려운 법인데도, 그녀는 욕심을 버리고 텅 빈 곳으로 들어갔다. 절에 물품을 시주하는 등 왕비로서 자비로운 일을 많이 한 그녀였지만, 무엇보다 큰 자비행은 도를 깨달아 스스로에게 참된 자유를 선물한 일이다.

마음도
부처도
물건도
아니라네

적수도인

적수도인(寂壽道人)은 원오극근 선사의 여성 제자 중 한 사람이다. 그녀는 원오 선사가 사천성 성도의 소각사(昭覚寺)에 머물 때 선사를 참배하고 깨달음을 얻었다. 사천성 성도는 적수도인의 고향이기도 하지만 원오 선사의 고향이기도 하다.

출가 후 경전을 공부하던 원오 선사는 시간이 지나면서 경전 공부에 한계를 느꼈다. 지식으로 이 공부가 대략 어떤 것이라는 그림을 그릴 수는 있었으나, 말 그대로 그것은 그림에 지나지 않았다. 이에 실참 공부에 들어가기로 마음먹고 전국의 여러 선지식을 참배했다. 대위철, 황룡조심 선사 등을 만나 그들로부터 법기(法器)로 인정받은 그는 자못 우쭐한 마음이 들었다. 한데 오직 오조법연(五祖法演) 선사만은 그를 인정하지 않았다. 자신이 아무리 묘한 대답을 해도 받아들여지지 않자, 원오 선사는 불순한 말을 남기고 떠나려 했다. 이때 오조 선사가 말했다.

"그대가 열반당(涅槃堂, 병이 깊은 스님이 거처하는 곳)에 들어가 눈앞의 촛불이 가물가물하게 보일 때 너의 공부를 다시 점검해 보거라."

오조 선사를 떠난 원오 선사가 금산에 이르렀을 때 극심한 열병에 걸렸다. 병이 극에 달하자, 자신의 공부가 아무 힘이 없음을 알게 되었다. 머리로 이해해서 아는 공부, 알음알이가 남아 있는 공부로는 삶과 죽음의 문제를 해결할 수 없었다. 이에 원오 선사는 그동안 배운 것을 전부 내려놓고 오조 선사 아래로 들어가 실질적인 공부를 했다. 마침내 깨달음을 얻은 원오 선사는 고향인 사천성으로 돌아와 소각사에 머물렀다. 그곳에서 잠시 대중을 교화하다가 다시 남쪽으로 내려가 여러 곳에서 가르침을 편 후 말년에 다시 소각사로 돌아와 입적했다.

따라서 적수도인이 소각사에서 원오 선사를 만난 시기는 선사가 깨달음을 얻은 직후 이거나 말년의 어느 때일 것이다. 《오등회원》, 《속전등록》, 《종문무고》, 《우바이지》, 《선여인전》 등에 원오 선사가 소각사에 머물 때 적수도인이 그 명성을 듣고 찾아왔다는 기록이 있는 것으로 보아 아마도 말년이 아닌가 짐작된다.

적수도인의 성은 범(范) 씨이다. 과부로 오래 살았는데, 깨달음을 얻기 위해 평소 눕지도 않고 항상 앉아서 좌선했다. 그런데도 별 소득이 없었다. 마침 원오 선사가 소각사에 머물고 있다는 소식을 듣고 선사를 찾아가 가르침을 받아보기로 했다.

원오 선사가 가르치기를 '마음도 아니고 부처도 아니고 물건도 아니니, 이것이 무엇인가?'를 참구하라고 했다. 도인은 가르침처럼 했으나 오랫동안 계합한 바가 없었다. 다시 원오 선사에게 물었다.

"이것 외에 어떤 방편이 있으면 제게 알려 주십시오."

원오 선사가 말했다.

"한 개의 방편이 있으니, 마음도 아니고 부처도 아니고 물건도 아니다."

도인이 깨달은 바가 있어 말했다.

"원래 이렇게 가까이 있었구나."

— 《선여인전》

'마음도 아니고 부처도 아니고 물건도 아니다'라는 말은 당나라 때 마조도일(馬祖道一) 선사가 처음 한 말이다. 마조 선사는 학인들이 도를 물으면 '이 마음이 부처다'라고 말하곤 했다. 하지만 항상 이 말만 고집한 것은 아니다. 마음이 부처인 줄 아는 학인들에게는 '마음도 아니고 부처도 아니다'라고 말했고, '이것'이 부처인 줄 아는 학인들에게는 '어떤 물건도 아니다'라고 말했다.

깨달음 공부의 핵심은 만물의 근본, 모든 것의 본성에 눈을 떠서 그것과 하나가 되는 대전환이다. 눈앞의 세계를 포함해 삶의 모든 것, 내 존재 자체의 근본은 하나이다. 이것은 저 밖에 따로 있는 것이 아니다. 일상생활이 모두 여기에서 펼쳐지고 있다. 이 사실을 스스로 깨닫지 못하고 있으니, 마조 선사가 '마음이 곧 도'라고 말한 것이다. 세상에 마음 없는 사람은 없다. 우리는 모두 마음을 쓰며 살고 있다. 그러니 우리에게 익숙하고, 우리 삶과 동떨어져 있지 않은 그 '마음'을 먼저 돌이켜 보라고 한 것이다. 이 말은 곧, 도란 밖에서 찾을 필요가 없다는 뜻이기도 해서 바깥을 향한 추구를 멈추게 한다.

일단 한번 이 가르침을 듣고 자기 마음에 관심을 갖기 시작하면, 보고 듣고 느끼고 아는 마음자리에 눈뜨게 된다. 생각이든 감정이든 다 마음에서 흘러나오고, 보고 듣고 느끼는 모든 것이 자기 경험임을 깨닫게 된다. 이 사실에 밝아지면 현상이 따로 존재한다는 고정관념에서 벗어나기 시작한다. 그런데 마조 선사의 방편은 여기서 멈추지 않는다. 마음이 도라는 것을 알아 마음을 쉬고 멈추었더라도, 그 '마음'이란 것을 붙잡고 있으면 아직 확실히 초점이 맞은 것이 아니다. '마음이 도'라는 분별이 남아 있기 때문이다. 진정한 마음은, 마음이라는 한 생각마저 다 비워진 마음이다. '마음이 도'라는 이해나 규정조차 송두리째 사라진 적멸의 자리에서 온갖 것이 그대로 드러난다.

평소 무언가에 의지하며 사는 데 익숙한 사람들은 밖에서 구하던 것이 분별심에 의한 착각이었음을 알고 난 뒤에, 이번에는 안에 있는 마음에 의지하려고 한다. '그래, 이 마음이야'라는 확신과 자기규정에 빠져드는 것이다. 이는 분별과 집착의 대상이 바깥 것에서 안의 것으로 바뀐 것일 뿐, 무언가 존재한다는 전제를 갖고 있다는 점에서 동일한 분별망상이다. 깨달음은 마음을 찾아 그것을 붙잡는 게 아니다. 그렇게 붙잡을 마음조차 없음을 알고 어디에도 머묾이 없어지는 것. 그것이 바로 진정한 깨어남이다. 마조 선사와 원오 선사가 하나같이 마음도, 부처도, 물건도 아니라고 말한 이유가 여기에 있다.

마음이 부처라는 말은 당시 널리 퍼져 있던 방편적 가르침이었다. 그런데 이 말에 사로잡힌 사람이 많았다. 적수도인 역시 그랬다. 그런 그에게 '마음도 아니고 부처도 아니고 물건도 아니라'라고 하니 말문이 막힐 수밖에 없다. 곰곰이 살펴봐도 도무지 알 수가 없자, 적수도인은 원오 선사에게 다른 길을 제시해 달라고 요청했다. 그러자 원오 선사가 다른 좋은 방편이 있다며 한다는 말이 예상치 못하게 앞서 한 말과 똑같은 소리였다. "한 개의 방편이 있으니, 마음도 아니고 부처도 아니고 물건도 아니다." 순간 적수도인은 깨달음을 얻었다. 같은 말을 두 번 듣고, 앞서는 깨닫지 못했는데 뒤에서 깨달았다. 이는 도란 말과 상관없는 일임을 보여 준다. 또 전에는 적수도인이 생각으로 안팎에서 무언가를 구했다면, 이제는 생각이 쉬어져 그 자리에서 곧장 체득하게 되었음을 말한다.

나도 처음 마음공부를 시작할 때 이런 분별 구조 속에서 한참을 헤맸다. '모든 것이 이 마음이다. 어떤 일이 일어나고 사라지더라도 눈앞에서 일어나고 사라진다. 모든 경험은 눈앞에 있다'라는 법문을 듣고 크게 공감했다. 멀리서 찾으려는 마음이 차츰 쉬어졌다. 그런데 모든 것이 마음 하나뿐이라고 하는 그 '마음'이 무엇인지 알 수가 없었다. 머리로는 이해하지만 시원하게 통하지 않았다.

그런 분리감 속에서 지내다가 어느 날 문득 스스로를 돌아보니, 여전히 경계에 마음이 가 있는 게 보였다. 법문을 들으면 그 내용에 빠지고, 길을 가리키는 손가락을 보면 그 손가락에 뭔가 있는 줄 알고 마음이 따라갔다. 그렇게 말과 사물에 끌려다니는 그 마음마저 내려놓으니, 그때서야 눈앞이 밝아졌다. '아! 이 일이구나' 하는 체험이 일어났다. 그러나 이것 역시 아직 부족한 공부라는 것을 시간이 지난 뒤에야 알았다.

마음이 있으면 마음이 아닌 것이 자동적으로 생겨난다. 마음을 지키고자 하면 마음 아닌 것들을 의식하게 되기 때문이다. 마음이니, 부처니, 법이니 하는 것들이 따로 존재한다는 생각이 마음 아닌 것, 범부, 비법을 동시에 만들어 낸다. 이 사실을 그때는 미처 몰랐다. 오랜 시간이 지나 스스로 분리를 자초하고 있었음을 깨닫고 난 후에야 이원성으로부터 벗어나는 대전환을 맞이할 수 있었다. 의지하는 모든 것이 사라지니 본래가 해탈이었다.

원오 선사는 지식에 의지해 공부하다가 죽음을 목전에 두고 잘못을 깨달았다. 적수도인은 생각으로 마음을 찾고 부처를 찾다가 생각을 멈춘 순간 본래 자리를 깨달았다. 붓다는 '생각으로 여래의 원만한 깨달음의 경계를 헤아려 보는 것은 마치 반딧불을 가지고 수미산을 태우려는 것과 같다'라고 말했다. 알음알이는 삶과 죽음, 길흉화복의 경계에서 아무런 힘을 쓰지 못한다. 오히려 그 알음알이를 버릴 때 어떤 현상에도 흔들리지 않는 법성이 드러난다. 지금 이 순간, 일상을 떠나 있지 않은 이것 말이다.

수 행 은
짓 는 것 이
아 니 라
깨어나는 것

마음,
이를 정복한 자에게는
최고의 벗,
그러지 못한 자에게는
최대의 적.
-

바가바드 기타

당신이
타고 있는
소를
따라가라

평전수

9세기 조사선의 중흥기에 대표적인 선사가 임제의현(臨濟義玄)과 덕산선감이다. 이들의 이름을 딴 '임제할'과 '덕산방'이 조사선의 방편으로 널리 회자되었는데, 할은 고함을 뜻하고 방은 몽둥이를 말한다. 임제 선사는 4종의 할을 사용해 학인들을 교화했고, 덕산 선사는 학인들을 지도할 때 자주 몽둥이로 때렸다.

두 선사는 여성 도인들과도 인연이 깊었다. 덕산 선사는 떡 파는 노파와 선문답을 계기로 자성을 직접 깨닫는 공부로 나아갔고, 임제 선사는 깨달음을 얻은 후 행각을 다니는 길에서 몇몇 여성 도인을 만났다. 임제 선사가 만난 사람들 가운데는 그에 뒤지지 않는 안목을 보인 여성이 더러 있었다. 문을 닫아 버린 할머니[閉門婆], 봉림의 할머니[鳳林婆] 등 선사를 만나 뒤지지 않는 문답을 한 여성이 있었고, 모범적인 행을 보여 선사의 공부가 깊어지는 데 도움을 준 여성도 있었다.

임제 선사가 여러 선사를 찾아다니며 공부를 다질 때 평전보

안(平田普岸) 선사를 찾아간 일이 있었다. 평전 선사는 홍주 사람으로 생몰연대는 알 수 없다. 그는 백장회해에게서 깨달음을 얻은 뒤 천태산의 빼어난 경치에서 가끔 성현이 난다는 말을 듣고 천태산으로 들어갔다. 그곳에서 띠집을 짓고 숲 아래서 조용히 살았는데, 시간이 흐르면서 여러 사람이 찾아오자 평전선원을 짓고 사람들을 가르쳤다.

"신령한 광명이 어둡지 않아서 만고에 빛나니, 이 문에 들어오려면 알음알이를 두지 마라[神光不昧 萬古徽猷, 入此門來 莫存知解]." 절의 불이문을 통과할 때 양옆에 이런 문장이 새겨진 주련을 보게 된다. 본성의 빛이 언제나 어둡지 않아서 어디서나 항상 빛나고 있으니, 이 마음을 깨달으려면 어떠한 알음알이도 두지 말라는 말이다. 이 유명한 문장을 남긴 사람이 바로 평전 선사이다.

조금의 알음알이가 남아 있어도 본성을 가려서 깨달을 수 없다. 절은 이러한 우리의 본성을 상징적으로 보여 주는 가람 배치를 하고 있다. 법의 수장고인 절 안으로 들어가려면 먼저 분별망상이라는 마귀를 항복받아야 한다. 그래서 일주문을 지나 천왕문을 통과할 때 사천왕이 눈을 부라린 채 뚫어지게 보면서 우리의 분별심을 발로 밟아 항복시킨다. 대개 사천왕은 부릅뜬 눈, 잔뜩 치켜올린 검은 눈썹, 크게 벌어진 빨간 입 등 무서운 얼굴을 하고 있다. 또 손에는 큼직한 칼이나 무기를 들었고, 발로는 마귀를 짓밟고 있다. 사천왕의 발밑에 깔린 마귀들은 고통에 일그러진 얼굴로 신음하는 모습으로 그려진다. 이는 우리가 보고 듣고 느끼고 아는 대상이 곧 마귀임을 알아 스스로 이를 항복시키라는 뜻을 담고 있다. 우리가 본성을 깨닫지 못하는 이유는 보고 듣고 느끼고 아는 대상에 사로잡혀 있기 때문이다. 이런 대상에 사로잡히지 않으면 본성은 저절로 드러난다.

평전 선사가 선원을 열고 학인들을 지도할 때, 그의 형수도 함께 생활하며 공부했다. 어느 날 임제 선사가 평전 선사를 찾아가는 길에 밭에서 소를 모는 한 여인을 만났다.

평전수(平田嫂)는 평전안 선사의 형수이다. 임제가 안 선사를 방문하는 길에 형수가 밭에서 소를 모는 것을 보았다. 임제가 물었다.

"평전으로 가는 길이 어디입니까?"

형수가 소를 한번 때리고는 말했다.

"이 짐승이 이르는 곳으로 가십시오. 길이라면 알지 못합니다."

임제가 또 물었다.

"평전으로 가려면 어디로 가야 합니까?"

형수가 말했다.

"이 짐승은 다섯 살인데도, 오히려 쓸 수 없습니다."

임제가 속으로 중얼거렸다.

'이 사람 이상하군. 쉽게 못과 쐐기를 뽑게 하려는 뜻이 있구나.'

안 선사를 만나게 되었다.

안 선사가 물었다.

"조금 전에 내 형수를 보지 못했는가?"

임제가 말했다.

"이미 받아 마쳤습니다."

— 《선여인전》

평전(平田)은 평전 선사가 거처한 지역이기도 하지만 '평평하여 좋은 땅'을 의미하는 중의적 표현이다. 임제 선사가 평전 선사 있는 곳을 물었다. 그런데 평전수는 평전 선사가 있는 장소가 아닌 마음 땅을 가리켜 보였다. 진정한 평전 선사는 바로 마음 하나이기 때문이다. 만약 평전 선사라는 인물을 따로 두고 찾는다면, 자신의 분별에 의지해 도를 구하는 격이어서 영원히 만날 수 없다. 그러나 알음알이를 따라가지 않으면, 이 말 그대로가 평전 선사이고 평평한 우리 자신의 마음 땅이다. 이 말을 알아들어야만 진정으로 평전 선사를 찾아온 뜻을 이룬다.

아마 많은 사람이 평전선원을 찾았을 것이다. 그때마다 평전수는 마치 사천왕이 절로 들어가는 선객의 분별망상을 감별하듯, 선원 입구에서 마음 밭을 갈며 문지기 역할을 했을 것이다. 그녀는 밭을 가는 소를 한 차례 때려 보이고는 곧바로 이 소를 따라가라고 한다. 그런데 이 소와 소가 가는 길은 말로 표현할 수 없다. 알 수 있거나 말할 수 있는 대상이 아니기 때문이다. 몸소 보고 스스로 자기 소를 따라가야 한다. 우리는 모두 소를 타고 있다. 소가 상징하는 본래 마음이 없다면, 우리는 한걸음도 뗄 수 없고 이 세계도 드러날 수 없다. 이것이 평전수가 밭을 가는 소에 비유해 이른 말의 참뜻이다. '당신이 타고 있는 소를 따라가라.'

우습도다. 소 탄 자여!

소를 타고 다시 소를 찾는구나!

— 소요태능(逍遙太能)

이 시가 말하듯, 우리는 모두 이 마음 가운데서 온갖 행위를 하면서도 다시 이 마음을 찾으려 헤매고 다닌다. 그러나 모든 것이 이미 이 마음 안의 일이어서 다시 찾을 수 없다. 오히려 안팎으로 찾는 마음을 멈출 때 비로소 저절로 드러나게 된다. 모든 모습의 본바탕을 깨달으면, 그동안의 어리석음에 저절로 웃음이 나온다. 평전수는 꼬집으면 아프고 움직이면 이렇게 분명하지만, 모양도 없고 분별도 되지 않아 달리 알 길이 없는 이 하나를 가리켜 보인 것이다.

임제 선사가 짐짓 모른 체하며 다시 묻자 그녀는 '이 짐승은 다섯 살인데도 오히려 쓸 수 없습니다'라고 답한다. 한 살일 때나 두 살일 때나 백 살일 때나 이 마음은 늘 똑같다. 그러나 이것은 내가 손쓸 수 있는 대상이 아니다. 삶의 모든 모습이 이것이지만, 이것을 따로 떼어내 통제하거나 바꿀 수는 없다. 손을 쓰려는 마음이 이것이고, 손을 쓰는 것이 이것이며, 손쓰는 대상이 이것이기 때문이다. 어떤 행위를 하든 어떤 상태에 있든 분리된 어떤 것이 아니다.

임제 선사는 황벽 선사와 대우 선사 사이를 오가며 마음을 깨달았지만, 여전히 스스로 분명하지 않아 여러 선사를 찾아다녔다. 이렇듯 의심이 남아 있다면, 그 장애를 극복하기 위해 안목이 밝은 사람과 만나야 한다. 이를 통해 스스로 분명해지는 경험을 해야 한다. 그런 과정을 거쳐야 쇠가 단련되고 여러 가지 광물질이 섞인 돌에서 순금을 뽑아내듯 공부가 순일무구해진다. 깊게 박힌 의심의 못과 추구의 쐐기풀을 뿌리째 뽑지 않으면 생사고락의 세파 속에서 힘을 얻지 못한다. 모든 분별이 사라져 이것 하나만 우뚝할 때, 그때 내면에 연금술과 같은 변화가 일어나 이전과 다른 차원의 삶이 펼쳐진다. 완전한 깨달음, 완전무결한 상태에 대한 갈망마저 모두 사라져 내면 깊은 곳에서 모든 추구가 끝이 난다. 평전수는 분별의 못과 쐐기풀을 뽑아 버리라고 일렀고, 임제 선사는 그녀의 말을 금방 알아들었다.

내가 마음공부를 시작할 때 '눈앞의 사물이 모두 실체가 없다'라는 말이 실감 나지 않았다. 경전과 어록에서, 또 안목 밝은 사람들이 하나같이 모든 것에는 자성이 없다고 말하는데도 그 말이 마음속에 들어오지 않았다. 차나 커피를 마실 때면 손에 든 머그잔을 만지작거리며 '이것이 존재하지 않는다니……' 하고 속으로 생각했다. 내가 느끼는 사물의 존재감은 너무나도 분명했다. 그때마다 '내 생애 깨달음은 없겠구나' 하고 좌절하곤 했다. 작은 컵 하나도 극복하지 못하면서 '나'라는 존재를 극복할 수 있을 리 만무했다. 그러나 마음공부를 놓지 않고 꾸준히 하다 보니 그 말의 진의를 알게 되고 수긍하게 되었다. 더 이상 차를 마실 때 손에 잡히는 컵의 물질감에서 존재라는 생각을 하지 않게 되었다. 그것은 그냥 손에 잡히는 감각이고, 그 감각에 대한 해석일 뿐이다. 그동안 감각과 사유를 순식간에 버무려 존재로 만들어 버리고는 그 느낌을 존재의 기준으로 삼아 집착해 왔음을 알았다. 그것은 지금 이 순간 텅 빈 마음의 분별로써 일어나는 허망한 의식이었다. 내가 독립된 어떤 물건을 만지는 것이 아니라, 감각이 일어나고 사유가 일어나고 마음이 일어나는 것이다.

이처럼 마음공부란 참으로 미묘하고 불가사의하다. 몇 년 전만 해도 너무도 당연한 존재였던 것이 지금은 환상과 같은 일이 되었다. 본래 실체가 없는 일인데, 살면서 보고 들은 것을 진실하다고 집착하고 있었다. 컵뿐만 아니라 모든 사물, 산하대지, 내 몸, 내 마음이라는 것이 지금 이렇게 일어나는 감각과 사유와 감정의 결합이다. 지금 그 모습 그대로 허공과 같다. 직접 공부에 참여해 본성을 자각하고 그것과 합일되는 체화의 경험을 해보지 않으면 알 수 없는 경계이다.

존재는 사람이 만든다. 존재는 생각과 욕구가 만든다. 존재는 이름이 존재일 뿐 존재가 아니다. 세상 모든 것이 그렇다. 마음에서 일어나는 망상에 대한 분별집착은 뿌리 깊은 못과 같고 쐐기풀과 같다. 그러나 그것은 진실한 것이 아니기에 깊이 성찰하고 살펴보면 어느 순간 망상의 뿌리가 밝혀진다. 세상 모든 존재의 허울이 벗겨진다. 평전 선사의 형수, 평전수는 그 일을 하고 있다. 임제 선사 또한 망상심에서 깨어나는 길을 가고 있다. 이것은 소를 잘 길들이는 일이며 밭을 가는 일이다. 오직 소만을 바라보고 다른 것을 보지 않으면, 이내 소도 없어지고 길도 사라진다. 가는 자도 허공 속으로 녹아든다.

이 짐승은 쉽지 않으니 본래 사나운 뿔에 무딘 발톱이네.

오늘 배고프면 밥을 먹고 배가 부르면 잠을 자니,

설령 깨쳤다 하더라도 코를 꿴 고삐를 당길 뿐이다.

눈이 닳도록 등 가득 비추어 어리석음을 매질하고 어리석음을
매질해도,

한 해 한 해 이 짐승을 쓰기가 어렵다.

— 감산덕청(憨山德淸)의 평,《우바이지》

법의   향산불통
즐거움마저
놓아 버린

송나라 때 지금의 사천성에 속하는 수녕부 향산(香山)에 불통(佛通)
이라는 비구니가 있었다. 향산불통은 석문원역(石門元易) 선사의 법
을 이었는데, 석문 선사는 조동종 부용도해(芙蓉道楷) 선사의 법제
자이다. 석문 선사의 생몰연대는 전해지지 않는다. 향산 선사 역시
마찬가지다. 다만 부용 선사와 그의 대표 제자인 단하자순의 생몰
연대를 통해 향산 선사가 살았던 시기가 대략 12세기 중후반임을
짐작할 수 있다. 향산 선사에 대한 기록은《오등회원》,《가태보등
록》,《속전등록》에 같은 내용이 실려 있다. 처음에 그녀는《묘법연
화경》을 지녀 외웠다고 하는데, 그러던 중 문득 깨달은 바가 있었
다. 홀로 공부하다가 나중에 양주의 석문 선사를 찾아갔다.

수녕부의 향산 비구니 불통 선사는 묘법연화경[蓮經]을 외우다
가 깨달았다. 석문을 찾아뵙고는 말했다.
"성도를 먹을 수 없습니까? 수녕을 먹을 수 없습니까?"

석문이 주장자로 때려 내쫓으니 불통이 문득 깨닫고는 말했다.

"영화로운 자는 스스로 영화롭고, 감사한 자는 스스로 감사하네. 가을이슬 봄바람을 즉시 집착하지 않는 것이 좋다네."

석문이 옷소매를 털고 방장으로 돌아가니 선사 역시 돌아보지 않고 나왔다. 이로 말미암아 세속 사람들이 우러러 따랐으며, 법을 얻은 자가 무리를 이루었다.

—《오등회원》14권

자기 마음은 자기밖에 깨달을 수 없다. 마음은 둘이 아니어서 굳이 자기 마음이라고 말할 필요가 없다. 다만 우리가 자꾸만 밖에서 마음을 찾기에 자기 마음을 밝히라고 방편으로 말하는 것이다. 이 마음은 보고, 듣고, 느끼고, 아는 일상생활 속에 있다. 눈앞의 일에 관심을 갖다가 문득 그 경계에 마음이 없으면 본성이 저절로 드러난다. 마치 소가 뒷걸음질 치다가 쥐를 밟듯 예기치 않은 순간 깨닫게 된다.

자기 마음을 보게 되면 고향 땅에 도착한 것 같고 가족을 만난 것 같다. 그래서 옛 선사들은 십자대로의 수많은 군중 사이에서 자신의 부모 얼굴을 알아보는 것처럼 금방 알게 된다고들 했다. 부모 얼굴은 보면 금방 안다. 마음도 이와 다르지 않다. 그동안 미처 우리 스스로 돌아볼 생각을 못 했던 것이지, 결코 낯설거나 이질적인 것이 아니다. 늘 하나로 살았지만 이것을 돌아보지 않았고, 이것이 전부라는 깨달음이 없었다.

마음공부를 하다가 문득 경계에서 벗어나는 체험을 하면 스스로 이것이 '그동안 찾아온 마음이구나!' 하는 기쁨을 얻는다. 이 마음이 드러나면 무거운 삶의 짐을 내려놓은 것 같은 홀가분함이 찾아온다. 현상 경계에 시달리다가 벗어난 듯한 자유가 있다. 생각이나 감정에 빠지지 않으면 마음이 가볍고 기쁨이 차오른다. 그래서 자꾸 생각을 피하게 되고 사람이나 시끄러운 세상사를 피하고 싶은 마음이 든다. 그러나 이것이 공부의 궁극은 아니다. 사람을 만나고 시끄러운 세상에 나아가서도 아무 일이 없어야 진정한 자유이다. 조용한 곳에서 고요해지기는 쉬우나 시끄러운 곳에서 고요해지기는 어렵다.

향산 선사가 석문 선사를 만났을 때 그녀는 법의 즐거움, 벗어남의 즐거움에 젖어 있었다. 자기 마음에 이런 상태가 깨달음이라는 감정과 관념이 남아 있었다. 이렇듯 경계를 떠난 마음을 따로 두고 있으면 공부가 자유자재하지 않다. 고요한 마음에 머물러 있을 때는 그것이 전부인 줄 안다. 한 번도 그것을 넘어선 경지를 만나보지 못했기 때문이다. 그러나 눈 밝은 사람을 만나면 이러한 경계에 있는 사람의 공부가 금방 들통난다. 그들도 다 경험해 본 여정이기 때문이다.

감정은 특히 벗어나기가 어려운 경계이다. 누구나 즐거움을 추구하고 괴로움을 싫어한다. 기쁨에 머물고 싶어 하고 슬픔은 피하고 싶어 한다. 마음공부 역시 삶의 괴로움에서 벗어나고 싶은 욕구에서 시작된다. 삶의 불안이나 불만족, 불쾌와 불평이 지금의 삶에서 벗어나고픈 욕구를 일으키는 것이다. 그런데 이 감정이라는 것은 대상에 대한 분별을 집착한 결과 일어나는 마음의 반응이다. 즉 실체가 아니다. 우리는 상대방이 존재한다고 여기고 그와의 관계 속에서 자기 뜻대로 되지 않을 때 우울과 분노를 느낀다. 이것이 깊어지면 우울증, 화병이라는 병증으로 나타난다. 병증은 그것을 겪고 있는 사람이 강하게 억압된 감정이나 해소될 수 없어 보이는 문제에 직면했다는 신호이다. 그런데 그 이면에는 분별의식이 도사리고 있다. 말하자면, 이 세계를 인정하고 나와 타인을 분리시킨 의식이 만들어 낸 감정이고 문제인 것이다.

'내 삶은 이래야 해', '이게 옳은 일이야', '세상은 부조리해', '저 사람은 왜 나를 존중하지 않지?', '가족들이 왜 나를 사랑하지 않을까?' 우리는 이렇게 분별로 지은 세계 속으로 빨려 들어가 스스로 옳다고 여기는 생각과 가치 기준을 세운다. 그리고 그것이 현실과 맞지 않아 충돌할 때 분노, 우울, 불행, 불만족 같은 부정적인 감정을 느낀다. 그러나 좋고 나쁜 감정은 모두 마음에서 연기적으로 일어나는 실체 없는 현상이다. 기쁨과 슬픔은 한 뿌리이다. 즐거움과 괴로움은 시시각각 변화하며 마음 바탕에서 일어난다. 우리는 이 사실을 망각하고 자기 생각과 감정에 빠져 즐거움은 추구하고 괴로움은 배척하려는 헛된 시도를 한다. 하지만 본성은 마음 하나로 동일하다. 드러난 모양이 다를 뿐이다. 마치 동전의 양면과도 같아서 둘 모두를 놓아 버리지 않는 한 즐겁고 괴로운 감정의 고착 상태에서 벗어날 수 없다.

마음공부 과정에서 경험하게 되는 즐거움과 고요함도 마찬가지다. 경계를 벗어나는 체험을 통해 즐거움을 얻더라도 거기에 머물면 고착되는 것이다. 어떤 것도 머무는 바가 없는데, 특정한 상태에 집착해 그것이 옳다고 여기면 자기도 모르게 분별에 빠진다. 마음공부 과정에서 여러 가지 긍정적인 경계를 경험할 수 있지만, 모두가 벗어남의 경험이 불러온 여운일 뿐이다. 부처의 경계도 경계에 지나지 않는다. 향산 선사는 벗어남의 체험이 불러온 즐거움에 머물러 있었다. 자만하는 마음속에 '텅 빈 마음이 법이다'라는 고정관념이 남아 있었다.

성도와 수녕은 사천성 안에 있는 도시 이름이다. 이중 어떤 도시를 집어먹을 수 없느냐는 향산 선사의 질문에 석문 선사는 대답 대신 주장자로 때리며 그녀를 절 밖으로 내쫓았다. 노선사 눈에 햇병아리의 안목이 보였다. '모든 것이 마음 하나'라는 그녀의 생각을 간파한 것이다. 모든 것이 하나라는 사실을 진정 깨달았다면 '모든 것이 하나'라는 지견조차 세울 수 없다. 그것을 말할 자도 따로 있으면 안 된다. 말하는 자와 말하는 내용이 하나이면 법에 대해 아무 말도 할 수 없기 때문이다. 향산 선사는 진정으로 하나가 된 것이 아니라 자신이 경험한 내용을 생각으로 붙잡고 있었던 것이다.

공부를 하다가 문득 경계가 달라지면 눈 밝은 사람을 찾아가야 한다던 옛사람들의 간곡한 당부는 이와 같은 일을 걱정했던 까닭이다. 다행히 향산 선사는 임자를 제대로 만났다. 자신의 경지를 드러내 인정받으려다 본전도 못 찾고 절 밖으로 쫓겨났다. 그러나 그 덕에 더 큰 것을 얻었다. 어떤 지견도 용납되지 않고, 깨달음이라는 생각도 놓아 버리게 만드는 인연을 만났다. "성도를 먹을 수 없습니까? 수녕을 먹을 수 없습니까?" 이 말에서 석문 선사는 향산 선사의 자만심을 보았다. 모든 것을 비워 내어 어느 것도 내세울 것이 없는 경지가 되었다면, 이렇듯 저돌적으로 자신을 보이지 않을 것이다. 자신의 존재감을 드러내 보이고 싶은 마음이 일어나지 않을 것이다. 모든 것이 비워져 바람 따라 흔들리는 갈대처럼, 물 위를 떠가는 종이배처럼 허허실실할 것이다. 눈이 밝은 석문 선사가 그녀의 이런 자만심을 놓칠 리 없었다.

마음에 묘한 체험이나 이치를 품고 있는 사람은 자만에 빠지기 쉽다. 다른 사람이 얻지 못한 것을 얻었다는 생각이 남을 무시하게 만들고 자신을 높게 만들기 때문이다. 그러나 참된 깨어남은 세상의 모든 것뿐만 아니라 깨달은 사람이라는 자만에서도 깨어나는 일이다. 무엇이라고 말할 만한 것이나 마음에 품을 수 있는 것은 모두가 허망한 의식의 놀음이다. 아무것도 남아 있지 않은 경지에 도달해야 모든 것이 가로막힘 없이 되살아난다.

공부가 미진하면 이런 실수를 하게 된다. 나도 문득 마음을 자각한 뒤에 세상을 다 얻은 듯했다. 더는 배울 것이 없다는 자만심이 일었다. 그래서 이름난 선사를 찾아가 '마음이 무엇이냐?' 하고 당돌하게 물었다. 그러면서 내가 생각하는 답을 들려주지 않으면 안목이 없는 사람이라고 치부했다. 한참을 지나고 보니, 그분이 모든 답을 다 해주었음을 알게 되었다. 차 한 잔 대접하는 것이 답이었고, 무슨 말이냐며 되묻는 것이 답이었다. 실은 그분을 만나기 전에 이미 역력히 다 드러나 있었다. 세상 모든 것이 답이었다. 내 마음 밖에 타인은 존재하지 않는다. 타인은 지옥이다. 타인이 존재하는 순간 지옥문이 열린다. 본래 타인은 없다. 자기의 다른 얼굴일 뿐이다. 기쁨도 슬픔도 다 자기 일이다. 무엇을 알아도 자기뿐이며, 몰라도 자기뿐이다. 그런데도 내가 나를 보면서 옳다느니, 그르다느니, 여법하다느니 하고 중얼거리고 있었던 것이다. 참으로 우스운 꼴이다.

향산 선사는 석문 선사에게 내쫓김을 당하고 나서야 자기 실수를 보았다. 마침내 말 한마디 한마디, 법이라는 생각이 가져오는 즐거움마저 가을이슬이나 봄바람처럼 허망하다는 것을 깨달았다. 그녀가 문득 확실해진 안목을 내보이자 석문 선사 역시 두말하지 않고 떨치고 일어나 자신의 처소로 돌아갔다. 의지할 것이 아무것도 없는 본고향으로 간 것이다.

만약 참으로 도를 닦는 사람이라면
세간의 허물을 보지 않네.

만약 다른 사람의 그릇됨을 본다면
자기 잘못의 증거이네.

다른 사람은 그르고 나는 그르지 않다고 하면

내가 그른 것이니 스스로에게 허물이 있네.

다만 스스로 그릇된 마음을 버리면

번뇌를 쳐 없애 부서뜨리리.

— 《육조단경》

한 물건도
없는데
무엇을
씻는단 말인가

공실도인

공실도인(空室道人) 지통(智通)은 송나라 때 황실 도서관인 용도각의 관직을 맡은 범순의 딸이다. 뒤에 황룡오신이라고 불린 사심오신(死心悟新) 선사의 법제자가 되어 '황룡혜남-회당조심-사심오신'의 법맥을 잇는 임제종 황룡파의 비구니가 되었다. 그녀에 대한 기록이 《오등회원》, 《속전등록》, 《나호야록》, 《가태보등록》, 《지월록》 등에 자세히 소개되어 있다.

공실도인은 어렸을 때부터 총명하고 지혜로웠다. 커서 승상 소송의 손자와 결혼했지만, 오래지 않아 집으로 돌아와 출가하기를 바랐다. 하지만 아버지가 허락해 주지 않아서 어쩔 수 없이 홀로 마음공부를 했다. 《오등회원》을 보면 그녀가 화엄사상의 요체인 〈법계관〉을 읽다가 깨달았다고 전한다. 그러나 《나호야록》은 그녀가 사심 선사를 만나 깨달음을 얻었다고 기록하고 있다. 어떤 것이 사실인지 명확히 알 수 없으나, 깨달은 뒤 그녀가 지은 오도송을 보면 〈법계관〉의 영향을 많이 받았음을 알 수 있다.

드넓은 티끌 세계 가운데 본체는 한결같고,

종횡으로 번갈아 가며 비로자나의 도장을 찍는다.

온갖 물결이 물이지만 물결이 곧 물은 아니고

모든 물이 물결을 이루지만 물은 제각각 다르다.

사물과 나는 원래 다름이 없으니

삼라만상이 거울에 비친 모습과 똑같구나.

밝고 밝아 주체와 상대를 초월하고

분명하고 분명하여 진공(眞空)을 깨쳤네.

한 바탕에 많은 법을 머금음은

제석천의 법 그물에 얽힌 듯하네.

거듭거듭 다함이 없는 곳에

움직임과 고요함이 모두 원만히 통하는구나.

— 《오등회원》18권

공실도인은 뒤에 부모님이 모두 돌아가시자, 예장 분령위(分寧尉)로 임명된 오라버니를 따라갔다. 그곳 운암사(雲巖寺)에서 그녀의 공부에 일대 전환을 가져다준 스승 사심 선사를 만났다.

사심이 그가 얻은 바를 알아보고는 곧 물었다.

"상제보살(常啼菩薩)이 심장과 간을 판다고 하니, 누구로 하여금

반야를 배우게 함인가?"

지통이 말했다.

"당신이 무심하다면 나 또한 멈추겠습니다."

다시 물었다.

"한줄기 비로 기름지게 되나 뿌리와 싹은 다름이 있다. 음양이 없는 땅 위에 무엇이 나는가?"

지통이 말했다.

"하나의 꽃에 꽃잎이 다섯입니다."

다시 물었다.

"24시간 가운데 어디에 안심입명(安心立命)하는가?"

지통이 말했다.

"화상께서는 눈썹을 아끼는 것이 좋을 것입니다."

사심이 지통을 때리고 말했다.

"이 여인이 어지럽게 차제(次第)를 짓는구나."

지통이 절을 올리자 사심이 그를 그러하다고 여겼다. 이에 지통의 명성이 널리 퍼졌다.

— 《오등회원》 18권

사심 선사가 공실도인의 깨달음을 점검하는 선문답이다. 상제보살은 깨달음을 구하기 위해 자신의 심장과 골수를 바치려는 마음을 낸 보살로, 치열한 구도의 상징이자 중생을 위해 눈물을 흘리는 대자비심의 상징이다. 상제보살의 헌신은 누구의 깨달음을 위한 것이냐는 물음에 공실도인은 달리 말로 할 것이 없으니 분별해 묻고 답할 일이 아니라고 했다. 상제보살의 치열한 구도 정신과 헌신은 높이 살 만하다. 그러나 본래 모든 것은 뿌리 없는 나무이고, 고정된 것이 없는 무상한 것이다. 아무리 위대한 대자비심이더라도 따로 있으면 역시 분별이다. 그렇기에 따로 답할 일이 아니라고 한 것이다. 그러나 사심 선사는 이 대답에 만족하지 않았다.

문득 분별없는 자리를 자각해 경계를 떠난 성품에 통하긴 했으나 평등지만으로는 대자유를 누리지 못한다. 여전히 법이라는 잔상이 남아 있다. 미세하게 남은 분별망상을 거두어 내기 위해 집요하게 선문답이 이어진다. 공실도인 역시 사심 선사의 그물에 걸리지 않으려 한다. 당시 속담을 인용해 자꾸 쓸데없이 마음을 내어 말할 수 없는 것을 말하라 하면 눈썹이 빠지니 그만하라고 했다. 그러자 사심 선사가 한 방 때리면서 그녀 스스로 '말할 수 없다', '말이 아니다'라는 이치에 떨어져 있음을 일깨운다.

무심(無心)이 도라고 하지만 진정한 무심에는 무심조차 없다. 말할 수 없는 것이라고 하지만, 진정으로 말할 수 없을 때는 '말할 수 없다'라는 것조차 남아 있지 않다. 이런 관념조차 떨쳐 버려야 진정한 해탈이다. 아무리 이치에 맞는 말이라도 분별망상일 뿐이다. 모든 관념이 사라지고 나서야 못할 말이 없어진다. 끝내 공실도인이 모든 말이 사라진 자리를 보고 말없이 절을 올리자, 사심 선사 역시 수긍하는 바가 있었다.

이 공부는 살얼음판 위를 걷는 것과 같아서 조심스럽다. 머물

곳이 조금이라도 남아 있으면 아직 완전히 자유로운 것이 아니다. 보통 사람들은 공부하다가 자기도 모르게 일대 전환을 맞아 모든 것이 공함이 드러나더라도 다시 '공하다', '비었다', '마음뿐이다'라고 분별하며 거기에 집착한다. 이를 알아볼 수 있는 인연을 만나지 못한다면, 귀한 곳에 머물러 일상다반사의 일을 도외시할 것이다. 아무리 귀한 것을 취하더라도, 하나는 취하고 하나는 버리는 분별 망상에 빠져 있는 것은 똑같다. 본래는 귀한 것도 따로 없고 평범한 것도 따로 없다. 귀한 것이 평범한 것이고 평범한 것이 귀한 것이다.

오랫동안 마음공부를 해온 도반이 있다. 30여 년을 스승 밑에서 법문을 듣다가 모든 경계를 벗어난 자리를 밟은 분이다. 그녀는 세간에서 여러 가지 어려운 일을 겪었다. 결혼해서 자식을 낳고 행복하게 사는 듯했지만 행복은 오래가지 않았다. 일찍이 혼자가 되어 자식들을 책임져야 했다. 고단한 삶을 이겨 내려고 마음공부를 시작했는데, 신심이 지극했는지 오랜 시간이 지난 뒤 마음 땅을 밟았다. 날아갈 듯했다. 거기에 있으면 아무 일이 없었다. 공부가 무르익으면 행운도 따라오는지, 좋은 사람을 만나 재혼도 하고 일없는 나날을 보냈다. 더 공부할 것도 없이 평소 크고 작은 일이 생길 때마다 이 자리를 챙기면 금방 일이 없어졌다. 그러다가 인연이 되어 내가 하는 공부 모임에 참여하게 되었는데, 편안한 상태조차 분별경계라는 말을 듣고는 몹시 혼란스러워했다. 편안해지려고 마음공부를 했는데, 이것조차 놓아 버려야 한다는 게 믿기지 않았다. 하지만 스스로를 돌이켜 보니, 진정 법이 밝아졌다면 마음속에 아무런 노력이나 조작이 없어야 하는데 솔직히 그렇지 않다는 걸 알게 되었다. 겉으로는 아무 일 없어 보이지만 속으로는 편안함과 일없는 상태, 일없는 자리를 예민하게 챙기고 있었던 것이다. 스스로 아직 완전히 쉬어진 것이 아님을 알게 된 그녀는 편안함마저 분별망상임을 깨달아 놓아 버리는 길로 들어섰다.

운암사의 사심 선사를 찾아뵈었는데, 한마디 말끝에 요체를 깨닫고 게송을 지어 사심 선사를 찬탄했다.

"소양의 사심 선사
신령한 근원 매우 깊어
귀로는 색을 보고
눈으로 소리 듣는다.

범인은 명철하고 성인은 혼매하며
뒤로는 부귀하나 앞으로 가난하여
중생에 이익되고 만물을 제도하니
쇠를 녹여 황금을 만드는데
단청의 무리 지은 모양[徒狀]은 옛것도, 지금 것도 아니로다."

사심 선사가 그녀에게 물었다.
"'죽은 마음[死心]'은 참이 아닌데 어디에다 찬양하는가. 죽은 마

230

음을 찬양한다면, 죽은 마음이란 형상이 없다. 만일 허공을 찬양한다면, 허공은 자취가 없다. 형상과 자취가 없는데 무슨 말을 할 수 있을까. 만일 말을 할 수 있다면 친히 사심(死心)을 보리라."

공실도인이 응대했다.

"죽은 마음은 참이 아니요, 참은 죽은 마음이 아닙니다. 허공이란 형상이 없고 묘유(妙有)는 형체가 없습니다. 기절했다가 다시 소생하면 친히 사심을 볼 수 있겠지요."

이에 선사는 미소를 지었다.

— 《나호야록》상권

사심(死心)은 선사의 법호이자 분별하는 마음이 끝난 자리이다. 공실도인이 사심 선사에게 느낀 바가 있어 찬양하자, 선사는 '사심이라면 죽은 마음이다. 어떻게 사심을 보아 찬양할 수 있느냐'라고 물었다. 이에 공실도인은 죽어 버린 마음은 도가 아니지만, 진정 분별하는 마음이 완전히 죽어 버리면 저절로 살아나서 참된 사심을 볼 수 있다고 답했다. 분별심이 완전히 다하면 아무런 생명력도 없는 것이 아니라 모든 것이 한꺼번에 살아난다. 분별하는 마음이 완전히 부서지지 않았기 때문에 깨달음이니, 도이니, 무심(無心)이니 하는 것에 머물러 있는 것이다. 어떠한 것도 따로 있지 않게 되면 온갖 모양이 그대로 살아 있는 부처이다. 제불제불! 이것이 진정 사심 선사의 본래면목이자 이 세계의 참모습이며, 나 자신의 참모습이다.

공실도인이라는 법호는 황룡파의 고승 영원유청 선사가 지어 주었다. 그때부터 그녀 이름이 총림에 알려지게 되었다. 그녀는 정화(政和, 1111~1117) 연간 금릉에 살았는데, 원오극근 선사와 불안청원 선사도 그곳에 있었다. 거기서 안목이 맞아 두 선사가 칭찬했지만, 그녀는 말할 줄 모르는 사람과 같았다. 매우 담담하면서도 바른 견해를 드러낼 때는 치밀하고 엄격했다. 그 시절 그녀가 보령사(保寧寺)에 목욕탕을 마련하고 문 위에 이런 글을 지어 붙였다.

한 물건도 없는데 무엇을 씻는단 말인가? 티끌 하나라도 있다면 그것은 어디서 생겨났을까? 오묘한 이 하나를 말해 내야 모두가 목욕할 수 있으리라. 옛 신령스런 이는 등을 문지를 줄만 아는데, 보살은 언제 마음 밝힌 적 있었던고. '때 묻지 않은 곳[離垢地]'을 깨닫고자 하면 온몸에서 흠뻑 땀을 빼야 하리라. 물은 때를 씻는다고 모두 말하지만, 물도 티끌인 줄 어이 알리. 설령 물과 때를 한꺼번에 없앤다 해도 여기에 이르러 또 한 번 씻어야 하리라.

— 《오등회원》 18권

본래 무엇이라고 할 게 아무것도 없다. 모든 것이 마음에서 일어나는 환상과 같은 것이어서 더러운 것도 없고 깨끗한 것도 없다. 꿈을 꿀 때는 나도 따로 있고, 세상도 따로 있으며, 그 속에 사는 사람과 물건이 따로 있다. 그러나 본래 꿈은 나 하나가 짓는 세상이다. 이 몸과 마음뿐만 아니라 이 세상, 세상의 모든 존재를 바로 지금 이것이 이렇게 투사하고 있다. 마치 꿈을 꾸는 일과 닮았다. 꿈은 통째로 꿈이어서 꿈속의 내가 따로 없듯이, 지금 이 현실의 세상 역시 통째로 분별이어서 이 현실에 속한 한 개인은 진정한 내가 아니다. 현상과 마음이 둘이 아닌 채 통째로 드러나고 있다. 현실이 모두 모양 없는 마음 하나다. 앞뒤, 좌우, 안팎 모든 곳에서 틈 없이 하나임을 밝히는 것이 진정한 목욕이다.

분별심은 그리 호락호락하지 않다. 세속적인 것들을 분별하던 마음은 법을 깨달았다는 자만심으로 변신해 자꾸 법을 분별하고 합리화하려 한다. 그러나 우리의 본래 마음에는 아무런 분별이 없다. 아무런 이야기가 없고, 이유도 없으며, 결과도 따로 없다. 그런데도 사물을 분별하던 분별심이 다시 법을 분별하여 그럴듯한 환상에 잘 속게 한다. 본래 법은 깨끗한 것도 아니고, 선한 것도 아니며, 지고지순한 것도 아니고, 훌륭한 것도 아니며, 무색무취한 것도 아니다. 그 어떤 것도 아닌 모든 것이다. 바로 지금 여기에서 깨끗하거나 더러운 것, 세속적이거나 세속적이지 않은 것, 선하거나 악한 것을 모두 비추고 있다. 철두철미하게 보아야 한다.

공실도인은 세월이 흐른 뒤 고소산 서축원(西竺院)에서 유구(惟久)라는 법명을 받고 출가했다. 출가와 재가에서 밤낮으로 법을 물으러 왔는데, 그로 인해 도를 깨친 사람이 매우 많았다. 그리고 훗날 병이 나자, 송나라 선화(宣和) 6년(1124)에 게송을 쓰고 가부좌를 한 채 생을 마쳤다. 그녀는 《명심록》이라는 책을 세상에 남겼는데, 원오 선사가 서문을 쓰고 영원 선사와 불안 선사가 찬양하는 게송을 남겼다. 한편 《나호야록》을 쓴 효영중온 스님은 그녀를 이렇게 평가했다.

> 공실도인은 명문 집안에서 태어나 부귀에 얽매이지 않았고, 미련 없이 월상녀(月上女, 유마 거사의 딸)를 뒤따라 '위없는 깨달음'으로 달려 나갔다. 또한 비구니로서 철마(鐵磨, 위산 선사와 선문답했던 유철마 비구니) 스님과 쌍벽을 이루었다. 생사의 갈림길에서도 법력이 비범하였으니, 가을 서리 같은 매서운 지조가 없고서야 어떻게 그럴 수 있었겠는가.
>
> — 《나호야록》 상권

현묘함도
눈 속의
모래이네

각암도인

당나라와 송나라 때 중국 선종 문하에서 여성 도인이 많이 배출되었다. 이들은 사방을 다니며 도를 물었고, 선사들이 주석하는 사찰 근처에 살면서 꾸준히 공부했다. 다만 두 시기의 차이점이라면, 재가 여성 도인들에 대한 기록 유무이다. 당나라 때는 출가 비구니를 제외한 재가 여성들의 행적 내지 그 스승을 알 수 없었다. 이후 오가 칠종이라는 선종의 일곱 종파가 성립되고, 송나라 때 출판·인쇄 기술이 발달해 선종사서가 가문 중심으로 정리되면서부터 재가 여성 도인들의 행적과 그 스승에 관해 비교적 자세하게 알 수 있게 되었다. 출재가 여성이 스승과 인연을 맺어 직접 가르침을 받은 내용이 책에 실리고, 스승의 지도 아래 깨달음을 얻은 기연과 오랫동안 인연 맺으며 탁마한 사례가 기록되었다. 나아가 선종 역사서에 법제자로 당당히 이름을 올린 여성도 있다.

원오극근 선사에게는 명실도인, 적수도인, 각암도인(覺庵道人) 등 세 명의 여성 제자가 있었다. 이들의 성과 이름, 출신 지역뿐만 아니라 이들이 원오 선사에게서 깨달음을 얻은 사연이 비교적 자세하게 남아 있다. 그중 각암도인 조씨는 원오 선사가 법을 펼 때 만난 여성 법제자 중 한 사람이다.

각암도인 조씨는 건녕(지금의 복건성에 속함) 유찰원의 질녀이다. 어릴 때부터 결혼하지 않고 불법에 마음을 두겠다는 뜻을 가졌다. 원오 선사가 대중에게 들어 보일 때 말끝에 분명히 깨달았다. 원오가 말했다.

"다시 모름지기 본 바를 날려 버려야 비로소 자유를 얻는다."
조씨가 게송으로 답했다.

"기둥[露柱]이 횡골(橫骨)을 뽑고 허공이 발톱과 이빨을 희롱하니, 설사 현묘함을 알았다 하더라도 이는 오히려 눈 속의 모래이네."

— 《우바이지》

각암도인에 대한 기록은 《우바이지》 외에도 《오등회원》, 《선여인전》, 《속지월록》 등에 같은 내용이 실려 있다. 그녀는 어릴 때부터 세속적인 삶보다 진리의 세계에 관심이 많았다. 항상 마음으로 도를 그리워하고 숭상했다. 그러던 중 원오 선사를 만났는데, 그의 설법을 듣다가 말 한마디에 문득 깨달았다. 모든 것이 마음이고, 그 마음이 바로 지금 '이것'이라는 깨달음이 왔다. 도에 대한 이해를 넘어 문득 말문이 닫히고 분별이 멈추면서 본성을 자각한 것이다.

원오 선사는 그녀가 본래의 마음 땅을 밟았음을 알았지만 이를 인정하기보다 "다시 모름지기 본 바를 날려 버려야 비로소 자유를 얻는다"라며 당부의 말을 남겼다.

본래 마음을 깨달아 현상 세계의 분별에서 훌쩍 벗어난 곳을 보았다고 하더라도, 이것을 본 자와 본 것이 따로 없어져야 한다. 깨달았다는 마음이 남아 있는 것은 여전히 이원성에 떨어져 있는 경계이다. 보는 자와 본 것, 깨달은 자와 깨달음이 따로 없이 하나가 되면 저절로 자취가 사라진다. 주객이 둘이 아닌 하나가 되어야 걸림 없는 자유를 얻는다. 진정 마음을 깨닫고 이 사실에 분명해진다는 것은 어떠한 분별도 남아 있지 않은 경지이다. 그러나 오랜 세월 분별에 사로잡혀 살아온 보통 사람들은 본래 마음을 체험하더라도 분별심이 쉽게 사라지지 않는다. 체험할 때는 어떠한 생각에도 의지하지 않았지만, 시간이 지나면 이전의 습관으로 이 체험을 분별하려고 한다. 감정이 집요하게 따라붙는다. 그동안 분별에 시달리던 사람이 이제는 분별을 벗어난 세계에 집착하게 되는 것이다.

어떠한 분별도 없으면 마음이 편안하다. 그래서 생각도 없고, 감정도 없고, 특정한 경계도 없는 체험의 순간에 우리는 감옥을 벗어난 듯한 자유로움을 느낀다. 그러나 우리는 경계를 떠나 살 수 없다. 사람과의 인연을 끊을 수 없고 먹고사는 문제를 떠날 수 없다. 어쩔 수 없이 직장 생활을 해야 하고 가족을 부양해야 한다. 그 모든 것이 분별상이라는 것을 알면서도 생활 중에 순간순간 애착하고 사로잡혀 번뇌를 느낀다. 이때 안목이 바로 서지 않으면, 생각을 제거하려 하고 감정을 느끼지 않으려 하고 감각을 끊는 쪽으로 집착하게 된다. 이래서는 삶이 자유로울 수 없다.

특히 재가에서 가정을 이루거나 누군가를 책임져야 하는 위치에 있는 사람이라면, 소란한 경계 속에서 스스로를 단련하는 과정을 반드시 거쳐야 한다. 깨달아 모든 것이 허상이라는 사실을 알았다고 해서 사람을 저버릴 수 없고 가족을 떠날 수 없기 때문이다. 진정한 자유는 소란한 곳에서도 자유로울 때 있다. 어디에도 걸림 없이 살 수 있는 힘이 생겨야 한다.

이때 중요한 것이 법에 대한 안목이다. 모든 분별이 쉬어질 때 자성을 깨닫는다. 이 자성은 모든 것의 원천인 공성이다. 모든 것의 원천이 공하다면, 여기에 의지해서 생겨나는 것은 모두 텅 빈 것이다. 보고 듣고 느끼고 아는 모든 것이 비었다. 모든 것이 철저히 마음에서 일어난 텅 빈 모습이라는 것을 남김없이 볼 수 있어야 한다. 그런 바른 안목이 서야 살면서 경험하는 모든 일에서 장애가 사라진다. 분별을 끊는 것이 아니라 모든 분별이 그대로 완전한 법성임을 밝게 볼 수 있어야 한다. 그럴 때 어디에도 걸리지 않고, 어디에도 머물지 않는 삶을 살 수 있다.

진정한 해탈의 힘은 매일 살갗을 부딪치며 사는 사람들 사이에서, 생계를 위해 어쩔 수 없이 분별망상이 치성한 상사와 동료를 만나는 그곳에서 확인할 수 있다. 마음에도 없는 말을 해야 하고, 이치에 맞지 않는 말에 동의해야 하는 상황에서도 마음이 고요할 수 있는가? 가족 관계에서는 지나온 삶에서 쌓인 상처가 앙금처럼 남아 있고, 당장 해결해야 할 문제가 있고, 앞으로 책임져야 할 일들이 산적해 있다. 그 속에서도 아무 걸림이 없을 수 있는가? 가까운 사이일수록 예전의 습관이 되살아나기 쉽다. 애착을 놓아 버리자니 관계가 망가질 것 같고, 관계를 유지하자니 상대에게 꺼둘리는 게 괴롭다. 화탕지옥이 여기인가 할 만큼 때때로 참기 힘든 심정이 들 때도 있다. 그러나 이곳이야말로 진정한 공부의 현장이다.

모든 상처와 번뇌의 원인은 상대에 의지하고 대상을 붙잡으려는 마음이다. 그 대상이 사람이든 사물이든 우리가 상대하는 대상은 무상하다. 천천히 변하든 급격하게 변하든 머물러 있는 것은 아무것도 없다. 결혼할 때는 부부의 관계가 영원할 것이라 기대한다. 서로서로 의지해서 사는 것이 삶이라고 생각한다. 그러나 서로의 몸과 마음은 변한다. 자연은 끊임없이 변화하며 잠시도 머물지 않는데, 대상을 붙잡고 의지하려는 마음이 이 흐름을 가로막으려 한다. 그러나 자연의 섭리는 사람의 기대를 아랑곳하지 않는다. 자신의 기대를 고집하면 반드시 실망하게 되어 있다. 본래 무상을 잊어버리고 항상 하기를 바라는 마음, 변하는 대상에 의지하려는 마음, 이것이 번뇌의 핵심이다. 모든 대상은 변한다.

다만 본성은 변함이 없다. 이 텅 빈 마음은 한결같다. 변함없는 허공성이 본래 자신이다. 이것으로서 모든 것을 경험하면 아무 일이 없다. 어디에도 걸리지 않고 어디에도 애착하지 않게 된다. 오는 인연 가로막지 않고 가는 인연 붙잡지 않는다. 본래 법이 그러하기 때문이다. 법대로 살 때 고통이란 없다. 붓다는 우리에게 자신의 등불을 밝히고 법의 등불을 밝히라고 말했다. 허공과 같은 이 마음이 본래 자신임을 깨닫고 '이것'으로 살라는 가르침이다.

문득 본래 마음을 체험할 때는 아직 완전하게 깨어나지 않았기에 깨달았다는 생각, 알았다는 생각, 벗어났다는 생각이 남아 있다. 깨달음에 대한 생각이 조금이라도 남아 있다면, 그것은 완전히 밝지 않았다는 증거이다. 조그마한 분별이라도 남아 있다면, 환상을 붙들고 있는 것이다.

"다시 모름지기 본 바를 날려 버려야 비로소 자유를 얻는다." 원오 선사는 이 점을 일깨우고 있다. 본래 마음은 생각도 아니고, 감정이나 감각의 대상도 아니다. 이 모든 것의 여일한 본성인 허공과 같은 마음, 알 수 없지만 온 누리에 가득한 하나이다. 깨어남의 체험과 함께 안목이 철저해야 마음과 현상이 따로 있지 않은 하나라는 것이 분명해진다. 철저히 깨닫고 보면 본래 그 사람이지 다른 사람이 된 것이 아니다. 다만 이전에는 사사건건 걸려 넘어지고 장애가 되었다면, 이제는 모든 것이 그대로이나 어떤 것도 장애가 되지 않는다. 분리가 없는 하나이다.

"기둥이 횡골을 뽑고 허공이 발톱과 이빨을 희롱하니, 설사 현묘함을 알았다 하더라도 이는 오히려 눈 속의 모래이네." 이때 노주(露柱)는 밖으로 드러난 기둥이다. 선문답에서 법이 무엇이냐고 물으면, 도인들은 기둥에 삼배하거나 기둥을 몇 번 쳐 보인다. 몽땅 드러난 기둥, 있는 그대로의 실상을 가리켜 보이는 것이다. 횡골은 인간의 신체 부위 중 척추와 하지를 연결하는 중요한 지지대로 깨달음 공부의 핵심인 법을 말한다. 즉 기둥이 횡골을 뽑는다는 것은 있는 그대로의 진정한 법에는 법이라고 할 만한 요체가 따로 없다는 말이다. 진정한 마음에는 마음이라고 할 만한 한 물건이 없다. 텅 빈 허공은 날카로운 이빨과 발톱으로 할퀴어도 아무런 상처가 나지 않는다. 칼로 허공을 베어 보라. 허공은 피 한 방울 흘리지 않는다. 텅 빈 마음에는 어떤 물건도 영향을 미칠 수 없다. 마음에 무언가가 조금이라도 남아 있기에 긁히고 베일 뿐이다.

아무것도 얻을 게 없다. 진정한 깨달음이란 모든 분별이 다하는 것이지 달리 깨달음을 얻는 일이 아니다. 만약 깨달음이라는 것이 조금이라도 남아 있다면, 멀쩡한 눈 속에 껄끄러운 이물질이 들어온 것과 같다. 모든 추구가 끝나고, 대상을 분별하고 집착하는 습성마저 다 녹아내릴 때, 그때 걸림 없는 자유가 있다. 지금 이 순간 그대로가 완전함을 몸서리치게 깨닫게 된다.

선禪에는
남   녀
노 소 가
따로 없다

시간이 끊긴 상태를
영원성으로 받아들인다면
영원한 삶은 현재를 사는
사람의 것이다.
-

비트겐슈타인

도 깨친
가족의
걸림 없는
삶

방 거사
가족

중국 당나라 때 형주 형양현에 방온(龐蘊)이라는 거사가 살았다. 방온 거사는 처음에 석두희천 선사를 찾아가 느낀 바가 있었으나 분명하지 않았다. 뒤에 마조도일 선사를 찾아뵙고는 마음의 구속에서 훌쩍 벗어났다. 아내와 딸, 아들도 아버지를 따라 마음공부를 했다. 이들 모두 깨달음을 얻어 가족 모두가 밝은 세상을 살았다.

방 거사 가족은 자신들이 살던 집을 절에 기증하고, 집안의 값어치 있는 물건을 배에 실어 동정호(洞庭湖) 한가운데로 가서 모두 버리기로 했다. 이웃들이 재물을 버리지 말고 차라리 어려운 사람들에게 나누어 줄 것을 권했다. 그러자 방 거사는 자기들에게 구속이 되는 것을 남에게 줄 수는 없다고 말했다. 방 거사는 대나무로 조리를 만들어 팔며 가난하게 살았다. 하지만 가족 누구도 원망하는 사람이 없었다. 그런 방 거사 가족 사이에 오가는 대화가 예사롭지 않았다. 그들은 종종 알 듯 모를 듯한 말을 나눴는데, 누구 한 사람 물러서는 법이 없었다.

어느 날 방 거사가 초가 암자에 혼자 앉아 있다가 갑자기 말했다.

"어렵고도 어렵구나! 백 섬의 참깨를 나무 위에 붙이는 일이로다."

방 거사의 아내가 듣자마자 말했다.

"쉽고도 쉽구나! 백 가지 풀 끝에 조사의 뜻이로다."

딸 영조가 말했다.

"어렵지도 않고 쉽지도 않구나! 배고프면 밥 먹고 피곤하면 잠 잔다."

―《방 거사 어록》

가족이 모두 마음을 밝혔으므로 일상생활 속에서 나누는 대화는 다른 것이 아니었다. 방 거사가 깨달음에 대해 한마디 하자, 그의 아내 방 노파가 거들었다. 옆에 있던 딸 영조도 이에 뒤질세라 응수했다. 쉽다, 어렵다, 쉽지도 않고 어렵지도 않다 등 말은 모두 다르다. 그러나 쉽다는 것도 이 마음이요, 어렵다는 것도 이 마음이요, 쉽지도 않고 어렵지도 않은 것도 이 마음이다. 모든 것이 이 마음인데도 분별로 알 수 없어서 이 마음을 깨닫기가 나무에 백 섬의 참깨를 붙이는 것만큼 어렵다. 그러나 이 마음을 깨닫고 보면 눈앞의 모든 것이 이 마음이니 달리 찾을 필요가 없다. 아무런 노력 없이도 드러나 있으니 이처럼 쉬운 것이 없다. 그러나 어렵다, 쉽다가 모두 이 마음에 비친 표상이니 어려운 일도 아니요 쉬운 일도 아니다. '어려운 것도 아니고 쉬운 것도 아니다'라는 말조차 해당되지 않는다. 여기에 통하면 말에 막힘이 없고 행동에 걸림이 없다. 도를 깨

246

친 가족의 걸림 없는 대화가 유쾌하다.

> 방 노파가 재를 올리러 녹문사를 찾아가니, 스님이 회향(回向)의
> 뜻을 물었다.
> 방 노파는 빗을 집어 쪽머리 뒤쪽에 꽂고 나서 '회향을 마쳤습니
> 다'라고 말하고는 곧장 가 버렸다.
>
> ─《선여인전》

회향은 일반적으로 자기가 닦은 공덕을 다른 사람이나 자신의 수
행 결과로 돌리는 일을 말한다. 모든 불교 의식은 뒤에 항상 회향
의식을 갖는다. 마침 방 노파가 녹문사에 갔을 때 방 노파의 안목을
아는 스님이 진정한 회향이 무엇인지 물었다. 그러자 그녀는 가지
고 있던 빗을 쪽머리 뒤에 꽂고는 회향을 마쳤다고 했다. 법을 모르
면 이 행동이 코미디와 같을 것이다. 불교의 회향이 단지 머리에 빗
을 꽂는 일이라니. 그러나 진정 불교가 무엇인지 깨닫는다면 머리
에 빗을 꽂는 일, 숨을 쉬는 일, 사람을 부르는 일, 밥을 먹는 일 등
일상의 모든 일이 회향이다. 모든 사물과 말과 행위가 마음에서 일
어난 환상 같은 것이어서 정체성이 없다. 모두가 평등하고 모두가
하나이다. 모든 일이 본래 텅 빈 고향 일이다.

영화를 볼 때 스크린에 온갖 등장인물과 사물과 세상이 나온
다. 사람들이 말을 하고 행동하고 대화한다. 사건이 있고, 감정이
있고, 이야기가 있다. 인간 세상의 삶과 다르지 않다. 그러나 그것

은 모두 하나의 빛일 뿐이다. 빛 아닌 것이 없다. 그런 것처럼 우리가 사는 세상도 마음의 빛이 투사된 세계이다. 사람, 사물, 사건, 이야기, 감정, 시공간, 이 우주가 모두 마음에서 분별의식으로 일어난 세상이다. 영화의 모든 것이 실체 없는 것이듯 삶의 모든 현상이 실체가 없다. 늘 변함없는 것은 분별할 수 없는 이 마음뿐이다. 이것이 우리가 살고 있는 세상이다. 영화 속 등장인물이 어떤 말이나 행위를 하든 빛을 떠나지 않듯이, 우리가 살아가는 평범한 삶 어느 것하나 마음을 벗어난 일은 없다.

어머니에 뒤질세라 딸 영조의 안목 또한 출중했다. 아버지, 어머니와 법담에서 물러서는 법이 없었고, 여러 선사와 선문답을 할 정도였다. 영조는 아버지의 곁을 지키며 많은 선사를 만났다. 그러는 가운데 공부가 더욱 깊어졌다. 때로 아버지를 능가한다는 찬사를 받기도 했다.

어느 날 방 거사가 앉아 있다가 영조에게 물었다.

"옛사람이 말하기를, '밝고 밝은 백 가지 풀 끝에 밝고 밝은 조사의 뜻'이라고 했는데, 너는 어떻게 생각하느냐?"

"이 늙은이가 아직도 그런 생각을 하는구나."

"너는 어떠냐?"

영조가 말했다.

"밝고 밝은 백 가지 풀 끝에 밝고 밝은 조사의 뜻."

— 《방 거사 어록》

248

'밝고 밝은 백 가지 풀 끝에 밝고 밝은 조사의 뜻'이라고 한 것은 우리가 보고 듣고 느끼고 아는 모든 일이 조사의 뜻, 즉 마음 아닌 게 없다는 것이다. 이 말을 들은 영조가 '마음공부 할 만큼 한 노인네가 그런 허망한 생각을 한다'라고 말한다. 깨달음에는 무엇이라고 할 만한 것이 없는데, 불쑥 이런 생각을 내어 집착함을 일깨운 것이다. 모든 것이 법 아닌 게 없다면 '법 아닌 게 없다'라는 말조차 따로 있을 수 없다. 딸은 단박에 아버지의 생각을 부수었다. 그러자 아버지가 너의 안목은 어떠하냐고 물었다. 그녀는 아버지가 한 말을 똑같이 했다. 모든 말이 조사의 뜻이니 무슨 말인들 하지 못할까? 말의 뜻에 사로잡히지 않는다면 어떠한 말도 예외가 아니다.

> 방 거사가 조리를 팔러 다니다가 다리 아래로 떨어졌는데, 딸 영조가 보자마자 자기도 아버지 옆에 쓰러졌다. 방 거사가 물었다.
> "너는 왜 그러느냐?"
> "아버지가 넘어진 것을 보고 부축하러 왔습니다."
> "본 사람이 없는 게 다행이구나."
>
> — 《방 거사 어록》

방 거사는 대나무로 조리를 만들어서 딸과 함께 팔러 다녔다. 하루는 나이 든 아버지가 다리를 건너다가 헛디뎌서 그만 다리 아래로 떨어졌다. 보통 딸이라면 놀라 어쩔 줄을 몰라 했을 것이다. 하지만 영조는 아무렇지도 않게 아버지 곁으로 가서 똑같은 모습으로 바닥에 누웠다. 이것이 아버지를 부축하는 일이다. 진정으로 누군가를 부축하는 것은 그와 하나가 되는 것이다. 높지도 않고 낮지도 않은 허공과 같은 성품 자리에서 너나없이 통하는 일이다. 아버지와 딸의 위치에서, 너와 다른 나의 차별 속에서 상대를 부축한다면 각자의 생각에 갇힌 채 부축하는 시늉을 하는 것이다. 진정한 부축은 분리 없는 하나가 되어 너나가 사라지는 것이다. 만약 안목 없는 이가 이 장면을 본다면 참으로 망측하다 했을 것이다. 아버지가 쓰러졌는데 일으켜 세울 생각도 하지 않고 같이 드러누우니 얼마나 우스운가. 그러나 방 거사와 딸 영조는 둘도 없는 지음(知音)으로 다른 말이 필요 없었다.

이처럼 영조는 아버지 방 거사와 부녀지간이지만 도우(道友)로서 한 시기를 살았다. 둘 사이에는 먹고, 숨 쉬고, 잠자고, 일하는 세속의 일 그대로 다른 일이 아니었다. 죽음마저 이들에게는 평범했다.

거사는 임종에 이르러 영조에게 말했다.

"해가 어디까지 와 있는지 보고, 한낮[午時]이 되면 알려다오."

그러자 영조가 급히 알렸다.

"해가 벌써 중천에 왔습니다. 그런데 일식(日蝕)입니다."

거사가 문밖으로 나가 살펴보는 사이에, 영조는 아버지의 자리에 올라 합장한 채 앉아서 죽었다. 이에 거사가 웃으며 말했다.

"딸아이가 제법 민첩하구나!"

방 거사는 그로부터 7일 뒤에 임종하기로 했다. 뒤에 고을의 자사 우적이 방문하자 이런 말을 했다.

"다만 온갖 있다고 여기는 것을 비울 뿐, 결코 없는 것들을 있다고 여기지 마십시오. 안녕히 계십시오. 모든 것은 그림자 같고 메아리 같은 것입니다."

말을 마치자, 우적의 무릎을 베고 숨을 거두었다. 유언에 따라 화장해 그 재는 강물에 뿌려졌다. 스님이나 속인이나 모두 애도하면서 "선문의 방 거사는 비야리 성의 유마 거사이다"라고 말했다. 시 300여 수가 세상에 전해지고 있다.

— 《방 거사 어록》

영조와 방 거사가 열반한 후 방 노파는 "바보 딸과 어리석은 영감이 나에게 말도 없이 가 버리다니……" 하고는 이를 아들에게 알리러 갔다. 소식을 들은 아들은 밭을 일구던 쟁기질을 멈추고 곧바로 선 채로 열반했다. 방 노파는 "이 어리석은 자식이 어쩌면 이렇게 바보짓을 한담" 하고는 아들의 장사까지 치렀다. 그 뒤 동네 집집마다 다니면서 작별 인사를 마치더니 세상을 등지고 사라져 그 뒤로는 어디로 갔는지 아는 이가 없었다. 이렇듯 방 거사 가족은 모두가 도를 깨쳐서 생사에 걸림 없는 모습을 보였다.

인간에게 가장 큰 행복은 자유이다. 나라는 존재의 구속, 모든 것의 구속에서 풀려나 어디에도 걸리지 않는 대자유를 누리는 것이 진정한 행복이다. 우리가 살면서 느끼는 불만족과 불행은 모두 허망한 현상에 사로잡히기 때문이다. 우리가 사로잡히는 것들은 모두 마음에서 일어난 그림자와 같다. 본래 없는 것을 있다고 여긴 것이 스스로를 구속했다. 지금 이대로 모두 비워 버리는 것이 참된 깨달음이지 달리 얻을 진리가 없다. 지금 바로 이 순간 숨 쉬고, 생각하고, 밥을 먹고, 물을 마시는 여기에 변함없는 자유가 있다.

곡소리로　　　　　　능씨
선사들과　　　　　　할머니
솜씨를 겨룬

조사선은 수행하거나 경전을 읽고 외우는 과정 없이 곧바로 자기 마음을 깨달아 남김없이 통하는 선 공부이다. 이런 개혁적 선풍은 오랜 시간 계율을 지키고, 경전을 읽으며, 기나긴 세월 마음을 닦아야 성불할 수 있다는 수행 위주의 선 공부에 대한 반성에서 출발했다. 본성은 마음을 닦거나 그렇지 않거나 늘 한결같다. 이것은 노력한 결과 얻어지는 것이 아니고, 시간과 공간이라는 관념 속에 있는 것도 아니다. 시간과 공간을 떠난 본성이어서 시공간에 대한 분별이 사라졌을 때 문득 깨닫게 된다. 조사선의 등장으로 시공간 속에서 이루어지던 수행 위주의 선 공부가 본성에 대한 갑작스러운 자각을 통해 분별망상에서 해탈하는 공부로 그 흐름이 바뀌었다.

　본성에 대한 깨달음은 곧바로 일어난다. 본성을 자각하지 못하는 이유는 생각이나 감정 등 대상 경계에 대한 분별망상에 사로잡혀 있기 때문이다. 이 분별망상은 시공간 속에 자신이 존재한다는 의식 구조 속에서 발현된다. 때문에 점차적인 수행이나 그 수행의 결과로 깨달음을 얻는 구조는 수행하는 자가 항상 주체가 되는 구조이다. 수행하는 자가 있으면 수행하는 일이 따로 있게 된다. 이것은 주·객관의 분리 구조에 들어가 주·객관을 벗어나는 노력을 하는 것이어서 마치 꿈속에 나오는 자가 꿈을 깨기 위해 온갖 노력을 하는 것과 같다. 꿈속의 노력은 꿈을 더할 뿐이다. 주관과 객관, 시간과 공간은 모두 분별의식이 작동해서 만들어진 망념이다. 본성은 시간과 공간, 주관과 객관이 나뉘기 이전의 일이므로 분별의 꿈속으로 들어가서는 본성을 깨달을 수 없다. 미처 생각이 작동하지 않을 때 본성을 깨달을 수 있다. 깨달음은 즉각적으로 일어난다. 아무런 마음의 준비가 없을 때 일어난다. 의식이 시간과 공간으로 분화되기 이전, 나와 남이라는 분별에 떨어지기 전에 깨닫게 된다.

본성은 언제 어디서나 변함이 없다. 누구도 이것을 떠나 있지 않다. 어떤 경험을 하든 이 바탕 위에서 이루어지고 있다. 마치 나의 그림자가 나로 인해 드러나듯, 내 삶의 모든 경험이 이것을 떠나 있지 않다. 그런데 우리는 진정한 나를 돌아보지 못하고 나의 그림자에 사로잡혀 있다. 감각적으로 드러나는 모양, 생각으로 드러나는 모양, 감정이나 욕구로 드러나는 모양에만 관심이 있다. 진정한 나는 물질적, 정신적 모양이 드러날 때 그것과 늘 하나로 있다. 이것은 특정한 모양이 아니어서 모든 모양에 대한 집착과 동일시가 멈추어졌을 때 자각된다. 분별에 떨어지지 않으면 깨달음은 언제 어디서나 가능하고, 지금 당장도 가능하다.

단박에 깨닫는 조사선의 선풍은 출가자뿐만 아니라 생업에 종사하는 재가자들에게도 마음공부의 길을 열어 주었다. 깨달음에 뜻이 있다면, 일상생활을 하면서 안목 있는 스승의 지도와 가리킴 아래 깨달을 수 있다. 일상의 모든 일이 이것이기 때문에 특별한 장소나 상황이 연출될 필요가 없다. 조사선이 널리 알려지면서 비구와 비구니뿐만 아니라 관직에 나간 남성, 집에서 가족을 돌보는 여성, 나이 든 할머니에 이르기까지 깨닫는 이들이 많이 나왔다. 특히 인생의 마지막 여로에 들어선 할머니들이 깨닫는 장면과 이들이 선사들 앞에서 당당히 기개를 드날리는 모습은 인상적이다. 당시 학승들의 말문을 닫아 버리고, 이름 있는 선지식들의 코를 납작하게 만들 정도로 기지가 뛰어난 할머니들이 있었다. 그 가운데 능씨 할머니[凌行婆]는 조주종심(趙州從諗) 선사가 인정할 정도로 안목이 뛰어났다.

마조도일 선사의 제자인 부배(浮盃) 화상에게 능 할머니가 찾아와서 절을 하고 물었다.
"힘을 다해서 말하려 해도 말할 수 없는 구절을 누구에게 전하시겠습니까?"
부배 화상이 말했다.
"부배에게는 그런 쓸데없는 말이 없소."
능 할머니가 말했다.
"저는 그렇게 말하지 않겠습니다."
화상이 앞의 질문을 도리어 할머니에게 하자, 할머니가 목 놓아

곡을 하면서 말했다.

"슬픔 속에다 다시 원통한 고통을 더했구나."

화상은 말이 없었다.

할머니가 말했다.

"말의 치우침과 올바름을 알지 못하고, 이치로도 뒤바뀜과 삿됨을 알아채지 못하면서 남을 가르치니, 참으로 위험한 일입니다."

나중에 어떤 스님이 남전보원 선사에게 이 이야기를 하니, 남전이 말했다.

"가엾구나! 부배여, 그 노파에게 호되게 꺾이다니!"

할머니가 이 말을 전해 듣고 웃으면서 말했다.

"왕노사(王老師)도 아직 기개(機關)가 모자라는구나!"

―《경덕전등록》8권

힘을 다해서 말하려고 해도 말할 수 없는 단 하나가 있다. 이것에 대해 말을 하면 할수록 공허하기만 하다. 이것은 말 이전이고 생각 이전이다. 그러니 아무리 많은 말을 하더라도 여기에 미치지 못한다. 이것이 무엇인가? 부배 화상은 말할 수 없다고 말하지만, 이것 또한 말이다. 진정 이것이 분명하다면 무슨 말이든 이것이다. 말을 할 수 없다는 말마저 사라졌을 때 모든 말이 이것이 된다. 부배 화상이 '말할 수 없음'에 머물러 있으니 할머니의 통곡을 불러왔다.

우리는 어떤 질문을 받으면 그 질문의 답을 찾아 대답하려고 한다. '질문-답-질문-답'이라는 인지 구조에 익숙하다. 물음표로 끝나는 문장을 마주하면, 그 질문에 해당하는 마침표의 답을 찾느라 머릿속이 복잡해진다. 학교 수업도 이런 패턴이고, 사회 문제나 개인적인 문제를 마주했을 때도 이런 식으로 해법을 찾는다. 그런데 본성에 대한 질문은 이런 인지 구조 속에 있지 않다. 본성이란 이런 구조가 성립되기 이전의 것이요, 모든 인지 구조가 그 위에서 발생하기 때문이다.

본성은 "마음이 무엇인가?"라는 질문의 물결 뒤에 "마음은 이것이다"라는 대답의 물결로 답을 얻는 구조가 아니다. 본성에 대한 질문 자체가 바로 찾고 있는 그 답이다. 모든 물결은 물을 떠나 있지 않기 때문이다. 마음은 물결이 아니라 모든 물결의 본성인 물이기 때문이다. 물은 모든 물결과 떨어져 있지 않다. 어떤 물결도 물아닌 적이 없고, 물을 벗어난 물결은 있을 수 없다. 우리가 찾으려는 본성도 이와 같다. 내가 문제에 맞닥뜨려 갈피를 못 잡을 때도 이것이고, 문제를 해결해 줄 답을 찾았을 때도 이것이다. 우리 생애 모든 경험에서 이것을 벗어나 있지 않았다. 그러니 매 순간 깨달음의 기회는 열려 있다. 단지 우리가 물을 돌아보려고 하지 않고 물결만 따라 마음이 방황하기 때문에 매 순간 물이면서도 스스로 모른다. 남전 선사가 '부배가 크게 꺾였다'라고 했으나 본질적으로는 꺾인 일도 없다. 능 할머니가 '왕노사도 아직 기개가 모자라는구나'라고 잔소리를 한 것도 모두 다르지 않다.

그때 유주 땅에 징일(澄一)이라는 선객이 있었는데 능 할머니에게 이렇게 물었다.

"남전이 어째서 기개가 모자라는가?"

할머니가 곡을 하면서 말했다.

"슬프고도 애통하구나!"

징일이 어찌할 바를 몰라 하자 할머니가 물었다.

"아시겠소?"

징일이 합장하고 서 있었다.

할머니가 말했다.

"이런 죽음을 앞둔 선객이 삼대나 좁쌀같이 많지."

나중에 징일이 조주 선사에게 이 이야기를 하니, 조주가 말했다.

"내가 그 구린내 나는 노파를 보았더라면 따지고 물어서 벙어리로 만들었을 것이다."

"화상께서는 그 노파에게 어떻게 물으시겠습니까?"

조주가 몽둥이로 때리면서 말했다.

"이따위 죽음을 앞둔 놈을 때리지 않으면 언제 때리겠는가?"

나중에 능 할머니가 조주의 이 말을 듣고 말했다.

"조주야말로 내 손의 몽둥이를 맞아야겠다."

조주가 그 말을 전해 듣고 곡을 하면서 말했다.

"슬프고 애통하구나!"

할머니가 다시 조주의 이 말을 듣고 합장하며 탄복했다.

"조주의 눈에서 나온 광명이 사천하를 비추는구나!"

나중에 조주가 이 말을 듣고 사람을 보내어 물었다.

"어떤 것이 조주의 눈인고?"

할머니가 주먹을 곧추세웠다.

조주가 이 말을 전해 듣고 송을 지어 보냈다.

"근기에 직면해서 이끄니

직면하여 근기에 따름이 빠르구나.

그대, 능 노파에게 전하노니

통곡 소리는 어떻게 얻고 잃는가?"

할머니가 게송으로 조주에게 답했다.

"곡소리를 스님이 이미 밝혔는데

이미 밝혔으니 다시 누가 알겠습니까?

부처님 당시의 마가다국 법령이여,

얼마나 눈앞의 기틀을 잃었습니까?"

— 《경덕전등록》 8권

많은 사람이 자기 마음을 깨달으려고 하나 모두가 말만 따라가는 낮도깨비들이다. 한 글자 한 생각이 곧 이 마음이라는 분명한 깨달음은 쉽지 않다. 하던 대로 생각하고, 하던 대로 말하고, 하던 대로 감정에 사로잡히기 때문이다. 살아오던 습관 따라 안팎으로 뜻을 따르고 생각을 좇으면서 깨달음을 얻으려는 사람이 삼밭에 빽빽이

들어선 삼대나 자디잔 좁쌀을 수북이 쌓아 놓은 숫자만큼 많다. 그러니 한 생각 멈추어 문득 이 마음에 통하는 사람을 만나기란 쉽지 않다.

그러나 지금 이런 말에도 마음이 없다면 어떨까? 지금 일어나는 온갖 생각에 뜻을 좇는 길이 끊어진다면 어떨까? 이것저것 따지고 이해하려는 마음을 쉬어 버리면 어떨까? 생각이 쉬어진 자리에 여전히 시계가 째깍째깍 울리고, 참새는 쩍쩍 울고 있으며, 바람은 쌩쌩 지나간다. 이것은 누구의 일인가? 아무도 모른다. 그러나 아무도 모르는 일이 지금 일어나고 있다. 우리의 삶은 늘 이렇다. 저절로 생각이 일어나고, 저절로 소리가 일어나며, 저절로 사물이 드러나고, 저절로 감정이 용솟음친다. 일어나는 현상을 따라가지 않으면, 늘 이 자리에서 모든 것이 절로 절로이다. 모든 것이 이렇게 저절로 깨어 있다.

내가 깊은 고민에 싸여 미처 주변을 돌아보지 못할 때도 저절로 새는 울고 있다. 저절로 꽃이 만발해 있다. 저절로 하늘은 푸르다. 저절로 봄이 가고 여름이 온다. 매 순간 모든 것이 새롭고 모든 것이 저절로 이루어지고 있는데, 우리는 이것을 자기가 본다고 하고 듣는다고 하고 생각한다고 하고 느낀다고 한다. 누군가가 한다고 믿는다. 혹은 알 수 없는 어떤 존재가 이 모든 것을 뜻에 따라 창조한다고 생각한다. 과거와 현재, 미래에 걸쳐 똑같은 주체가 다양한 경험을 한다고 갈무리해 버린다.

그러나 모든 경험은 새롭다. 현재의 나는 과거의 내가 아니고

260

미래의 내가 될 수 없다. 나도 변하고 대상도 변한다. 그런데 생각이 과거·현재·미래를 관통하는 나를 고정해 버리고, 똑같은 경험을 하고 있다고 해석해 버린다. 내가 지금 어제 보던 휴대폰을 보고 있다고 여긴다. 그러나 이 휴대폰은 어제의 휴대폰이 아니다. 하루 사이에 휴대폰은 마모되고 낡아졌다. 세월을 비껴가는 휴대폰은 없다. 휴대폰을 보는 나 또한 어제의 내가 아니다. 세포도 변했고, 어딘가 주름도 늘었다. 그런데도 우리 의식은 어제와 동일한 내가 어제와 동일한 휴대폰을 보고 있다고 해석해 버린다. 또 오늘의 내가 내일 똑같은 휴대폰을 볼 것이라고 해석해 버린다.

동일한 것은 어디에도 없다. 순간순간 눈앞에서 새롭게 이루어지고 있다. 새소리가 참으로 친근하다. 아무런 해석이 없는 순수한 이 경험에는 새소리와 내가 둘이 아니다. 새가 있는 것도 아니고, 새가 우는 것도 아니고, 내가 듣는 것도 아니다. 모든 헤아림이 사라진 자리에서 고고한 울림만 있다. 형형한 깨어 있음만 있다. 이것이 진짜 우리네 삶이다. 모든 것이 깨어서 빛을 발하는 세계이다. 우주가 하나로 춤추고 있다.

이 하나에 통하면 조주가 능 할머니에게 물은 일도 없고, 능 할머니가 조주의 눈을 본 일도 없다. 조주의 눈이 곧 능 할머니의 눈이고, 능 할머니의 눈이 곧 지금 이 눈이다. 능 할머니와 부배, 남전과 조주를 단박에 제거하고 단박에 바로 세울 수 있는 능력은 능 할머니에게도 없고 조주에게도 없다. 오로지 각자 이 마음, 바로 이것이 전부이다. 이것이 우리 참 자신이다. 이점이 분명하면 세상이 한눈에 들어온다. 나를 떠난 세상은 없다. 아무리 능 할머니와 조주가 날고뛰어도 이 마음 밖이 아니다. 모든 일이 여기로 돌아온다면, 모두가 하나이면서 허깨비와 같다는 사실을 분명히 본다.

깨어남은 특별한 지위와 신분, 처지에 놓인 사람에게만 일어나는 일이 아니다. 평범한 일상을 살아가는 모든 이에게 열려 있다. 나이 든 할머니도 이름 있는 선승과 한자리에서 주고 뺏는 일을 자유롭게 했다. 그러니 지금 우리도 못 할 이유가 없다.

오대산에   오대산
가려거든   할머니
곧장
가라

중국 당나라 때는 남녀노소, 출가자나 재가자 상관없이 많은 이들이 깨달음을 얻었다. 특히 선사들을 방문해 거리낌 없이 선문답하는 여성의 등장은 남성 재가자나 출가자들에게 큰 자극이 되었다. 마조도일 선사의 제자 중에 실제(實際)라는 비구니가 있었다. 그녀의 고향이나 나이는 알 수 없다. 다만 그녀가 평생 손가락 하나를 들어 사람들을 일깨웠던 구지(具指) 선사가 깨닫는 데 결정적인 역할을 했다는 이야기가 전해 온다.

　실제 비구니가 좌선에 몰두하고 있는 구지 선사를 찾아가 삿갓도 벗지 않은 채 버티고 서서 본래면목이 무엇인지 한마디 일러보라고 일갈했다. 구지 선사가 아무 말도 하지 못하자, 바로 자리를 떠나 버렸다. 일개 비구니에게 당한 모멸감은 크고도 컸다. 구지 선사는 장부로서 전혀 기백을 갖추지 못했다고 한탄하면서 행각을 떠나려고 했다. 그렇게 궁지에 몰렸을 때, 실제 비구니의 스승인 천룡(天龍) 화상이 찾아와 손가락 하나를 드는 데서 문득 깨달았다.

구지 선사는 평생 법을 묻는 제자들에게 손가락 하나를 들어 보였을 뿐 다른 말은 하지 않았다. 그리고 세상을 떠날 때가 되어서 이렇게 말했다. "내가 천룡 화상에게 일지선(一指禪)을 얻은 뒤로 평생 동안 사용해도 다 사용하지 못했다."

이렇듯 깨달음은 그 마음만 지극하면 언제 어디서든 일어날 수 있다. 누군가를 부르는 소리에, 팔을 들어 올릴 때, 꽃을 볼 때, 문득 스스로의 본성을 깨달을 수 있다. 이것을 일깨우기 위해 수많은 사람이 예상 밖의 말과 행동을 했다. 어떤 행위에서든 대상을 분별로 알려는 마음이 없다면 문득 자성을 깨달을 수 있다. 모든 일이 이것 위에서 드러나고 있기 때문이다.

그런데 이처럼 아무런 말과 설명 없이 곧바로 본성을 가리켜 보이는 방편이 있는가 하면, 할머니가 손주를 염려하듯 자상하게 이끄는 선종의 방편도 있다. 이를 노파선(老婆禪)이라고 한다. 선, 즉 우리의 본성은 어떤 말에도 해당되지 않는다. 생각으로 닿을 수 없고 이미지로 상상할 수 없다. 이것을 생각으로 구하거나 말로 규정하려 하면 어긋난다. 그럼에도 본래 마음에 대한 말을 꺼낼 수밖에 없는 이유는 모든 것이 이것이라는 사실을 일깨우는 데 언어만큼 쓸모 있는 도구가 없기 때문이다. 본래 마음은 어떠한 생각이나 말, 상상으로 가닿을 수 없다는 사실을 말을 통해 충분히 알려 주고, 끝내는 이 말마저 놓아 버리게 하는 것이 가르침이다. 다소 자상한 말로 이끌지라도 공부하는 사람이 말끝에 본래 마음을 깨닫는다면 노파선이라 하더라도 훌륭한 방편이다. 깨닫는 것이 중요하지 무엇을 인연으로 깨달았느냐는 중요하지 않다.

> 어떤 스님이 오대산에 가려고 한 할머니에게 물었다.
> "오대산 가는 길이 어디요?"
> 할머니가 말했다.
> "곧장 가시오."
> 그 스님이 막 걸어가자, 할머니가 말했다.
> "또 저렇게 가는군."
> 그 스님이 조주 선사에게 와서 이야기하니, 선사가 말했다.
> "내가 가서 너희를 위해 그 노파의 정체를 알아보겠다."
> 이튿날 가서 할머니에게 물었다.
> "오대산 가는 길이 어디요?"
> "곧장 가시오."
> 선사가 그 길로 곧장 가니, 할머니가 말했다.
> "또 저렇게 가는군."
> 선사가 절에 돌아와서 대중에게 말했다.
> "내가 그대들을 위해 오대산 노파의 정체를 완전히 간파해 버렸
> 다."
>
> —《경덕전등록》10권

오대산은 조주 선사가 살았던 산이다. 많은 스님이 조주 선사를 뵙기 위해 오대산을 찾았다. 그들이 오대산을 찾고 조주 선사를 만나

려 한 것은 오직 마음에 통달하기 위해서였다. 그들에게 오대산은 법이고, 조주 선사는 마음이다. 이를 아는 할머니가 오대산 가는 길을 묻는 스님들에게 곧바로 마음을 가리켜 보였다. 그런데도 그들은 참된 오대산을 깨닫지 못했다. 스스로 분별에 빠져 모양으로 드러난 오대산에 마음이 가 있었기 때문이다.

할머니는 오대산에 가려거든 '곧장[直]' 가라고 한다. 이런저런 생각에 사로잡히지 말고 한 생각 이전, 나와 세상이 분화되기 이전 자리를 곧장 보라고 가리킨다. 육조혜능 선사는 이 자리를 '곧은 마음[直心]'이라고 했다. 온갖 것이 분별되기 이전의 곧은 마음은 점차적으로 연기되는 횡(橫)적인 사유가 아니다. 온갖 생각과 감정을 느끼더라도 바로 그 자리[直], 모든 횡적인 사유의 당체가 곧은 마음이다. 학인 스님은 그것도 모르고 할머니의 말을 따라 앞으로 난 길을 간다. 할머니는 이런 일을 수도 없이 겪었을 것이다. 그래서 '또 저렇게 간다'라고 했던 것이다.

수없이 실패를 거듭했지만, 할머니는 여전히 가리킴을 멈추지 않는다. 어떤 스님이 와서 물어도 손주를 대하듯 '곧장 가시오'라고 말한다. 이 소식을 들은 조주 선사가 몸소 할머니를 간파하고 오겠다고 했다. 그렇게 할머니가 있는 곳으로 가서 여느 스님과 똑같이 질문하고 똑같이 걸어서 절로 돌아왔다. 그러고는 할머니의 살림살이를 훔치고 왔다고 말했다. 조주 선사와 다른 스님들 사이에 어떤 차이가 있기에 선사는 할머니를 간파하고 다른 스님들은 할머니에게 간파당했을까?

여기서 분명해져야 한다. 할머니의 일이든 조주의 일이든 모두가 내 생각이다. 조주는 할머니를 간파할 수 없다. 할머니는 조주에게 속지 않았다. 할머니도 없고 조주도 따로 없기 때문이다. 지금 이 순간 이런 이야기를 그려 내고 있는 나 자신만 있다. 모든 이야기는 이렇게 나타난다. 모든 것은 자신의 일이다. 말이나 이야기에 사로잡히면 조주가 할머니를 속였다는 자기 생각에 속는다. 짐짓 이 사정을 모르는 척 걸어가는 조주의 뒷모습을 보고 할머니가 '또 저렇게 간다' 하고 말한 것이 '조주에게 속은 일이다'라고 생각할 수 있다. 이런 생각에 빠지는 것이 스스로에게 속는 일이다. 지금 이런 생각이 일어나고 여기에 빠져들고 있지 않은가?

목암충 선사는 조주가 노파를 간파한 일화를 이렇게 노래했다.

"고금의 대산 길 평탄하거늘
오가는 이 공연히 험하다 하네.
그대여, 노파선을 설명치 말라.
감정함이 도리어 감정을 당함이니라."

— 《선문염송》11권

노파선이란 말 그대로 할머니의 선이라는 뜻이다. 선은 남녀노소 누구에게나 완전히 갖추어져 있기 때문에 할머니의 선, 어른의 선, 남성의 선, 여성의 선이라고 따로 말할 수 없다. 그러나 모든 이름이 하나의 이름이라는 사실에 밝다면 무슨 이름을 붙이든 상관없다. 누구나가 자기 마음 하나뿐임에 통한다면 할머니의 선이라고 해도 상관없고 남성·여성의 선, 어른·아이의 선, 한 손가락 선이라고 한들 막힘이 없다. 이름이 장애가 되는 것이 아니라 말에 따라 선이 따로 있다고 여기는 마음이 장애가 될 뿐이다.

조사선이 융성하던 시기에는 안목을 갖춘 할머니가 많이 등장했다. 할머니는 사회적으로나 가정적으로 자신의 역할을 다한 뒤, 인생의 황혼기를 맞이한 여성이다. 당시 여성은 가부장제 아래서 차별받는 환경 속에서 살았다. 항상 남성의 뒤에 서야 했고, 남편과 아들을 위해 헌신해야 했다. 모든 일에서 보조하고, 배려하며, 참고 견뎌야 했다. 그러나 어려움이 닥칠 때는 앞뒤 가리지 않고 생계 일선으로 나갔다. 특히 어머니는 집안 형편이 어려워지면 자신의 지위나 체면을 돌아보지 않고 앞으로 나섰다. 날품을 팔거나 바느질, 허드렛일, 농사까지 지으며 가족을 위해 헌신했다.

또한 여성은 남존여비의 사회질서 속에서 어려서는 부모의 뜻을 받들었고, 결혼해서는 그동안 살아온 자신의 생활 습관이나 가치판단을 모두 버리고 시댁의 질서에 순종해야 했다. 기존의 익숙함을 벗어버리지 못하면 새 질서에 적응하지 못하기에 살아남기 위해서 시댁의 관습이나 가치관을 따랐다. 이런 까닭에 여성은 자신을 버리는 데 익숙했다. 상황이 달라지면 순발력 있게 그 상황에 대처하는 능력을 자연스럽게 갖추게 되었다.

반면 남성 중심적인 사회에서 남성들은 자신을 버리는 일에 익숙하지 않았다. 오히려 그들은 어려운 상황에서 제 뜻을 지키는 일을 높게 평가받았다. 사회생활 중에는 직장 상사나 상급자에게 복종할 때가 있을지언정, 가정으로 돌아오면 언제나 가족 구성원의 중심으로서 존중받았다.

평생 자기중심적인 삶을 산 적이 없는 여성, 이런 할머니들이 선 공부에는 오히려 유리하다. 자기를 버리는 데 익숙하기 때문이다. 다만 선과 세속의 삶은 조금 다른 점이 있다. 세속의 삶에서는 한 개인이 자기를 버리면서 가장이나 아들, 즉 다른 존재에게 의지한다. 그러나 선에서의 '자기 버림'은 자기 이전의 참된 자기를 깨달아 허공과 같은 이것이 되는 일이다. 어떤 대상 경계도 아닌, 이것에 의지하고 법에 의지하는 일이다. 스스로의 불을 밝히고 법의 불을 밝히는 '자등명 법등명(自燈明 法燈明)'이 바로 이것이다. 본래 마음에 눈을 뜨면 어디에도 의지할 곳이 없음을 알게 된다. 자신을 놓아 버린 여성이 남편과 자식에게 마저 의지하지 않으면, 그 누구보다 담대해진다. 어디에도 걸릴 것 없이 자유로워진다. 한계가 없고, 그 어떤 존재보다 존귀해진다. 스스로 우뚝 서는 삶이 열린다.

노년이 되어 산전수전 다 겪은 할머니들에게 남은 과제는 죽음이다. 삶과 죽음의 갈래가 눈앞에 있다. 법당에 반듯하게 앉아 생사를 초월한 듯 바라보는 붓다는 무엇을 보았을까? 이런 근원에 대한 질문이 화두처럼 가슴 한가운데로 들어온다. 이 질문은 시시때때로 낚싯바늘에 걸린 물고기처럼 뱉어 내려야 뱉어 낼 수 없다. 그래서 마음공부에 관심이 있는 사람이라면 자기도 모르게 온몸으로 공부해 들어간다.

　역사에 등장하는 여성 도인 중 유독 할머니가 많은 이유는 그들이 처했던 이런 사회적 환경 때문이 아닌가 여겨진다. 개중에는 스님을 일깨울 정도의 안목을 갖춘 이도 있었고, 당대의 뛰어난 선승들과 견주어 밀리지 않는 힘을 보여 준 도인도 있었다. 이런 면을 볼 때 노파선은 노파심 어린 나약한 선이 아니라 노파들의 당당한 선이라고 불려도 이상하지 않다.

애야   유씨
너를 아끼어   할머니
이것을
주려 한다

당나라가 멸망하고 오대십국의 혼란기를 지나 송나라가 세워지는
시기에 일상의 삶을 살면서도 공부를 놓지 않았던 여성 도인들이
있었다. 그중 낭야영기(浪耶永起) 선사가 주석했던 절 근처 시장에
서 기름에 튀긴 인절미(油餈, 유자)를 팔던 유도파(俞道婆)가 있었다.
유씨 할머니는 줄곧 낭야 선사의 법회에 참석했는데, 시장에서 장
사를 하면서도 늘 선사의 말을 잊지 않았다. 그 마음이 간절했던지,
어느 날 시장에서 장돌뱅이들이 부르는 노랫소리에 문득 본래 마
음을 깨달았다.

> 유씨 할머니는 금릉 사람이다. 시장에서 기름에 튀긴 인절미를
> 팔았는데, 항상 낭야영기 선사의 대중 참문을 따랐다. 선사는 임
> 제의 무위진인 화두를 가지고 그것을 보이곤 했다.
> 어느 날 사람들이 연화락(蓮華樂)을 불렀다.
> '류의(柳毅)가 편지를 전하지 않았다면, 무슨 인연으로 동정호에

이르렀으리오.'

이 말을 듣고 문득 크게 깨닫고는 떡판을 땅에다 던졌다.

남편이 말했다.

"이 여편네가 미쳤나?"

할머니가 손뼉을 치며 말했다.

"당신의 경계가 아닙니다."

낭야를 뵈러 갔는데, 낭야가 그를 보고 깨달은 것을 알았다.

낭야가 물었다.

"무엇이 무위진인인가?"

할머니가 소리 높여 응수했다.

"무위진인이 육비삼두(六臂三頭)의 힘으로 눈을 부라리며, 한 주먹으로 화산(華山)을 두 쪽 내니, 만년토록 흐르는 물은 봄을 알지 못합니다."

이로 인하여 명성이 자자했다.

—《우바이지》

당나라 때 임제의현 선사는 대중들에게 이렇게 법문했다. "붉은 고깃덩이 위에 지위 없는 참사람이 있어서, 늘 그대들의 얼굴로 출입한다. 아직 밝히지 못한 자는 잘 살펴보아라!"

임제 선사는 본래 마음을 무위진인(無位眞人), 정해진 위치가 없는 참사람이라고 불렀다. 하나의 성품이 누구에게나 있는데, 이것은 우리의 얼굴에서 출입한다. 볼 때 이것이고, 들을 때 이것이며, 냄새 맡을 때 이것이고, 맛볼 때 이것이다. 눈, 귀, 코, 혀가 경험하는 것이 아니라 이것이 모든 일을 다 한다. 이것이 무엇인가? 우리는 눈으로 보고, 귀로 듣고, 코로 냄새 맡고, 혀로 맛본다고 생각한다. 하지만 본래는 정해진 위치나 모습이 없는 이 성품이 모든 일을 다 하고 있다. 유씨 할머니는 모든 일을 다 하는 무위진인 하나가 몹시도 궁금했다. 가게로 돌아와 인절미를 튀기면서도 이것이 무엇인지 늘 궁금해했다. 손님을 상대하면서도 이 의문을 놓지 못했고, 지나가는 사람을 보면서도 마음은 늘 여기에 있었다.

그러던 어느 날 시장에서 장타령꾼들이 '연화락'을 부르는 소리를 들었다. 연화락은 우리나라의 각설이타령과 같은 노래이다. 동정호 용궁에 사는 용왕의 셋째 공주가 멀리 경천으로 시집을 갔는데, 남편과 시어머니의 모진 학대로 쫓겨나 양몰이 신세가 되었다. 마침 서생 류의가 장안으로 과거를 보러 가다가 도중에 그녀를 만나 사연을 들었다. 그는 용녀의 사연을 듣고 그녀의 간곡한 부탁을 뿌리칠 수 없었다. 결국 과거 시험을 포기한 채 용녀의 고향 동정호에 편지를 전해 주러 갔다. 딸의 사정을 알게 된 용왕이 딸을 데리고 와서 류의와 결혼시켰다는 이야기이다.

연화락은 당시 대중들에게 익숙한 노래였다. 시장에서 장사하던 유씨 할머니도 늘 듣던 노래였다. 그 내용을 자세히 이해할 필요도 없고 새롭게 익힐 필요도 없었다. 그런데 이날 따라 이 노래가 다른 소식이 되었다. 내용은 간데없고 본래 자기 마음을 가리키는 노래가 되었다. '류의가 편지를 전하지 않았다면, 무슨 인연으로 동정호에 이르렀으리오.' 이 구절에 할머니는 깨달았다. 이때 류의는 류의가 아니고, 동정호는 동정호가 아니다. 노래가 모두 자기 마음 바탕을 나타내고 있었다.

유씨 할머니는 떡판을 바닥에 내팽개쳤다. 떡판이 문제가 아니었다. 자신의 참된 모습이 드러나고 세상의 참모습이 드러나자 떡이 눈에 들어오지 않았다. 순간 모든 것이 평등하고 모든 것이 참되었다. 분별에 사로잡힌 사람은 이 심경을 알지 못한다. 그래서 같은 장소에서 인절미를 만들어 팔고, 똑같이 장돌뱅이가 노래하는 것을 들었어도 깨닫지 못한 남편은 "이 여편네가 미쳤나?" 하고 말한 것이다. 습관대로 노래를 들은 남편과 달리 할머니는 노랫가락이 아닌 노래를 들었다. 이처럼 깨달음은 자신이 처한 상황이나 시간에 구애받지 않고 일어날 수 있다. 장사를 하든, 설거지를 하든, 출근을 하든, 밥을 먹든, 경치를 구경하든, 상황은 중요하지 않다. 분별의식에 사로잡혀 있느냐 그렇지 않으냐가 중요하다.

유씨 할머니는 그 길로 곧장 낭야 선사를 찾아갔다. 선사는 그녀가 들어오는 모습만 보고도 소식이 온 것을 알았다. 다짜고짜 무위진인이 무엇이냐고 물으니, 시장에서 인절미 파는 할머니의 입에서 거침없는 소리가 나온다. "무위진인이 육비삼두의 힘으로 눈을 부라리며, 한 주먹으로 화산을 두 쪽 내니, 만 년토록 흐르는 물은 봄을 알지 못합니다."

육비삼두란 팔이 여섯이고 머리가 셋 달린 괴물로 무한한 힘을 비유적으로 표현한 것이다. 이 무한한 것이 드러나 험난하기로 이름난 중국의 화산을 단번에 때려 부순다는 것이다. 또 이것이 드러나니 모든 경계가 사라졌다. '만년토록 흐르는 물', 즉 시작과 끝을 알 수 없는 이것이 '봄을 알지 못한다'. 모든 상대가 끊겨 아는 자도 없고 아는 대상도 없다. 여기에는 사람도 없고, 괴물도 없으며, 화산도 없고, 화산을 부수는 일도 없다. 어느 것도 상대할 것이 없고 알 것이 없다. 모든 것이 허깨비처럼 일어나고 사라지니, 그것들이 있다고도 할 수 없고 없다고도 할 수 없다. 화산은 화산 그대로 진실하여 때려 부술 산이 없다. 산 그대로 진실하다. 깨달으면 헛된 것이 없다. 모든 것이 텅 비었지만, 텅 빈 것 그대로 온통 마음이니 그 모습 그대로 진실하다. 스스로 깨달아야 볼 수 있는 세계이다. 이렇게 유씨 할머니는 낭야 선사의 유일한 법제자가 되었다.

시간이 흐른 뒤 원오 선사가 금릉 장산에서 법석을 열게 되었다. 마침 유씨 할머니도 개당설법(開堂說法, 선승이 법당을 열고 처음으로 하는 설법)에 참석했다.

원오 선사가 장산에서 개당할 때 막 법좌에 다다르기 전에 유도파가 대중 가운데서 뛰쳐나왔다. 몸으로 한 번 부딪치고는 곧장 대중 가운데로 돌아갔다.

원오 선사가 말했다.

"이상한 일을 보아도 이상하지 않으면, 이상함은 저절로 사라진다."

다음 날 원오 선사가 그 집에 이르렀는데, 할머니가 나오지 않자 큰 소리로 말했다.

"이 애송이가 개당설법을 하러 나온다고 말하는구나."

이어서 원오 선사가 말했다.

"작은 것을 알고 우쭐대는구나. 너를 완전히 알아봤다."

마침내 노파가 큰 소리로 웃으며 나와서는 서로 바라보았다.

—《우바이지》

유씨 할머니는 여러 이름 있는 선사들과 부딪치는 것을 두려워하지 않았다. 자기 공부에 자신이 있었기 때문이다. 당시 널리 이름이 알려진 원오 선사가 개당설법을 하는데도 거침없이 나아가 힘을 겨뤘다. 웬 나이 든 할머니가 돌연 법좌 앞으로 들이닥치니 놀랄 만한 일이다. 하지만 이 또한 움직인 적이 없는 마음 하나의 일이어서 실은 이상할 것도 없다. 다음 날 선사가 노파의 안목을 자세히 살피려고 그녀의 집으로 가서 불렀지만 나오지 않았다. 이에 선사가 모든 것을 닫아 버리는 것을 능사로 아는 애송이라 힐난하자, 그제야 그녀는 큰소리로 웃으며 나와 선사를 맞이했다. 만약 공부가 분명하지 않았다면, 선사가 평가하는 말이나 부정하는 말에 망설이고 주저했을 것이다. 하지만 그녀처럼 법이 분명하면 상대가 누구든, 그가 무엇을 말하든 꺼릴 것이 없다. 자기 마음 밖의 일이 없기 때문이다.

한 스님이 지나가는데 (유도파가) 갑자기 불러 세웠다.

"애야, 애야!"

스님이 망설이니, 곧 문을 닫아 버렸다.

불등수순(佛燈守珣) 선사가 노파의 안목이 소문과 같은지 감정해 보겠다며 왔다.

순 선사가 말했다.

"아버지는 어디에 계신가?"

할머니가 몸을 돌려 기둥에다 절을 하자, 순 선사가 걷어차 버리며 말했다.

"뭐 대단한 게 있나 했지."

선사가 나가자, 할머니가 힘차게 일어나 소리쳤다.

"애야, 애야! 이리 오너라. 너를 아끼어 이것을 주려 한다."

하지만 순 선사는 끝내 돌아보지 않았다.

그 뒷모습에 유씨 할머니가 공손히 합장했다.

안 수좌가 지나가는데 할머니가 물었다.

"어디서 왔소?"

안 수좌가 말했다.

"덕산입니다."

할머니가 말했다.

"덕산 태 화상은 내 아들이오."

안 수좌가 말했다.

"당신은 누구의 아들입니까?"

할머니가 말했다.

"상좌의 묻는 말에 선 채로 땅에 오줌을 싸겠소."

—《우바이지》

유씨 할머니의 명성이 자자해지자 많은 스님이 찾아왔다. 그녀는 스님들이 찾아오면 할머니가 손자를 부르듯 다정하게 "애야, 애야!" 하고 부르곤 했다. 그러면 대부분이 어리둥절해 했는데, 이를 통해 그들의 안목을 금방 알아보고는 문을 닫아 버렸다. 만약 이런 행위에서 문득 깨닫는 바가 있다면, 그녀의 지극한 자비를 알 것이다. 그러나 안목이 없으니 그저 황당할 뿐이다.

하루는 불등수순 선사가 유씨 할머니의 명성을 듣고 그녀의 안목을 시험해 보기 위해 찾아왔다. 선사는 그녀가 평소 스님들을 "애야, 애야" 하고 부른다는 말을 익히 들어 알고 있었다. 그래서 먼저 "애야" 하고 부르는 아버지, 즉 당신은 어디에 있는지 물었다. 그러자 그녀는 곧바로 등을 돌려 기둥에다 절을 했다. 불등 선사는 그녀의 그런 행동을 미리 짐작하고 있었다는 듯 곧장 걷어차 버리고는 자리를 떴다. 그녀는 이에 굴하지 않고 벌떡 일어나 "애야, 애야! 너를 아끼어 이것을 주려 한다"라며 선사를 불렀다. 그러나 선사는 속지 않았다. 줄 것이 따로 없고 받을 것이 따로 없다는 걸 알기 때문이다. 그녀는 선사가 자신의 속임수에 넘어가지 않는 것을 보고 공경하는 마음으로 합장을 했다.

또 다른 일화에서도 유씨 할머니의 문답은 거침이 없다. 여성의 몸으로 비구의 얼굴을 붉게 만들었다. "당신은 누구의 아들입니까?"라는 수좌의 질문은 나를 포함한 모든 것이 어디에서 나오느냐는 것이다. 이에 그녀는 "상좌의 묻는 말에 선 채로 땅에 오줌을 싸겠소" 하고 입담을 과시한다. 이는 수좌의 질문이 하도 두려워서 오줌을 지릴 정도라는 뜻일까? 아니다. 그 말 그대로가 부모요 마음인 당체를 드러내 보인 것이다.

출가해서 안목을 이룬 선사는 왕이나 양반들도 존경했다. 반면 세속에서 유씨 할머니의 신분은 보잘것없다. 아녀자, 하물며 저잣거리에서 떡을 파는 여성은 평민 이하의 신분이다. 이처럼 겉으로 드러나는 지위는 하늘과 땅 차이였지만, 깨달음을 얻은 뒤 그녀는 명성이 자자한 선사들 앞에서도 꿀리지 않고 당당하게 선의 진수를 보였다. 선은 신분이나 성별, 직업에 상관없이 누구에게나 평등하다. 본래는 누구나 지위가 따로 없는 참사람이다. 모두가 이 하나의 살림살이를 행하고 있으며, 나머지는 아지랑이와 같고 안개와 같은 일이다. 이 사실을 똑똑히 본 그녀였기에 꿀릴 것이 없었다.

옛날 마조도일 선사가 입적을 앞두었을 때 한 스님이 찾아와 '요즘 건강이 어떻습니까?' 하고 물었다. 마조 선사는 '나날이 부처를 만나고, 다달이 부처를 만난다[日面佛 月面佛]'라고 답했다. 유씨 할머니는 마조 선사가 남긴 이 말을 잊지 않고 말하곤 했다.

나날이 만나고 다달이 만나는 허공이 섬광 같으니, 비록 천하 납승의 혀를 끊는다고 해도, 분명 그저 절반을 이루었도다.

—《우바이지》

선문답은 상대가 말이나 행동이라는 허상에 사로잡히도록 덫을 놓는 일인데, 상대가 이를 알아차리고 걸려들지 않으면 속일 수 없다. 이러한 선문답은 서로 간에 신뢰가 있고 공부에 대한 진심이 있다면, 서로의 공부의 안목과 힘을 점검해 보는 좋은 기회이다. 그러나 선문답이 능수능란하다고 공부가 확실하다고 할 수 없다. 선사들과의 문답은 특별한 순간의 일이고, 선문답을 자주 하다 보면 비결이 생겨 막히지 않고 말할 수 있다. 진정한 문답은 삶의 현장에서 이루어진다. 매 순간 경험하는 삶에서 그 어느 것에도 걸리지 않느냐가 진정한 선문답이다.

생사의 갈림길에는 오직 나 홀로 있다. 여기에는 내 삶을 일으켜 세워 줄 사람이 아무도 없다. 붓다의 말, 스승, 동료도 실질적인 힘이 되지 않는다. 오직 나 홀로 삶과 죽음의 파고를 감당해야 한다. 이때 변함없는 것은 이 마음뿐이다. 이것뿐이라는 분명한 깨달음과 확신이 있어야 모든 경계에서 자유로울 수 있다. 그래서 육조 혜능 선사는 일상삼매와 일행삼매(一相三昧 一行三昧)를 말했다.

일상의 모든 일에서 머물지 않고, 취하고 버리지 않아 편안하고, 한가하며, 평온하고, 고요하고, 텅 비고, 담박하면 이것이 일상삼매이다. 일상의 모든 일에서 가고 머물고 앉고 누움에 순수한

하나의 곧은 마음뿐이어서 마음을 움직이지 않고 참으로 정토
(淨土)를 이루면 이것이 일행삼매이다.

— 《육조단경》

유씨 할머니는 깨달음에 대한 지식이나 말보다 일상 속에서 자유
자재할 수 있는 것이 중요하다고 말한다. 상대가 없고, 나눌 일이
없으며, 나와 남이 없는 홀로인 삶. 매 순간 그녀는 그런 자신만의
세계를 살았다. 자신과 만나고, 자신과 대화하고, 자신과 문답했다.
시장 거리에서 떡판을 내리치기 이전부터 늘 이랬다. 본래 이러했
다는 것을 깨달았을 뿐이다.

깨 달 음 의
씨 앗 을
뿌 　 　 린
여 성 들

나는 오직 한 가지만을 가르친다.
그것은 괴로움과 괴로움의 소멸이다.
-

붓다

황벽
선사를
일깨운

이름 모를
할머니

황벽희운(黃檗希運) 선사는 백장회해의 법을 이었고, 임제의현의 스승이다. 복주의 민현 사람으로 고안현에서 살았는데, 어릴 때 황벽사(黃檗寺)로 출가했다. 키가 2미터가 넘었고, 이마 가운데에 구슬 모양의 살덩이가 우뚝 솟아 있었다. 음성은 낭랑하고 의지가 깊고 맑았으며, 타고난 성품이 활달해 사소한 일에 구애받지 않았다.

황벽 선사는 깨달음을 위해 전국을 두루 돌아다녔다. 그의 행적과 가르침이 《전심법요》와 《완릉록》, 그리고 여러 전등사서에 남아 있다. 특히 앞의 두 책은 그의 지도를 받은 배휴 상공이 선사와 문답한 내용을 정리한 것으로, 일반인도 쉽게 이해할 수 있어서 지금도 많은 사람이 마음공부의 안내서로 삼는다. 황벽 선사는 마조도일의 법을 이은 백장회해의 제자로 알려져 있지만, 《조당집》을 보면 그를 일깨운 사람이 남양혜충 국사의 제자인 이름 모를 할머니이다. 할머니를 만나기 전 그는 홀로 장안에서 행각을 하고 있었다.

걸식을 나가 어떤 집 앞에 이르러 말했다.

"집에서 늘 먹는 음식이라도 괜찮습니다."

그러자 병풍 뒤에서 어떤 할머니 한 분이 나타나서 다음과 같이 꾸짖었다.

"화상은 참으로 염치가 없소."

선사가 이 말을 듣자, 이상하게 여겨 다음과 같이 항의했다.

"밥도 얻어먹지 못했는데, 어찌하여 염치가 없다고 꾸짖으십니까?"

노파가 말했다.

"겨우 그 모양이니, 어찌 염치없는 게 아니겠소?"

선사가 이 말에 가만히 서서 미소를 지으니, 할머니는 선사의 얼굴과 거동이 당당하여 보통 스님이 아님을 알고 안으로 모신 후 공양을 내었다. 공양을 마치자, 할머니는 선사가 공부한 과정을 자세히 물었다. 선사가 숨길 수 없어서 자기의 공부 밑천을 다 털어놓으니, 노파는 다시 미묘한 진리의 관문을 제시해 일러주었다. 선사는 이 말끝에 문득 현현한 관문을 활짝 깨달아 정중한 말로 감사를 드렸다. 그리고는 앞으로 스승으로 섬기겠다고 했다. 이에 노파가 말했다.

"나는 다섯 가지 장애가 있는 몸입니다. 법의 그릇이 아닙니다. 내 듣건대 강서에 백장(百丈)이란 대사가 계시는데, 선림의 선지식으로 뭇 봉우리 위에 우뚝 솟았다 합니다. 스님은 그리로 가셔서 묻고 배우십시오. 뒷날 하늘과 땅의 스승이 되는 것이 중요하니, 법을 가벼이 여겨서는 안 됩니다."

뒷사람들이 전하는 말에 의하면, 이 노파는 젊었을 때 충(忠) 국
사를 섬기고 배웠다 한다.

— 《조당집》2권

황벽 선사에 대한 기록은 여러 전등사서에 남아 있지만, 그가 깨달
음을 얻게 된 기연을 적은 것은 《조당집》이 유일하다. 임제종의 시
조를 제자로 둔 선사가 노파의 일깨움으로 눈을 떴다는 사실이 놀
랍다. 《조당집》과 《전등록》의 기록을 보면, 그가 백장회해 밑에서
공부한 것은 분명해 보인다. 그런데 두 전등사서에서 그가 백장 선
사를 만나자마자 안목을 인정받았다는 내용이 나오는 것을 볼 때,
그 전에 이미 할머니에게서 깨달음을 얻었다는 《조당집》의 내용이
설득력 있어 보인다.

　진정 깨달음에 목이 마르면 스승이 어떤 사람인지는 중요하지
않다. 여성이든, 남성이든, 할머니이든, 어린아이든, 그로부터 배우
려는 마음이 중요하다. 조주 선사는 60세 나이에 '세 살 어린아이라
도 나보다 나으면 그에게 배울 것이요, 백 살 노인이라도 나보다 못
하면 그에게 가르쳐 주리라'라는 생각으로 온 나라의 안목 있는 선
사들을 찾아다녔다. 황벽 선사가 어느 노파의 집에 이르러 그녀의
평범하지 않은 말을 듣고서 배우려는 마음을 낸 것 역시 이와 다르
지 않다.

　'비구니 팔경계(八敬戒)'에서 승랍이 백 세가 된 비구니라도 갓

출가한 어린 비구에게 경의를 표해야 한다고 했다. 이렇듯 출가 종단에서 비구와 비구니의 차별은 엄격하다. 당시는 지금보다 더 엄격했을 텐데도 출가 비구가 심지어 재가 노파에게 법을 묻고 스승으로 모시려는 행동이 놀랍다. 구도의 열정이 지극하면 그럴 수 있다. 삶과 죽음의 문제를 해결하는 기회를 만나는 것은 너무도 귀하고 중요하기 때문이다. 황벽 선사는 인생의 전부를 깨달음에 두었다. 그 발심을 성취시켜 줄 대상이 누구이든 평생의 은인으로 삼았을 것이다. 아무리 보잘것없는 사람이라도 법의 인연을 맺어 준 사람이라면 당연히 스승이다. 그런데 할머니는 자신이 다섯 가지 장애를 가진 사람이라며 대신 백장 선사를 찾아가라고 말한다.

당시만 하더라도 여인오장설(女人五障設)의 잔재가 남아 있었다. 여인오장설은 부파불교 시대에 생겨나 대승불교에까지 영향을 미친 사상으로, 여성은 붓다는 물론 전륜성왕·제석천·범천·마왕 등 다섯 가지 지위에 오를 수 없다는 설이다. 석가모니 붓다 입멸 후에 불교가 형식화되고 세속화되면서 인도 사회에 팽배해 있던 여성 차별적인 시각이 불교에 스며들었다. 당시 인도 사회는 여성을 유혹의 화신으로 보았는데, 이것은 남성이 여성에게 갖는 강력한 욕구를 여성 탓으로 돌린 것이다. 그러나 욕구는 상대방의 문제가 아니라 자기 마음의 문제이다. 욕구의 원천은 자기 마음에 있다. 자기 마음이 일어나 바깥 대상을 집착하고 그것에 사로잡힌다. 이렇듯 여성 혐오와 차별적 시각에서 등장한 여인오장설은 부파불교 시대에는 크게 문제가 되지 않았다. 그 시절 사람들은 오직 석가모니 붓다의 깨달음만을 인정했지, 남성이든 여성이든 다른 사람은 모두 깨달을 수 없다고 생각했기 때문이다.

그런데 대승불교가 출현하면서 문제가 되었다. 대승불교는 모든 중생이 깨달음의 성품을 가지고 있다는 가르침인데, 이는 여인오장설 같은 당시의 지배적 인식과 거리가 멀었기 때문이다. 이 갈등을 풀기 위해 새롭게 등장한 사상이 변성남자성불설(變姓男子成佛設)이다. 여성이라도 다음 생에 남자의 몸을 받으면 깨달을 수 있다는 설이다. 이를 통해 여성의 성불 가능성을 열어 주긴 했지만, 즉신성불을 인정하지 않는 제한적인 조건이라는 점에서 이전과 크게 다를 바 없었다. 이것은 참된 가르침이 아니다. 남성이든 여성이든 모두 깨달음의 성품을 가지고 있다. 깨달음에 성별의 차이가 있을 수 없다. 대승불교의 가르침에 맞지 않는 변성남자성불설 같은 사상이 등장한 것은 당시 사회와 조화를 이루려 했던 교단의 현실적인 타협의 결과였다.

한번 생겨난 사상은 사람들 뇌리에 깊은 편견을 심어 놓는다. 이렇게 생긴 고정관념이 사라지기까지는 많은 시간이 걸린다. 황벽 선사의 스승인 할머니가 여인오장설을 들며 그에게 백장 선사를 찾아가라고 했던 것 역시, 세속 사람들의 인식을 감안한 조언이라고 볼 수 있다. 남녀 차별 의식에 젖은 사람은 자기가 믿고 따르는 스승이 여성 밑에서 득도한 사람이기보다 이름난 종파의 남성 선사 밑에서 인정받은 사람이기를 바란다. 또한 자성을 깨닫지 못한 사람은 상대의 안목을 볼 수 없어서 그의 이력이나 명성을 먼저 본다. 이를 모를 리 없는 할머니가 황벽 선사의 장래를 생각해 그를 백장 선사에서 보냈을 것이다.

그렇게 황벽 선사는 백장 선사의 제자가 되어 수많은 사람을 일깨웠고, 임제의현이라는 걸출한 제자를 배출해 냈다. 결과적으로 할머니의 선견지명이 빛났다. 그러나 이것은 만물이 평등한 실상을 깨닫는 불교 공부에서조차 뿌리 깊은 남녀 차별의 현실을 확인하는 장면이기도 해서 씁쓸함이 남는다.

현대에는 자성에 차별이 없다는 인식이 여성들 사이에 널리 퍼지고 있다. 그럼에도 여전히 깨달음 앞에서 물러서는 마음을 보이거나 작은 체험에 안주하는 경향이 있다. 여성 스스로 바른 안목과 자신감을 가져서 편견과 고정관념을 극복할 수 있어야 한다. 이미《승만경》의 승만부인,《유마경》의 천녀,《불설월상녀경》의 월상녀가 등장해 사람들을 깨우쳤고,《화엄경》에서도 많은 여인이 선재동자를 일깨웠다. 황벽 선사를 일깨운 할머니의 이야기 또한 그런 면에서 의미가 있다. 걸출한 선사의 스승이 여성이었다는 사실은 여성들에게 용기와 희망을 갖게 한다. 그리고 깨달음이란 특별한 사람에게만 일어나는 것이 아니고, 남녀의 차이에 따라 가능성이 달라지는 것도 아님을 확인시켜 준다. 나아가 배우지 못했거나 처지가 비천하더라도, 순수한 염원만 있으면 누구나 깨달을 수 있고 여러 사람을 일깨울 수도 있음을 보여 주는 좋은 사례이다.

열일곱 스님을 꾸짖은 대장부

묘신

육조혜능(六祖慧能) 이래 조사선 문하에서 처음으로 출현한 가문이 위앙종이다. 위앙종은 위산영우와 그의 제자 앙산혜적(仰山慧寂)의 이름을 따 출발한 종파로 그 문하에서 여러 비구니 선사가 배출되었다. 그중 한 사람이 묘신(妙信)이다. 그녀는 앙산 선사의 직제자로 선사의 기대를 한 몸에 받았다. 앙산 선사는 그녀를 대장부답다고 평했는데, 대장부란 법안이 밝고 힘이 있으며 어떤 경계에도 휘둘리지 않는 사람을 칭찬하는 말이다. 법안이 밝아지면 스스로 힘을 얻어 어떤 세파에도 흔들리지 않는다. 또 스스로를 구원할 힘이 생겨서 일상이 평화롭다. 이처럼 마음공부는 스스로가 스스로를 구원하는 길이다.

어느 날 앙산 선사가 절의 소임 중 해원주(廨院主, 절에서 회계·접대·공무 등의 일을 담당하는 소임)를 할 사람을 뽑으려고 널리 전임자들에게 물었다.

"누가 이 일의 적임자인가?"

여러 말이 오고 갔다.

그때 앙산이 말했다.

"신회자(信淮子)는 여자이지만, 대장부의 기질이 있으므로 마땅히 해원주로서 적임자다."

그러자 대중이 모두 승낙했다.

이렇게 묘신이 해원주를 맡게 되었는데, 앙산 문하의 훌륭한 제자들 가운데 누구도 원망하는 자가 없었다. 하찮은 소임에 불과할 수도 있지만 선택받은 자로서 맡은 바 소임을 결코 소홀히 할 수 없었다.

— 《정법안장》

당대는 중국 역사상 다른 어느 시대보다 비교적 여성의 지위가 높았다. 출가 사회에서도 비구니의 활약이 컸다. 그런 시대적 흐름이 자연스럽게 성별보다는 그 사람이 가진 능력과 자질을 먼저 보게 했다. 앙산 선사는 묘신 비구니의 흔들리지 않는 힘과 그것을 바탕으로 행하는 공정한 관리 능력을 높이 샀다. 이를 두고 대장부 기질이 있다고 칭찬했다. 참된 대장부의 기질이란 흔히 생각하는 남자다움이 아니다.

내가 아는 한 여성 도반은 삶이 원망스러워 여러 번 자살을 시도하다가 마음공부를 통해 문득 본성을 깨닫고는 새 삶을 살게 되었다. 그녀는 이 마음을 깨닫고서 '든든한 백을 얻은 것 같다'라고 말했다. 더 이상 남에게 의지하지 않게 되었다고 했다. 이전에는 부모와 남편에게 의지하려는 마음이 컸는데, 그들이 받아주지 않아서 고아가 된 듯 외로움에 시달렸다. 그런데 자기 마음을 깨닫고 보니 누구에게도 의지할 필요가 없었다. 스스로 모든 것을 창조하고 있었다. 부모도 나이고 남편도 나인데, 누구에게 의지한단 말인가? 그 사실을 분명히 알고 나니, 마치 꿈에서 깨어난 듯하고 새 생명을 얻은 듯했다. 어떤 상황에 놓이든 흔들리지 않는 당당함을 가질 수 있었다.

이처럼 마음을 깨닫고 마음에 밝아진다는 것은 꺼릴 것이 사라지는 일이다. 선사들이 말하는 참된 대장부다움이란 이런 법의 힘을 말한다. 다음 일화를 보면 묘신의 법력이 남다르다는 것을 알 수 있다.

해원주를 맡고 있던 어느 날, 촉나라에서 스님 열일곱 명이 도를 묻기 위해 앙산 선사를 찾아왔다. 마침 날이 저물어 앙산 선사가 있는 곳까지 가지 못하고 해원에서 하룻밤 묵게 되었다. 그들은 쉬면서 육조혜능 선사의 풍번(風幡)에 관한 법문을 이야기하게 되었다. 열일곱 명이 각자 여러 가지 이야기를 했지만 모두 도에 어긋났다. 이때 해원주 묘신이 건넌방에서 이 이야기를 듣고 있다가 말했다.

"열일곱 마리의 눈먼 당나귀 같은 놈들아! 불쌍하게도 얼마나 많이 신발이 닳도록 돌아다녔느냐. 그럼에도 불법의 진수는 아직 꿈에도 보지 못했구나."

이때 해원주가 스님들의 잘못을 지적하는 소리를 들은 한 행자가 열일곱 명의 스님에게 이를 고해 바쳤다. 스님들은 해원주가 나무란다는 말을 듣고도 원망하지 않았다. 그들 스스로 도를 얻지 못했음을 알고 있었기 때문이다. 그들은 즉시 예를 갖추어 향을 사르고 예배하면서 가르침을 청했다.

해원주가 말했다.

"가까이 오십시오."

스님들이 가까이 왔을 때 해원주가 이렇게 말했다.

"바람이 움직이는 것도 아니고 깃발이 움직이는 것도 아니고 마음이 움직이는 것도 아닙니다."

이 말을 듣고 스님들은 모두 느끼는 바가 있었다. 그 자리에서 예배하고 스승과 제자의 예를 올렸으며, 앙산 선사에게 가지 않고 바로 서촉으로 돌아갔다.

— 《정법안장》

육조혜능 선사가 사냥꾼 무리에서 홀로 공부하다가 세상에 나올 때 광주 법성사(法性寺)에 이르렀다. 인종 법사가 《열반경》을 강의하고 있었는데, 그때 바람이 불어서 절 앞에 높이 걸어 놓은 깃발이 움직였다. 이것을 본 어느 스님이 '바람이 움직인다'라고 말했다. 옆에 있던 다른 스님은 '깃발이 움직인다'라고 말했다. 둘의 의견 대립이 끝나지 않았다. 보다 못한 육조 선사가 '바람이 움직이는 것도 아니고, 깃발이 움직이는 것도 아니고, 스님들 마음이 움직입니다'라고 말하자 대중이 깜짝 놀랐다.

이 풍번 법문은 육조 선사가 세상에 출현하게 된 결정적인 계기였다. 그의 안목을 알아본 인종 법사가 법문을 청함으로써 비로소 육조 선사의 가르침이 전해지게 된 것이다. '바람이 움직이는 것도 아니고, 깃발이 움직이는 것도 아니고, 스님들 마음이 움직인다'라는 그의 가르침은 후대에 널리 전해져 마음공부하는 사람들 사이에 회자되었다. 앙산 선사를 찾아온 촉나라 스님들도 이 유명한 구절을 가지고 각자의 생각을 내보였다. 그런데 그 살림살이가 앞서 '바람이 움직인다', '깃발이 움직인다'라며 서로 다투던 두 스님과 다를 바가 없었다.

그 말을 듣고 있던 묘신 스님이 그들을 어리석은 당나귀 떼라고 꾸짖었다. 육조 선사가 이른 진의를 모른 채 말만 따라 뜻을 헤아렸기 때문이다. 선사는 이러저러한 말을 하고 있는 지금 이 마음을 깨달으라는 의미로 '마음이 움직인다'라고 말했다. 그 참뜻을 모른 채 이러쿵저러쿵 떠드는 것은 깨달음이 없는 사람들의 모습이다.

법에 대한 말은 모두 마지못해서 하는 말이다. 방편의 말을 통해 자기 마음을 깨달으면 방편의 말은 의미가 없어진다. 마찬가지로 육조 선사의 말을 부정하듯 말한 묘신 스님의 말 역시 하나의 방편이다. '바람이 움직인다', '깃발이 움직인다', '마음이 움직인다'라는 관념에 사로잡힌 이들이 고정관념에서 깨어나게 하려고 한 말이다. 모든 말에서 풀려나 자성이 저절로 드러나도록 이끈 것이다.

이 본성 자리에서 '바람이 움직인다', '깃발이 움직인다', '마음이 움직인다', '마음도 움직이지 않는다'라는 말이 일어난다. 모든 말이 이 마음의 일이다. 이 사실을 문득 깨닫는 것이 마음공부의 핵심이다. 말끝에 마음을 깨달은 열일곱 명의 스님은 굳이 앙산 선사를 찾아갈 일이 없어졌다. 이것은 누구에게 묻지 않아도 스스로 당연해서 더 이상 의심할 수 없다. 의심하는 것이 바로 이것이다. 이것을 벗어난 일은 아무것도 없다. 거역하려고 해도 거역할 수 없고, 의심하려고 해도 의심할 수 없다. 늘 이것이어서 낯설지 않다. 드러내 보일 수도 없고 드러내 보일 일도 아니다. 자기가 자기를 확인한 일이 대단하다고 할 것도 없다. 그러니 그저 스스로의 실수를 돌아보고 헛웃음 지으며 집으로 돌아갈 뿐이다.

흔히 바람이 분다거나, 깃발이 움직인다거나, 마음이 일어난다고 알고 있다. 그러나 바람이 불어온 적도 없고, 깃발이 움직인 적도 없고, 마음이 출렁거린 일도 따로 없다. 바람이 어딘가에서 불어온다면, 그 이전에 바람이 불어온다는 생각을 일으켜야 한다. 분별의식에 의지해 일어난 생각은 실체가 없다. 바람이 불어온 일이 따로 없다는 뜻이다. '깃발이 움직인다', '마음이 움직인다' 역시 마찬가지다. 어떤 일이 일어나기 이전에 분별이 작동해야 그 일이 가능하다. 그렇다면 모든 분별이 어디에서 일어나는가? 바로 지금 이 순간 이것이다.

지금 이렇게 일어나는 생각에 사로잡혀 그 모든 것이 실체가 있다고 믿어 버리면 바람도 불어오고, 깃발도 흔들리고, 마음도 움직인다. 그러나 그 모든 말 이전, 말이 미칠 수 없는 여기를 깨달으면 그동안의 노력이 헛수고였음을 알게 된다. 바로 그 자리에서 모든 노력을 놓아 버리게 된다.

산승은
아무것도
알 수
없노라

혜광정지

육조혜능 이래 당송 시대를 지나면서 중국 선종이 발전해 여러 종파로 나뉘었다. 당나라 때 위앙종·임제종·조동종·운문종·법안종이 출현했으며, 송나라로 넘어와 임제종이 황룡파와 양기파로 나뉘어 오가칠종을 형성했다. 당나라 때 선승 조산본적은 자신의 이름과 스승 동산양개의 이름을 따 조동종을 개창했다. 조동종의 후손 가운데 부용도해 선사가 있는데, 그는 단하자순·석문원역·정인법성을 제자로 두었다. 이 가운데 정인법성 문하에서 걸출한 비구니 선사가 나왔다. 동경의 비구니 절 묘혜사(妙慧寺)의 혜광정지(慧光淨智) 선사이다.

혜광 선사는 정지대사라고 불렸다. 정화 3년(1113) 휘종 황제가 여러 장로 선사를 궁으로 불러 법의(法衣)를 시주할 때 그녀 역시 초청받았다. 이로 미루어 볼 때 당시 명성이 높았음을 알 수 있다. 황제를 만난 자리에서 여러 선사가 자신의 안목을 드러내 보였는데, 그녀가 제일 마지막에 설법을 했다.

법좌에 올라 법문과 문답을 끝낸 혜광은 대중을 돌아보면서 말했다.

"선과 도를 논하는 것으로 치자면 많은 대선사가 이미 다 해 버렸는데, 여기에다 산승에게 다시 무슨 말을 더하라는 것이냐. 옛분의 말씀을 들어보지 못했는가? 수많은 말과 갖가지 해석은 오직 그대들을 길이길이 혼미하지 않도록 하기 위함이라는 것을. 그렇다면 결국 어떻게 해야겠는가?"

혜광은 머리에 법의를 뒤덮어 쓰고 한참 동안 묵묵히 있다가 말을 이었다.

"머리에 법의를 덮어쓰니 만사가 끝장이다. 이제 산승은 아무것도 알 수 없노라."

그러고는 법좌에서 내려왔다. 이날 설법을 들은 스님과 속인이 무려 만여 명에 이르렀는데, 감탄하지 않은 사람이 없었다. 사인(舍人) 한자창이라는 사람이 혜광의 탑명에 '박식하고 논변에 능하다'라고 평한 것은 이 때문이다. 선사의 부도는 예장(豫章) 서산(西山) 성상(聖相) 땅 언덕에 세워져 있다.

　　　　　　　　　　　　　　　　　　　　　— 《운와기담》 하권

《속전등록》 〈정인성선사법사〉 편에는 혜광 선사가 법상에 올라 조주 선사의 감파화[趙州勘婆話, 조주 선사가 오대산 길목에서 노파와 문답한 일화를 공안으로 제시한 것. 265쪽 참조]를 들어 설법했다는 내용이 남아 있다. 당시 그녀가 여러 곳에서 눈먼 사람들을 위해 활발하게 법을 폈음을 짐작할 수 있는 대목이다. 여성이 법에 대한 안목을 인정받기 쉽지 않은 선문에서 그녀와 같은 선사가 등장했다는 것은 특별한 의미가 있다.

혜광 선사는 조사선이 꽃 피우던 송나라 때 황제로부터 법의를 하사받을 만큼 안목을 인정받았다. 여러 장로 선사와 황제, 만여 명의 대중 앞에서 상당법문을 했을 뿐만 아니라 즉흥적인 문답을 통해 선지(禪智)를 드러내 보이기도 했다. 그녀가 보인 당당함과 굴하지 않는 사자후는 대중을 감화시켰다. 묘비에 적힌 '박식하고 논변에 능했다'라는 평, 또 조주감파화를 들어 자유롭게 설법했다는 기록을 통해 그녀가 선과 교에 두루 통달했음을 알 수 있다.

그런 혜광 선사가 마지막으로 법상에 올라 보니, 달리 법을 말한다는 것이 구차했다. 앞에서 다른 장로 선사들이 누차 이야기했거니와 그들이 설법하지 않았더라도 법을 말한다는 것 자체가 사족이기 때문이다. 법은 말로 할 수 없고 생각으로 그릴 수 없다. 그런데도 석가모니 붓다를 비롯해 수많은 선지식이 법을 말했다. 말로써 일깨우지 않으면 분별망상에 싸여 있는 사람들이 진실을 보지 못하기 때문이다.

《금강경》에서 '법도 이름일 뿐이고 법 아님도 이름일 뿐'이라고 했다. 우리가 갈망하는 깨달음, 법성, 자성, 본래면목이 따로 있는 것이 아니라 그저 이름일 뿐이다. 그런데 우리는 이런 말을 들으면 그런 게 따로 있다고 여긴다. 어떤 말을 하거나 들을 때, 그 자체로 아무 일이 없는 것이 이 세상의 진실이다. 모든 존재는 마음에서 일어난 분별에 의지해서 드러난 것들이다. 다른 모습이지만 다르지 않고, 있는 모습이지만 있지 않은 것이 지금 우리가 경험하는 세계의 실체이다.

또한 《금강경》에서 '모든 유위의 법은 마치 꿈같고, 환영 같고, 물거품 같고, 그림자 같고, 이슬 같고, 번개 같으니 마땅히 이와 같이 보아야 한다[一切有爲法, 如夢幻泡影, 如露亦如電, 應作如是觀]'라고 했다. 모든 것은 분별의식으로 드러난 실체가 없는 것이니, 일상 속에서 사물에 속지 않고 사람에 속지 않는 실천을 할 수 있어야 한다. 이해를 넘어 생각 이전의 텅 빈 마음과 하나가 되어 온갖 생각과 행동에서 둘이 없어야 한다.

"머리에 법의를 덮어쓰니 만사가 끝장이다." 분별하는 머리를 텅 비워 버리니 모든 것이 끝장났다. 이것저것이 없다. 법이니 법문이니 하는 일이 끝장났다. 모든 분별이 끝장나면 아는 것도 없고 모르는 것도 없다. 그러나 모든 것에 어둡지 않다. 내가 어둡지 않은 것이 아니라 이 마음이 본래 어둡지 않다. 알 수 없지만 미혹하지 않고, 알더라도 그것이 진실하다는 생각이 없다. 과식하지도 않고 단식하지도 않으며, 과하게 잠을 자지도 않고 잠을 아예 자지 않는 것도 아니다. 절에 가면 절의 예절을 따르고 세상에 나오면 세상의 규칙을 따른다. 인연 따라 물 흐르듯 자연스럽게 따른다.

"이제 산승은 아무것도 알 수 없노라!" 아무것도 알지 못함을 이렇게 당당히 선언할 수 있는 사람은 참으로 드물다.

여성이
여성에게
법을 전하다

나암혜온

온주 정거사(淨居寺)의 나암혜온(蘿菴慧溫)은 용문의 불안청원(佛眼清遠) 선사의 제자이다. 불안청원은 원오극근, 불감혜근과 함께 오조 법연의 법을 이은 삼불(三佛) 제자 가운데 한 사람이다.《선등세보》와《불조종파세보》에 혜온 선사의 이름이 나와 있는데, 이를 통해 그녀가 임제종 양기파의 선맥을 이은 비구니라는 것을 알 수 있다.

혜온 선사가 주석했던 정거사는 육조혜능 때 세워진 최초의 선종 비구니 사찰이다. 절이 세워지고 처음으로 주지를 맡은 사람이 '현기' 비구니인데, 그녀는 선종 비구니 역사에서 중요한 위치를 차지하는 인물이다.《선등세보》와《불조종파세보》계도에 혜능 아래에 '정거니 현기(淨居尼 玄機)'라는 기록이 있다.《오등회원》에는 현기 비구니가 육조혜능의 방계 제자로 기록되어 있고, 영가현각 선사의 누이라고 소개되어 있다. 이를 통해 그녀가 청원행사, 남악 회양 등과 법형제로서 직간접적으로 연결되어 있음을 알 수 있다.

한편《오등회원》에는 현기 비구니가 당나라 경운(景雲,

302

710~712) 연간에 출가했다고 기록돼 있다. 대일산 석굴 안에서 선정을 익히다가 자신의 공부를 돌아보고는 '법성은 담담하고 고요해서 본래 오고 감이 없거늘, 시끄러움을 싫어하고 고요함을 추구해 어찌 통달할 수 있겠는가?' 하고 반성하며 산을 나와 설봉(雪峰)에게 가서 참문했다고 한다.

당나라 때 현기 비구니가 주석한 이래 송나라 때 혜온 선사와 그녀의 전법 제자인 무상법등(無相法燈)이 대를 이어 정거사에 머물렀다. 또 대혜종고의 제자인 묘도 선사가 주석했다는 후대 기록이 있고, 그 뒤에 '원기'라는 비구니가 주석했다는 기록이 있다. 이런 기록으로 보아 정거사는 당송 시대 선종 비구니 전문 사찰임을 알 수 있다. 특히 그곳에서 비구니가 비구니에게 법을 전하는 전통을 만든 것이 의미가 있다. 혜온 선사는 정거사에서 제자 무상법등에게 전법하고 그곳에서 개당설법을 하도록 이끌었다. 《선등세보》 등에 기록이 남아 있는데, 이것은 여성이 여성에게 법을 전한 최초의 사례이다. 물론 기록되지 않은 전법 사례가 많을 테지만, 기록으로 남아 있는 것은 이것이 유일하다.

통주 낭산의 나암혜온 선사는 복주 사람으로 성은 정 씨이다. 여러 장로를 두루 참례하고 늦게 동림(東林)의 죽암(竹菴) 스님에게 귀의했다. 얼마 뒤 죽암이 일에서 물러나자 다시 고암 오, 남화 병, 초당 청 등을 만나 뵙고 모두에게 인정받았다. 죽암을 만나러 민(閩)의 건원으로 옮겨 갔다가 선사가 고향으로 돌아가려

하자 죽암이 물었다.

"감정이 생기면 지혜가 막히고 생각이 변하면 바탕이 달라진다. 감옥에 갇혀 기른 지혜를 쓰지 않고 한마디를 일러 보라."

선사가 이에 마음이 환하게 열려 게송을 지어 말했다.

"다그쳐서 온몸이 입이 되니

비를 욕하고 바람을 꾸짖은들 무슨 상관이랴.

어젯밤 앞마을의 사나운 호랑이가

남산의 호랑이를 물어 죽였다."

죽암이 수긍했다.

주지를 한 다음 상당하여 말했다.

"석가모니는 49년 동안 막사에 앉아서 작전만 짰고, 미륵보살은 91겁 동안 구정물을 끼얹고 진흙탕에 빠졌다. 범부의 정식과 성인의 헤아림을 능히 잘라 없애지 않더라도 이치로 비추고 깨달아 아는 것은 숨김없이 드러나 있다. 부처의 뜻과 조사의 뜻은 고기 눈알을 가지고 밝은 구슬을 만든 것과 같고, 대승과 소승은 귤껍질을 맹렬한 불길로 알아차린 것과 같다. 모든 사람은 모름지기 가슴속 보배 창고를 열어 자기 집 보물을 꺼내어서 십자가두에서 궁핍한 이들에게 두루 보시해야 한다. 대중 가운데 영리한 자가 있다면 나와서 말해 보라. 맛있는 음식도 배부른 이가 먹기엔 맞지 않다. 산승은 다만 그를 향해 말할 뿐이다. 유주는 오히려 살 만하지만 제일 힘든 것은 신라이다."

전등사서에는 혜온 선사가 불안청원의 법제자로 올라 있으나, 실질적으로는 죽암사규(竹菴士珪)에게서 깨달았음을 알 수 있다. 혜온 선사는 문득 깨닫고는 입이 따로 있는 것이 아니라 온몸이 입이라고 말했다. 깨닫지 못하면 입 따로 코 따로 눈 따로 귀 따로 있지만, 자성을 깨닫고 보면 모든 것의 근본이 하나여서 모든 것이 입이고 코이고 귀와 눈이다. 온몸이 입이 될 뿐만이 아니라 이 세상 모든 것이 입이 된다. 그러니 무슨 말을 하든 어떤 일이 벌어지든 다른 말이 아니어서 걸릴 일이 없다. '어젯밤 앞마을의 사나운 호랑이가 남산의 호랑이를 물어 죽였다'라는 것은 경계의 차별이 사라져서 따로 두고 있던 것이 사라졌다는 뜻이다. 자성은 둘 없는 하나이다. 모든 말이 있는 그대로 하나여서 여러 말로 표현한들 다른 일이 아니다.

온주의 정거사 비구니 나암 선사
상당하여 들어 말했다.
"법안(法眼)이 대중에게 보여 말하기를, '삼통고(三通鼓, 전장에서 싸움을 진작시키는 세 번의 북소리)가 울린 뒤 떼를 지어 오니, 불법과 사람의 일을 일시에 두루 마친다'라고 했다. 그런데 산승이라면

10장 깨달음의 씨앗을 뿌린 여성들

삼통고가 울린 뒤에 떼를 지어 오니, 주장자가 없어서 빗자루를 들고 연달아 삼십 방을 때리겠다."

— 《오등회원》 20권

이 상당법어는 법안종을 일으킨 법안문익(法眼文益) 선사의 말을 빌려 자신의 안목을 드러낸 것이다. 법안 선사는 전투의 시작을 알리는 북소리가 울리자마자 전사들이 밀려오듯 분별망상이 일시에 일어나는데, 불법이든 세속의 일이든 온갖 망상이 일어나자마자 곧바로 알아차린다고 했다. 다시 혜온 선사는 망상이 일시에 일어나자마자 30방을 때리겠다고 했다. 분별망상이 일어나면 그 내용이 불법에 대한 것일지라도 진실하다고 여기지 말라는 것이다. 그러나 이 또한 마지못해 한 말이니 이렇게 알아서도 30방을 면하지 못한다. 모두가 생각이고 허망한 의식이다. 법이든 아니든 정해진 게 없는 것이 지금 이 세계의 참모습이다.

혜온 선사는 뒤에 무상법등에게 법을 전했다. 《선등세보》와 《속전등록》 등에 법등 스님이 혜온 선사의 법제자로 올라 있고, 《속비구니전》〈정거사 법등전〉에 혜온 선사를 정거사의 대선지식으로 소개하고 있다. 또 법등 스님이 혜온 선사를 모시고 대중과 함께 수행하다가 깨달음을 얻었으며, 선사의 지지를 받고 법석에 올라 설법했다는 기록이 있다.

온주의 정거사 비구니 무상법등 선사께서 상당하여 주장자를 높이 들어 보이고 말했다.

"관음은 나가고 보현은 들어오니 문수는 물 위에서 구멍 난 신발을 신고 섰다. 새매가 신라를 지나갔으니, 부싯돌과 번개도 따라가지 못한다. 쯧쯧쯧!"

— 《속전등록》 33권

법은 모습도 아니요, 생각도 아니요, 말도 아니다. 그러니 관음과 보현, 문수보살을 있다고 여겨 그들의 역할과 행위에 뜻을 둔다면 버스 떠난 뒤에 손을 드는 격이고, 지나간 새를 잡으려고 허공에 손짓하는 짓이다. 아무런 이치와 뜻 없이 "관음은 나가고 보현은 들어오니 문수는 물 위에서 구멍 난 신발을 신고 섰다", 이뿐이다. 그런데 여기에서 뜻을 좇아 법을 찾는다면 어긋난다. 세상 만물은 순간순간 변한다. 이 세상에 변하지 않는 것은 아무것도 없다. 말도 마찬가지고 뜻도 마찬가지이다. 변하는 대상을 붙잡고 의미로 고정시키려 하면 하늘과 땅 차이로 벌어진다. 아무리 빠른 분별이라도 어느 것도 붙잡지 못한다. 실상은 붙잡을 게 없고 붙잡을 수 없기 때문이다.

안다는 것, 붙잡는다는 것은 풍경 사진을 찍는 일과 같다. 해운대 앞바다의 아름다운 풍광을 보고 그냥 지나칠 수 없어서 사진을 찍는다. 찍은 사진을 보면서 이곳이 해운대 앞바다라고 생각하지만, 사진은 진짜 해운대 앞바다가 아니다. 이처럼 우리가 어떤 사람을 안다, 사물을 안다, 사건을 안다, 법을 안다고 하는 것은 모두 지금 이렇게 일어나는 이미지이거나 생각이다. 이미지와 생각은 말 그대로 이미지와 생각이지 실재가 아니다. 이 사실을 깨달은 선사들이 이를 후예들에게 가리켜 보였다. 수많은 선사가 마음에서 마음으로 깨달음의 등불을 전했다. 하지만 대부분 남성 사이에서 이루어졌다. 남성들은 경전이나 성전 기록의 주체였고, 그 선택도 자신들을 중심에 놓고 했다.

'남성은 자신의 몸이 직접적이며 정상적이고 객관적이라고 이해하고 믿는 반면, 여성은 자신의 몸에 장애가 있고 자신의 몸이 감옥이며 여성의 몸에만 있는 온갖 특유한 것에 짓눌려 있다고 여긴다.' 시몬느 드 보봐르가 한 말이다. 물론 현대 여성들은 이런 정도로 자신을 낮게 평가하지는 않을 것이다. 하지만 아직도 알게 모르게 이런 의식이 사회와 사람들 사이에 깊이 스며 있다. 선사들이 즐겨 쓰던 대장부다움을 법력에 두지 않고 남성성의 발현으로 오도하는 것도 그런 경우다. 요즘도 비구니에게 출가해서 여성의 삶을 벗었으니 장부가 된 것이나 다름없다고 말하기도 한다. 장부다움을 나약한 여성성이 사라진 남자다움으로 오해하는 것이다. 그러나 진정 안목을 밝힌 사람이라면 당당함, 장부다움을 법에 두어야 한다. 장부다움은 어떠한 순간에도 삶이 흔들리지 않는 담대함, 당당함을 의미한다. 남성이라고 삶의 모든 면에서 당당하지 않다. 여성이라고 삶의 모든 순간에 주눅 들거나 의존적이지 않다.

남녀의 문제가 아니다. 위아래 모두 평등한 성품을 깨닫고, 걸릴 것 없음 속에서 무소의 뿔처럼 가는 행을 장부다움이라고 해야 할 것이다. 이 무한평등에는 남녀가 없다. 여성도 마찬가지지만, 남성 스스로도 자신을 남성으로 고정시키면 깨달을 수 없다. 둘 다 분별의식이다. 이런 고정관념과 편견에 사로잡히지 않으면 누구나 깨달을 수 있다. 여성 스스로도 여성이라는 자기 규정에서 본질적으로 깨어나야 한다. 본래 우리 자신은 누구도 아니면서 모든 것이다. 남성과 여성이 이르지 못하는 바로 그곳이 모든 사람의 본성이다. 이것이 나와 세상의 본성이다. 이것이 온 누리이다. 이 본성을 밝히는 것이 진정 자신의 등불을 밝히는 것이며, 혜온 선사가 법등 스님에게 법을 전한 뜻이기도 하다.

혜온 선사는 시대를 앞서고 세상을 뛰어넘은 여성이었다. 사회적인 차별을 뚫고 마음을 깨달아 혼자만 만족하지 않고 후배 여성들을 일깨웠다. 직접 가르친 제자를 자신이 앉던 법상 위에 올려 법문하게 함으로써 후예들의 모범이 되었다. 본래 청정한 마음이 자신임을 깨달았기에 고정관념을 뛰어넘는 행을 보일 수 있었다.

수많은
엉터리
장로보다
낫다

묘도

묘도(妙道) 선사는 대혜종고의 제자로 연평 지역의 상서 황상의 딸이다. 그녀는 여러 선지식을 두루 친견한 뒤 경산의 대혜 선사를 참례했다. 그녀의 깨달음 인연에는 남다른 점이 있다. 선지식이 앞에 앉은 사람에게 마음을 다해 일깨워 줄 때, 정작 그 사람에게는 소식이 없고 가까이 있던 사람에게 소식이 오는 경우가 종종 있다. 그녀 역시 그렇게 깨달았다.

어느 날 대혜 선사가 방장실에서 한 스님을 앞에 놓고 물었다.
"마음도 아니요, 부처도 아니요, 물건도 아니다. 이것이 무엇이냐?"
스님은 어찌할 바를 몰라 머뭇거렸다. 시간이 지나도 스님에게서 아무 말도 들을 수 없었다. 때마침 문밖에 있던 묘도가 이 말을 듣고 순간 환하게 깨친 바가 있었다. 대혜 선사에게 이 사실을 알리자, 다음과 같이 말하면서 인가해 주었다.

"화살이 뽕나무에 꽂혔는데 닥나무에서 즙이 나왔군!"

— 《총림성사》 하권

깨달음은 나와 남이 나뉘기 이전 자리에 통하는 일이다. 드러난 세계는 나와 남으로 분별된 것인데, 이 분별이 일어나는 바탕이 본성 자리이다. 여기에는 마음, 부처, 어떤 것도 분리되어 있지 않다. 대혜 선사 앞에 앉은 스님이 마음·부처라는 분별에 떨어졌다면, 묘도 선사는 마음이라는 생각, 부처라는 생각, 다른 어떤 생각도 따라가지 않았다. 그때 문득 깨달은 바가 있었다.

이 마음을 깨닫지 못하는 이유는 마음이 비춰 낸 현상에 사로잡혀 있기 때문이다. 오랜 세월 마음에서 일어나는 생각이나 감정, 감각적 현상에 사로잡혀 그것을 진실하다고 여겨 온 사람들은 자기 마음에 속고 있는 줄 모른다. 자기에 대한 진지한 관심이 없고, 이 세상의 진실에 대한 편견 없는 탐구가 없다. 안목이 밝아진다는 것은 자기에게 밝아지는 것이다. 자기에게 밝아진다는 것은 세상에 밝아지는 것이다. 여기에는 분리가 없다. 사람도 따로 없고, 사람이 상대할 대상도 따로 없다. 모두가 분리 없는 한 몸이다. 분리가 없으면 괴로움도 없다. 모두가 한 몸이면 공포가 없다. 인간의 고통은 지금 자기가 무슨 경험을 하고 있느냐에 달려 있는 것이 아니라, 이 세상의 참모습을 깨닫느냐 그러지 못하느냐에 있다.

선사는 분리 없는 마음 하나를 가리켜 보일 뿐이다. 오직 이 깨달음만이 스스로를 구원하고 세상을 구원한다. 낱낱의 사안을 상대하는 것은 근원적인 자유를 가져오지 못한다. 문득 자기 마음을 깨달을 때 대자유가 열린다. 대혜 선사가 "화살이 뽕나무에 꽂혔는데 닥나무에서 즙이 나왔다"라고 말한 것은 눈앞의 스님에게 알아들으라고 한 말에 예기치 않은 곳에서 소식이 온 것을 기뻐한 말이다.

묘도 선사에 대한 기록은 《총림성사》 외에도 《속전등록》, 《속비구니전》에 잘 나와 있다. 개당설법과 비구니와의 문답이 소개되어 있다. 《선등세보》에는 대혜 선사의 제자로 이름이 올라 있다.

그녀는 홍복사의 개당법문에서 대중에게 설법했다.

"선이란 뜻으로 생각하는 것이 아니니, 뜻을 세우면 종지에 어긋난다. 도란 공훈과는 동떨어지니, 공을 세우면 도의 분수를 잃게된다. 소리 밖의 말을 생각 속에서 구하지 마라. 조용(照用)의 기틀을 지니고 불조의 수단과 방편을 쥐고서 부처가 있는 곳에선 서로 손님과 주인이 되고 부처가 없는 곳에선 바람이 냉랭하다. 마음이 편안하고 생각이 태연하면 메아리는 순조롭게 소리로 화답하니, 말해 보라. 이와 같은 사람은 어느 곳에 있는가를……."

한참 동안 말없이 있다가 송했다.

"도롱이 걸치고 천 봉우리 밖에 비껴 서서
오로봉 앞 채소밭에 물을 끌어 준다."

— 《총림성사》 하권

도란 말할 수 없고 세울 수도 없지만 분명한 것이다. 무슨 말을 해도 용납이 되지 않지만, 모든 것을 예외 없이 받아들인다. 여기서는 모든 것이 의미를 잃어 버린다. 그동안 이룬 성공이나 실패, 행복과 불행조차 아무것도 아닌 일이 된다. 본래 그렇다. 허공과 같은 본성을 깨닫지 못하기에 생각에 머물러 과거에 발목 잡히고, 미래가 두렵고 현재가 시끄럽다. 현실은 정교한 영상과 같다. 어젯밤 꿈이 진실이 아니듯, 지금 경험하는 현실도 환상과 같기는 마찬가지다. 어젯밤 꿈속의 나는 꿈일 뿐이다. 지금 이 순간 나 역시 분별의식일 뿐이다. 꿈에서 사람이 나고 죽더라도 꿈이다. 지금 현실에서 사람이 나고 죽더라도, 가슴 아픈 일이기는 하지만 역시 꿈과 같은 분별의식이기는 마찬가지다. 감정을 못 느끼고 생각을 하지 않는 일이 아니다. 생각과 감정 모든 것을 다 경험한다. 그렇더라도 그것이 꿈과 같은 것임을 부정할 수 없다. 이 허망한 것이 바로 지금 이 마음의 투영임을 바르게 볼 수 있으면 모든 허상이 하나로 진실하게 된다.

또다시 설법했다.

"눈썹을 치켜올렸다 내렸다 하는 잘못은 눈뜨고 침상 위에다 오줌 싸는 격이요, 현성공안(現成公案, 눈앞에 있는 그대로 완전하게 드러난 공안)을 함부로 쓰는 것은 꾀 많은 계집아이가 정조를 잃은 격이라. 도무지 이럴 수도 저럴 수도 없는 것이면, 신령한 거북이가 꼬리를 질질 끄는 격이다. '마음도 아니요, 부처도 아니요, 물건도 아니라' 함은 허공에 못질하는 것이요, 부서진 짚을 떠난다

해도 오히려 썩은 물속에 잠겨 있는 용과 같은 꼴이다. 깊은 물을 쏟고 높은 산을 무너뜨리는 한마디를 어떻게 말할까? 거령(巨靈, 황하강의 수호신)이 손을 올리는 것은 대단찮은 일이나 화산(華山)을 천 겹 만 겹 산산조각 내었노라."

뒷날 수암사일 스님은 한 스님이 이 법문을 거론하는 걸 보고서 손을 이마 위에 얹고 먼 곳을 바라보며 말했다.

"이 일은 남녀 등의 상에 관한 것이 아니다. 수많은 대장부가 10년이고 5년이고 대중 가운데 살며 캐보아도 알지 못한 경지이다. 그녀는 비록 여인이지만 의젓하게 대장부의 일을 해내었으니, 수많은 엉터리 장로들보다도 훨씬 낫다."

— 《총림성사》 하권

공부하는 사람은 대개 어떤 개념이나 상태로 이 공부를 성취하려고 한다. 그러나 개념과 상태에 대한 집착이 오히려 깨달음을 방해한다. 도를 닦는 사람이 '눈을 깜박이는 것이 도'라고 여기거나, 공안을 가지고 이리저리 판단하고 이해하는 것을 도라고 여기거나, 이럴 수도 저럴 수도 없는 것에 머물러 있거나, '한 물건도 없는 것'이 도라고 여긴다면, 이는 법을 분별로써 구하는 것이다. 이런 방편의 말들이 선의 스승들에게서 나온 것이기에 매달리기 쉽지만, 어디까지나 이는 배우는 사람이 어떠한 지점에도 머물지 못하게 하려는 방편일 뿐이다. 그런데도 이것에 집착하니 스승의 의도와 한참 어긋난 곳에 있다. 일깨우는 말을 듣되 그 소리와 뜻에 대한 집

착을 놓아 버리고 곧바로 가리키는 마음에 통해야 한다. 통하라고
하는 말을 금과옥조처럼 여겨 집착해서는 안 된다. 묘도 선사는 대
다수의 마음공부인이 이러한 망상에 머물러 있기에 사례를 들어
집착을 내려놓도록 방편의 말을 한 것이다.

묘도 선사는 비구 선사들의 것과 비교하면 많다고 할 수 없지
만, 적잖은 상당법문과 선문답을 남겼다. 그의 안목을 제대로 알 수
있는 법문이 많이 남아 있다.

온주(溫州) 비구니 묘도 선사는 연평(延平)의 상서(尚書) 황상(黃
裳)의 딸이다. 개당(開堂)하는 날 말했다.

"묻는 말은 이제 그만두어라. 설사 봇물을 쏟아붓는 말솜씨와
산을 거꾸러뜨리는 기틀을 가졌다 할지라도 납승의 문하에서는
조금도 쓸모가 없다. 또한 부처가 아직 세상에 나오기 전에는 아
무 일이 없었거늘 우리 조사께서 서쪽에서 오셔서 다시 허다하
게 세운 것이 있어 여러 곳에서 서로 우러러보고 별을 쪼개 파
를 나누어 오늘에 이르러 잘못이 자손에게 미쳤다. 마침내 산승
으로 하여금 사람과 하늘의 대중 앞에서 바람도 없는데 물결을
일으켜 두 번째 문[방편]에서 한 소식을 통하게 하는구나. 말과
침묵 모두 다함 없는 것이 큰 모서리를 가득 채우고, 설명이 미
치지 못하는 곳에서 모래 수 세계를 둘러싸고 있으니, 온몸이 눈
이어서 눈앞에서 기틀을 마주하면 번갯불을 말아 들이고 별똥
이 떨어지듯 달리니 어떻게 발을 딛겠는가? 어떤 때 한 할(喝)은

살리고 죽임을 마음대로 하고, 어떤 때 한 할은 부처와 조사도 구별하지 않고, 어떤 때 한 할은 팔면에서 적을 받아들이고, 어떤 때 한 할은 자신도 구제하지 못한다. 자, 말해 보라. 어느 할이 살리고 죽임을 마음대로 하는 것이고, 어느 할이 부처와 조사도 구별하지 않는 것이고, 어느 할이 팔면으로 적을 받아들이는 것이고, 어느 할이 자신도 구제하지 못하는 것인가? 만약 여기에서 알아차린다면 갚지 못할 은혜를 갚을 수 있다. 그러지 않다면 산승이 꿈도 꾸지 않고 꿈 이야기를 한 셈이다."

— 《속전등록》32권

묘도 선사의 개당법문을 보면 당시 내로라하는 선사들의 설법과 큰 차이가 없다. 부처가 세상에 나와 불법을 말한 것, 달마대사가 인도에서 중국으로 건너와 마음을 가리켜 보인 모든 언행이 후대 학인들의 혼란과 망상만 가중시켰다고 일갈한다. 임제종 양기파의 후손답게 모든 망상을 부숴 버린다. 훌륭한 말솜씨와 산을 거꾸러 뜨릴 만큼의 기세를 가졌다고 하더라도, 이것이 '한 물건'이자 분별 망상이고 허망한 관념 놀음이다. 설사 부처, 조사의 말과 행동이라도 여기서는 용납되지 않는다. 거침없고 불친절한 법문 같지만 진실로 친절하고 직접적인 가르침이다.

'할(喝)'은 임제 선사에게서 시작된 방편으로 후대로 넘어오면서 선사와 조사의 방편력을 상징하는 말이 되었다. 할이란 '꾸짖는다'라는 뜻으로 분별망상에서 깨어나도록 정신을 차리게 하는 방편이다. 선사들은 때로 살리고 죽이는 방편을 쓰고, 부처와 조사를 부정하는 방편을 사용하고, 모든 망상을 받아들이는 방편을 쓴다. 이 모두가 마음이 어디에도 머물지 못하게 하려는 의도이다. 마음이 어떤 대상 경계에도 사로잡히지 않을 때 순수한 본성이 저절로 드러난다. 아직 이 소식에 밝지 않다는 것은 자기도 모르게 대상화에 떨어져 있고, 생각과 감정을 존재로 동일시하기 때문이다.

선사의 방편을 통해 학인은 살기도 하고 죽기도 하며, 부처와 조사의 차별에서 벗어나기도 하고, 사방의 망상을 더하거나 망상이 온전히 법이 되기도 한다. 선사의 '할'은 오직 한 '할' 뿐인데, 그것을 보는 사람은 여러 개의 할이 되어 버린다. 선사의 모든 말과 행동은 오직 하나의 마음을 깨닫게 하기 위함인데, 말과 행동 따라 다른 것으로 본다면 배우는 사람 스스로 길을 잃어 버린다.

불자(拂子)를 들어 보이고 말했다.
"보았느냐? 만약 보았다면 견해의 가시에 장애를 입을 것이다."
선상(禪床)을 치고 말했다.
"들었느냐? 만약 들었다면 소리라는 경계에 미혹된 것이다. 설령 보는 것을 떠나고 듣는 것을 끊었다 하더라도 바로 이승(二乘)의 작은 과실(小果)이다. 모양을 덮고 소리를 타는 것에서 한 걸음 뛰쳐나와 온전히 놓아주고 온전히 거두어들여서 주인과 손님이 서로 바뀌니, 그런 까닭에 '불성의 뜻을 알고자 하면 마땅히 시절인연을 살펴보라'라고 한 것이다. 감히 여러분에게 묻

노니, 바로 지금은 무슨 시절이냐? 넓고 넓은 어진 덕은 성인의 교화를 돕고 밝고 밝은 온화한 기운은 태평을 돕는다."

불자를 던지고는 자리에서 내려왔다.

어떤 비구니가 물었다.

"어떤 것이 부처입니까?"

선사가 말했다.

"부처가 아니다."

비구니가 말했다.

"어떤 것이 불법의 큰 뜻입니까?"

선사가 말했다.

"뱃속의 골수이다."

비구니가 물었다.

"말이 현상을 펼쳐 보이지도 못하고 이야기가 기틀에 들어맞지도 않을 때는 어떻습니까?"

선사가 말했다.

"똥도 싸기 전에 구덩이에 떨어졌다."

— 《속전등록》32권

불자를 들어 보이며 여기에서 본다면 본 것의 장애를 입는 것이고, 선상을 치며 소리를 내어 보이고는 여기에서 들었다면 미혹이고 듣지 않았다면 없음에 떨어진 것이라고 했다. 모양과 소리에서 뛰쳐나와 모든 것을 놓아주고 모든 것을 거두어들여서, 예전의 주인은 손님이 되고 예전에 돌아보지 않았던 손님은 주인이 되어야 자유자재하다. 이 자재함은 지금 눈앞에서 일어나는 모든 인연을 떠나 있지 않으니 잘 보라고 말한다.

설법 말미에 한 비구니 학인이 물었다. 부처를 물으니 부처가 아니라 하고, 불법을 물으니 뼛속의 골수라 했다. 부처는 부처 아닌 것까지 모두 부처이고, 불법은 모든 현상의 본질이니 뼛속의 골수이다. 그러나 이렇게 안다면 선사의 참뜻을 모르는 것이다. 입을 열기 전에 분명하고, 묻는 말 그대로 듣고 싶은 답이다. 말 한마디 한마디 자체가 법이어서 따로 생각으로 헤아리고 따질 일이 아니다.

'말이 현상이 되지 않고 이야기가 기틀에 맞지 않을 때'는 '분별할 수 없을 때'라는 뜻을 가진 분별의 말이다. 분별하지 않을 때의 마음을 묻는 질문이다. 그런데 분별은 자기가 하는 것이고 마음도 자기에게 있다. '분별하지 않을 때'가 자기에게 달려 있고, 마음을 깨닫는 일 또한 자기에게 달려 있다. 선사에게 물을 일이 아니다. 학인 스스로 '말이 현상이 되지 않고 이야기가 기틀에 맞지 않을 때'라는 말뜻에 떨어지지 않는다면, 이 말 자체가 그가 찾는 답이다. 그러나 그 사실을 모르니 스승에게서 답을 구하는 것이다. 이를 보고 묘도 선사는 똥을 싸려는 사람이 똥도 싸기 전에 똥구덩이에 빠져 온통 오물을 뒤집어썼다고 꾸짖었다.

깨달음의 주인도 자신이고, 미혹의 주인도 자신이다. 세상도 자신이고, 나도 자신이다. 어디에서 답을 찾고 물을 것인가. 암주는 암사 밖 소식을 알지 못한다. 우리는 남의 소식을 모른다.

불도로   이여순
억압의 시대를
뚫어 낸

조선 시대 때 불교와 여성은 모두 억압의 대상이었다. 태조 이성계
는 유림의 힘을 등에 업고 조선을 건국했다. 조선은 유교를 통치 이
념으로 삼아 중앙집권적인 국가를 운영했다. 시간이 흐르면서 통
치 이념이 사회 전반에 스며들었고, 후기에 이르러서는 유교가 서
민들의 삶에 온전히 녹아들었다. 집권 세력인 사대부 유학자들은
지속적으로 불교를 탄압하고 억압했다. 조선 전기까지만 해도 승
과 제도가 유지되고 사찰에 대한 탄압이 극심하지 않았지만, 후기
로 넘어가면서 불교는 크게 쇠퇴해 산중으로 숨어들어야 했다.

　불교가 탄압되고 유교적 사회 질서가 자리매김하면서 삼종지
도(三從之道, 여성이 따라야 할 세 가지 도리) 같은 여성의 인권을 억압하
는 통념이 뿌리내리기 시작했다. 여성은 억압받는 삶을 살아야 했
고, 사회적인 성취 기회가 모두 사라졌다. 이 암울한 시기에 불교
사적으로나 여성사적으로 걸출한 인물이 등장했다. 그녀의 이름은
이여순(李女順)이다. 여순은《조선왕조실록》,《어우야담》,《연려실

320

기술》,《청룡사지》등 여러 정사류와 야담집, 사찰 사료에 그 이름이 등장할 만큼 입지전적인 인물이다.

1587년 가선대부에 올랐던 이귀(李貴)의 외동딸로 태어난 여순은 6~7세 때부터 글자를 대략 아는 영리한 아이였다. 뒷날 스스로 고백하기를, 이때부터 세상의 즐거움에 마음이 없었다고 한다. 15세에 김자겸(金自兼)이라는 사람과 결혼했는데, 그 역시 당시로는 독특한 인물이었다. 자겸은 감사 김억령의 손자이자 현감 김탁의 아들로 불도(佛道)를 몹시 좋아해서 서얼 출신 오언관(吳彦寬)과 함께 불도를 닦았다. 부인 여순과는 거처와 음식의 차별을 두지 않았고, 잠자는 방도 같이 썼다. 또 여순이 불교에 관심을 보이자, 그녀를 부부의 도리로써 대하지 않고 도 닦는 벗으로 삼았다. 나아가 그녀도 자신과 자신의 벗 언관과 더불어 불도를 논하도록 이끌었다. 이렇게 세 사람은 함께 어울리며 음식을 먹고 때때로 밤늦도록 시간 가는 줄 모른 채 도를 이야기했다.

평소 김자겸은 '나는 그대와 같은 아내가 있고 오언관과 같은 벗이 있으니 일생이 행복하다'라고 말하곤 했는데, 안타깝게도 병들어 죽게 되었다. 1608년 8월, 자겸은 언관에게 자기가 죽더라도 평소와 같이 여순을 찾아가 불도를 논하라고 부탁했다. 자겸이 죽은 뒤 그의 유언대로 언관이 여순의 집을 꾸준히 방문했고, 두 사람은 여러 불교 서적을 공부하며 정진했다. 그렇게 8~9년의 세월이 흘러 문득 깨달은 바가 있었다. 사람들은 여순을 살아 있는 부처라고 부르며 우러러봤다. 이 시기 진주 목사(牧使) 나정언의 첩으로 일찍 과부가 된 정이(貞伊)라는 여인이 있었는데, 여순을 본 후 그녀를 따라다니며 의지하게 되었다.

22세에 혼자가 된 여순은 여전히 자신이나 집안의 소문, 시모 봉양이나 자녀 양육에 크게 관심이 없었다. 그녀는 출가해서 수도에 더욱 전념할 기회를 얻길 바랐다. 그러다 1614년 4월 언관이 고요하고 산수 좋은 곳에 가서 살겠다고 하자 부모와 시어머니, 아들에게 말 한마디 없이 편지를 남긴 후 정이와 노비 몇 사람만을 데리고 훌쩍 그를 따라나섰다. 여순 일행은 안음현 덕유산 산중에 자리 잡았다. 머리를 깎고 거주하면서 언관은 황(晃)으로, 여순은 언관의 죽은 아내 이름을 따 영일(英一)로 이름을 고쳐 불렀다. 당시 읍내 사람들이 수행하는 이들에게 음식을 보시하곤 했는데, 사람들은 여순과 언관이 제때 밥을 먹지 않아도 전혀 굶주리거나 피로해 하지 않고, 어두운 곳에 거처해도 온몸에서 향기와 광채를 내뿜는다며 두 사람을 공경해 마지않았다.

그런데 바로 전 해인 1613년(광해군 5년), 명문가의 서얼 일곱 명이 자신들의 신분을 한탄하며 스스로 강변칠우(江邊七友)라 이름 짓고 도적질을 하는 사건이 있었다. 당시 집권 세력이던 대북파는 이를 계기로 역모 죄를 씌워 소북 세력인 영창대군파를 일제히 몰아냈다[계축옥사]. 이때 강변칠우 중 한 명인 박치의란 자가 도망쳤는데, 조정에서 각 지방관에게 의심스러운 인물을 체포하라는 명령을 내렸다. 이에 안음현의 관리가 외지에서 온 여순 일행을 수상하게 여겨 이들을 심문했다. 여순과 언관은 사대부 집안 여성이 서얼 출신 외간 남자를 따라나선 것이 알려지면 양반 부인의 정조 상실을 크게 문제 삼을 것을 염려해 부부라고 거짓말을 했다. 그러나 그 말이 의심스러웠던 관리가 이를 조정에 보고했고, 두 사람은 서울로 압송되기에 이르렀다.

당시 권력에서 밀려난 서인 세력이었던 여순의 아버지 이귀는 딸이 불교에 빠졌을 뿐 결코 간통하지 않았다고 주장했다. 하지만 자신에 대한 정치적 공세가 심해지고 딸 역시 처벌을 피하기 어렵게 되자, 여순에게 자결하라고 말한 후 임금에게 먼저 처벌을 요청했다. 결국 심문을 받던 언관은 죽게 되었고, 여순은 감옥에 갇히게 되었다. 이때 여순이 시 한 수를 지어 남동생에게 주었다.

이제 가사가 누런 먼지로 더럽혀졌으니
어찌하여 청산은 사람을 허락하지 않는가?
감옥은 다만 몸을 가둘 수 있을 뿐,
금오(의금부)는 멀리 노니는 정신을 금하기 어렵네.

— 《어우야담》

당시 여성에게 정조는 목숨과 같은 것이어서 사대부집 여성이 서얼 출신의 외간 남자와 도주한 죄는 절대 용서받을 수 없었다. 함께 생활했던 정이가 그런 일이 없었다고 증언했으나 받아들여지지 않았다. 여순은 자신의 처지를 알고 유언처럼 시를 남겼다. 이 시를 보면 그녀의 공부가 헛된 것이 아니었음을 알 수 있다. 비록 지수화

풍으로 된 몸은 옥에 가둘 수 있으나 해탈한 마음은 의금부가 가둘 수 없다. 사물 밖으로 벗어나 모든 사물을 비추는 이 마음은 누구도 잡을 수 없고 가둘 수 없다. 참된 여순은 해탈한 마음이지 지수화풍으로 된 몸이 아니기 때문이다. 그녀는 또 조정에서 조사를 받을 때 이렇게 말했다.

　이 세상에는 세 가지 가르침이 있으니 유교와 도교와 불교입니다. 유교는 자신의 덕을 밝히고 사람의 덕을 밝힘으로써 군신과 부자에게 오륜(五倫)을 모두 밝히도록 하고, 만물로 하여금 그 직무에 편안토록 하여 곤충과 초목까지 모두 그 혜택을 입도록 하니, 이 도가 두드러진 점입니다. 선교는 능히 물과 불로 기운과 형태를 단련해서 사물 밖으로 날아올라 가니, 질병과 고뇌가 가까이 올 수 없어 늙어 죽음이 침범하지 못합니다. 그러나 겁(劫)이 무너질 때는 윤회를 벗어나지 못하니, 이는 다만 오래 사는 영화에 그칠 뿐입니다. 불학은 자성(自性)이 깨끗함을 문득 깨닫는 것이니, 마치 흰 달이 하늘에 떠 있는 듯합니다. 삿된 습관이 저절로 제거되고, 번뇌가 저절로 청정해집니다. 점차 원만하게 통하여 자유롭고, 신비스러운 변화에 막힘이 없으며, 윤회의 길이 끊어져 지옥이 영원히 멸합니다. 이전부터 이어오던 나쁜 짓[惡業]은 구름이 소멸하고 비가 흩어지듯 하며, 지난 겁 동안 원한이나 친교를 맺은 이들과 함께 깨달음의 언덕[覺岸]을 건너게 되니, 몸은 무너져도 더욱 밝아지고 겁이 다하도록 더 견고

해집니다. 미세한 티끌 하나도 대개 이와 같으니 그 나머지에 대해서는 말로 다하기 어렵습니다. 신은 여자의 몸으로 태어나 유학을 배우고자 해도 끝내 임금을 바르게 하고 백성에게 혜택을 주는 지극한 이치를 이룰 수가 없습니다. 또한 선도는 조화의 권능을 훔쳐 크게 허깨비를 희롱한 것입니다. 그러니 불도를 배워 겨우 한 오라기를 터득하고는 산림에 자취를 감추고 위로는 주상의 만수무강[聖壽]을 축복하고 아래로는 부모님 은혜에 보답함을 어찌 일생 동안 짊어지지 않을 수 있겠습니까? 이제 대죄 가운데 떨어졌으니 죽을 날이 얼마 남지 않았습니다. 몸뚱이가 흩어지는 것은 다만 신발을 벗는 것과 같고, 생사의 이치는 밤이 지나면 아침이 오는 것과 다름이 없습니다. 하물며 죄를 범하지 않고 죽게 되었으니, 죽는 것이 오히려 사는 것입니다. 이 마당에 여한이 없습니다.

— 《어우야담》

여순은 불도뿐만 아니라 당시 지배 이념인 유교, 오랜 전통을 가진 도교에 대해서도 명료하게 이해하고 있었다. 뿐만 아니라 당시 여성들의 삶의 한계도 정확히 보고 있었다. 이런 안목을 가지고 있더라도 조정의 고관대작과 임금 앞에서 논리의 허점 없이 말하기란 결코 쉽지 않다. 불도와 세속을 바라보는 날카로운 눈과 꺾이지 않는 그녀의 기개를 확인할 수 있다.

죽음을 앞두고 꺼내 보인 불도에 대한 안목과 풍기는 자태, 그리고 세상사의 이치를 통찰한 듯한 모습은 오히려 여순을 공경의 대상으로 만들었다. 왕실의 많은 여성이 그녀를 우러러 따랐고, 그들의 도움으로 마침내 여순은 감옥에서 풀려났다. 그녀는 임금에게 자수궁[慈壽宮, 선대 왕들의 후궁이 거처하던 궁궐로 인조 대 자수원(慈壽院)으로 이름을 바꿔 비구니 사원으로 쓰이다가 현종 대 폐지됨]에 들어가게 해달라고 청했다. 이후 자수궁에 머물면서 예순(禮順) 스님이 된 그녀는 궁에도 출입할 수 있게 되었다. 얼굴도 예쁜 데다가 글재주도 뛰어났던 예순 스님은 중전 유씨를 비롯해 후궁들로부터 존경과 신임을 받았다. 또 광해군의 총애를 받던 상궁 김개시와 모녀의 의를 맺는 등 왕실 여성들과 폭넓은 관계를 맺었다. 시간이 흘러 아버지와 오빠들, 시아주버니 김자점 등 서인 세력이 주축이 되어 인조반정을 일으킬 때는 김개시를 통해 광해군의 의심을 사지 않도록 처세하는 등 여러 가지 면모를 보였다.

예순 스님은 반정 과정에서 수많은 원혼을 낳게 한 과보로 한동안 괴로워했다. 특히 자신을 도와 광해군을 설득해 아버지의 모의를 의심하지 못하게 했던 김개시가 반정군의 칼에 희생되었다는 소식을 듣고 마음이 아팠다. 그래서 정업원(淨業院, 고려와 조선 시대 도성 안에 있던 비구니 전통 사원)이 설치돼 있는 청룡사로 가 속죄하며 살기로 마음먹었다. 그곳에서 1657년 71세의 나이로 입적했다.

영웅적인 삶의 전형을 보여준 이여순, 혹은 예순 스님은 조선 시대 500년 여성불교사에 홀로 빛나는 별과 같은 존재이다. 그녀는 6세 때 임진왜란을 겪고, 이때부터 삶의 무상함을 느껴 이 문제를 해결하고자 진취적으로 노력했다. 유교의 가르침을 섭렵하고, 도교의 이치를 살폈으며, 끝내 불도를 선택해 모든 것에서 해탈하는 자유로운 길을 갔다. 물론 삶이 순탄하지는 않았다. 또 계축옥사와 인조반정 과정에서 보여 준 모습은 관점에 따라 다양하게 해석될 여지가 있다. 그럼에도 암흑과 같은 억압의 시대를 뚫고 깨달음의 길을 간 그녀의 삶은 마음공부하는 사람들에게 분명한 하나의 메시지를 전한다. 우리가 어떤 환경에 처해 있더라도, 온갖 구속과 한계와 고통이 우리를 힘들게 할지라도, 결코 그것은 법에 이르는 데 장애가 되지 않음을 말이다.

나는 —————
여자도 아니고
남자도 아니다
모든 — 것이다

2020년 12월 28일 초판 1쇄 발행

지은이 임순희
발행인 박상근(至弘) • 편집인 류지호 • 상무이사 양동민 • 편집이사 김선경
책임편집 양민호 • 편집 이상근, 김재호, 김소영 • 디자인 쿠담디자인
제작 김명환 • 마케팅 김대현, 정승채, 이선호 • 관리 윤정안
펴낸 곳 불광출판사 (03150) 서울시 종로구 우정국로 45-13, 3층
          대표전화 02) 420-3200 편집부 02) 420-3300 팩시밀리 02) 420-3400
          출판등록 제300-2009-130호(1979. 10. 10.)

ISBN 978-89-7479-882-6 (03220)

값 16,500원

이 도서의 국립중앙도서관 출판예정도서목록(CIP)은
서지정보유통지원시스템 홈페이지(http://seoji.nl.go.kr)와
국가자료종합목록 구축시스템(http://kolis-net.nl.go.kr)에서 이용하실 수 있습니다.
(CIP제어번호 : CIP2020053107)